PALINGENESIA

MONOGRAPHIEN UND TEXTE
ZUR KLASSISCHEN ALTERTUMSWISSENSCHAFT

PALINGENESIA

MONOGRAPHIEN UND TEXTE

ZUR KLASSISCHEN ALTERTUMSWISSENSCHAFT

HERAUSGEGEBEN VON

OTTO LENDLE UND PETER STEINMETZ

BAND 49

UNA EST QUAE REPARET SEQUE IPSA RESEMINET ALES:
ASSYRII PHOENICA VOCANT

FRANZ STEINER VERLAG STUTTGART
1994

BERNHARD KYTZLER
KURT RUDOLPH
JÖRG RÜPKE
(HRSG.)

EDUARD NORDEN
(1868–1941)

EIN DEUTSCHER GELEHRTER
JÜDISCHER HERKUNFT

FRANZ STEINER VERLAG STUTTGART
1994

Abbildung des Phönix: Mosaik aus Antiochia am Orontes, jetzt im Louvre. Fondation Eugène Piot, Monuments et Mémoires, publ. par l'Académie des Inscriptions et Belles-Lettres, 36, 1938, 100.

Die Deutsche Bibliothek - CIP-Einheitsaufnahme
Eduard Norden : (1868 - 1941) ; ein deutscher Gelehrter
jüdischer Herkunft / Bernhard Kytzler ... (Hrsg.). - Stuttgart :
Steiner, 1994
    (Palingenesia ; Bd. 49)
    ISBN 3-515-06588-1
NE: Kytzler, Bernhard [Hrsg.]; GT

EDUARD NORDEN

ZUM GEDENKEN

Inhaltsverzeichnis

III. Kontexte: Wissenschaft, Politik, Gesellschaft

Anhang

Vorwort

Die in diesem Band zusammengestellten Arbeiten gehen auf ein internationales Symposium zurück, das in der Werner-Reimers-Stiftung zu Bad Homburg unter dem Titel: «Eduard Norden. Leben – Leistung – Wirkung eines deutschen Wissenschaftlers jüdischer Herkunft» stattfand. Während das Leben EDUARD NORDENS (21. September 1868–13. Juli 1941) in letzter Zeit bereits mehrfach behandelt worden ist,[1] hat sich die Analyse seiner wissenschaftlichen Wirkung und seiner Lebensleistung insgesamt noch nicht eigentlich entwickelt. So schien es richtig, vorerst in Teilaspekten NORDENS Arbeiten zu betrachten und auf diesem Wege Beiträge zu liefern für ein für später zu erhoffendes Lebensbild – eine Arbeit, die WILLIAM M. CALDER III schon vor Jahren gefordert hat.[2]

EDUARD NORDEN wurde 1906 achtunddreißigjährig an die Berliner Universität berufen und 1913 in die Preußische Akademie der Wissenschaften aufgenommen. Als Lehrer, Forscher, Rektor der Universität und Mitglied zahreicher Kommissionen und Gesellschaften hat er vor allem durch seine Publikationen Weltruhm erlangt. Aller seiner Verdienste ungeachtet, mußte der bereits als siebzehnjähriger Abiturient vom jüdischen zum christlich-protestantischen Glauben Konvertierte im Alter von siebzig Jahren seine deutsche Heimat im Juli 1939 verlassen, nachdem ihm bereits am 22. Februar 1936 vom Rektor der Berliner Universität «Auf Grund des Reichsbürgergesetzes» die Lehrbefugnis entzogen worden war. Er hat seine beiden letzten Lebensjahre, angewiesen auf die Unterstützung der Verwandten, im Schweizer Exil verbracht. Als er während des Zweiten Weltkriegs in Zürich starb, wurde seiner in Deutschland kaum gedacht, und das inzwischen verflossene halbe Jahrhundert hat nur wenige, begrenzte Würdigungen seiner Person und seiner Leistung hervorgebracht. Und doch hat sein Frühwerk «Die Antike Kunstprosa vom

---

1 ECKART MENSCHING, *Nugae zur Philologiegeschichte 5–6*, Berlin 1992–93. Zuvor BERNHARD KYTZLER, «Eduard Norden», in: *Berliner Lebensbilder. Geisteswissenschaftler*, hg. von MICHAEL ERBE, Berlin 1989, 327–342; ders., «Eduard Norden», in: *Classical Scholarship. A Biographical Encyclopedia*, ed. WARD W. BRIGGS, WILLIAM M. CALDER III, New York 1990, 341–345.

2 WILLIAM M. CALDER III, *Studies in the Modern History of Classical Scholarship* (Antiqua 27), Napoli 1984, 3–13 (zuvor: *Classical World 74* [1980/81], 241–251), Abschnitt IV: «Fifty Monographs in Search of a Scholar», Nr. 19: «Eduard Norden: Ideologist and Victim of Fascism».

VI. Jahrhundert v. Chr. bis in die Zeit der Renaissance» (1898) die Entwicklung der modernen Forschung zur Rhetorik im zwanzigsten Jahrhundert grundlegend beeinflußt; sein großer Kommentar zum sechsten Buch der «Aeneis» Vergils (^{1}1903, ^{2}1916 und öfter) gilt bis heute als die exemplarische Kommentierung eines lateinischen Textes. Die zur «Römischen Literaturgeschichte» (^{6}1961) vereinigten Beiträge werden soeben neu ediert.

Seine religionsgeschichtlichen Untersuchungen «Die Geburt des Kindes. Geschichte einer religiösen Idee» (1924), «Agnostos Theos. Untersuchungen zur Formengeschichte religiöser Rede» (1913), schließlich auch «Aus altrömischen Priesterbüchern» (1939) sind allesamt Schatzkammern für die Toposforschung, die rhetorische Analyse religiöser Texte und vor allem für Religionsgeschichte und Religionswissenschaft. Hinzuzufügen ist, daß NORDEN nicht nur die griechisch-römische Antike in seine Forschungen einbezogen hat, sondern auch «semitischen und hellenischen Satzparallelismus» vergleicht («Agnostos Theos» 355 ff.), die «Stellung des Verbums im neutestamentlichen Griechisch» untersucht (ebenda, 365 f.) und über «formelhaften Partizipial- und Relativstil in den Schriften des Neuen Testaments» handelt (ebenda, 380 ff.). Das verbindet sich mit Aufsätzen wie zum Beispiel «Jahve und Moses in hellenistischer Theologie» oder «Josephus und Tacitus über Jesus Christus und eine messianische Prophetie» und «Das Genesiszitat in der Schrift Vom Erhabenen» («Kleine Schriften», 214–313). Daß NORDENS Schriften in den letzten Jahrzehnten mehrfach nachgedruckt oder übersetzt wurden und weiterhin im Angebot sind, zeugt für die unvermindert fundamentale Stellung der mittlerweile zwei bis drei Generationen zurückliegenden Veröffentlichungen.

Wie in der Person NORDENS jüdisches Erbe, deutsche Bildung und klassisch-antike Gelehrsamkeit sich verbinden, wie in seinem Lebensgang Glanz und Elend der von ihm durchlebten drei deutschen Staatsformen des Wilhelminischen Kaiserreiches, der Weimarer Republik und des Hitlerfaschismus sich kontrastreich manifestieren, so sind auch in seinen wissenschaftlichen Werken verschiedene Disziplinen angesprochen. Es sind dies vor allem Gräzistik und Latinistik, Rhetorik, Religionsgeschichte, Religionswissenschaft, Toposforschung, zu denen noch die gleichfalls von ihm betriebenen «Völker- und namensgeschichtlichen Untersuchungen» über «Alt-Germanien» (1934) hinzutreten. Vorausgegangen war «Die germanische Urgeschichte in Tacitus Germania» (1920, ^{4}1959). Daß NORDEN auch als Übersetzer mit einem eigenen Profil gewirkt hat wie in «Amor und Psyche» des Apuleius (1902) und beim sechsten Buch der

«Aeneis», rundet den reichen Rahmen seiner vielseitigen Tätigkeiten prägnant ab. Steht sein persönliches Schicksal beispielhaft für die Problematik der in Deutschland assimilierten Wissenschaftler jüdischer Herkunft, so ist sein wissenschaftliches Werk gleichermaßen paradigmatisch für die Überwindung enger Fachgrenzen innerhalb der etablierten Disziplinen; als solches hat es mehrere nachfolgende Forschergenerationen geprägt.

Auch die Beiträge des vorliegenden Bandes gehen diesen weit ausgreifenden Intentionen und Resultaten der Forschertätigkeit NORDENS auf unterschiedlichen Wegen nach. Sie lassen erkennen, wieviel weitere Einzelarbeit noch geleistet werden muß, um das Bild dieses Lebens und dieser Lebensleistung detailliert und geschlossen deutlich werden zu lassen. In diesem Sinne möchte der Band auch als Anregung dienen, um allen an der Wissenschafts- und Geistesgeschichte Interessierten zugleich neue Ergebnisse vorzulegen und neue Fragestellungen aufzuzeigen.

Unser besonderer Dank gilt den Beiträgern dieses Symposiums, die sich gern und uneigennützig in den Dienst der guten Sache gestellt haben, und der Werner-Reimers-Stiftung, die die Tagung mit vollkommener Gastfreundschaft beherbergt und sie großzügig unterstützt hat.

Weiter gilt unser Dank Frau CHRISTEL RUDOLPH für die liebenswürdige Bereitwilligkeit, den Index zu erstellen. Herr PETER NORDEN hat keine Mühen gescheut, Fotographien und Erklärungen beizusteuern. Herrn Prof. Dr. PETER STEINMETZ und dem Franz-Steiner-Verlag danken wir für die unkomplizierte Aufnahme des Bandes in die Reihe «Palingenesia» und die freundliche und effiziente Begleitung der Drucklegung.

Bernhard Kytzler, Durban (RSA)
Kurt Rudolph, Marburg
Jörg Rüpke, Tübingen

Verzeichnis der abgekürzt zitierten Werke Nordens

AG *Alt-Germanien: Völker- und namengeschichtliche Untersuchungen.*
Leipzig: Teubner, 1934. XV, 325 S.

AK *Die antike Kunstprosa vom VI. Jahrhundert v. Chr. bis in die Zeit
der Renaissance.* 2 Bde. Leipzig: Teubner, 1898. 1–450, 451–969.

AP *Aus altrömischen Priesterbüchern.* Skrifter utgivna av kungl. Humanistiska Vetenskapssamfundet i Lund 29. Lund: Gleerup, 1939.
300 S.

ATh *Agnostos Theos: Untersuchungen zur Formgeschichte religiöser Rede.* Leipzig: Teubner, 1913. 410 S.

EV *Ennius und Vergilius: Kriegsbilder aus Roms grosser Zeit.* Leipzig:
Teubner, 1915. 176 S.

GK *Die Geburt des Kindes: Geschichte einer religiösen Idee.* Studien
der Bibliothek Warburg 3. Leipzig: Teubner, 1924. 172 S.

GU *Die Germanische Urgeschichte in Tacitus Germania.* [Mit Sonderabdruck der Ergänzungen zum zweiten Wiederabdruck 1922 (500–515)]. Leipzig: Teubner, 1920. X, 505 S.

KS *Kleine Schriften zum klassischen Altertum.* Hg. von BERNHARD
KYTZLER. Berlin: de Gruyter, 1966. xv, 706 S.

RL *Die römische Literatur.* [³1923] 6. erg. Aufl. Leipzig: Teubner, 1961.
221 S.

VA *P. Vergilius Maro: Aeneis Buch VI.* 3. Aufl. [¹1903; ²1915] Leipzig:
Teubner, 1926. 485 S.

I. Klassische Philologie

Nordens Vorlesung «Geschichte der Klassischen Philologie»

von Bernhard Kytzler

Im Nachlaß EDUARD NORDENS[1] finden sich unter anderem eine Anzahl von Vorlesungsmanuskripten, von der Hand des Gelehrten sorgfältig niedergeschrieben, in einigen Fällen auch einmal oder mehrmals überarbeitet. Während die meisten Ausarbeitungen auf den üblichen akademischen Pfaden wandeln, klassische Themen behandeln und heute nach etwa einhundert Jahren weniger wissenschaftliche Aktualität beanspruchen als eher didaktisches beziehungsweise pädagogikgeschichtliches Interesse verdienen, hebt sich ein Kolleg heraus, das NORDEN im Laufe seiner Lehrtätigkeit nicht weniger als sieben Mal an drei verschiedenen Universitäten gehalten hat. Der braune leinene Packpapierumschlag zählt auf, von der Hand des Autors selbst notiert:

W. S.	1893/4	vor 5 Zuhörern
W. S.	1896/7	vor 8 Zuhörern
S. S.	1900	vor 12 Zuhörern (Breslau)
S. S.	1908	vor 139 Zuhörern (Berlin)
S. S.	1912	vor 180 Zuhörern (Berlin)
	1922	?
	1932/3	?

Die häufige Wiederholung des Kollegs «Geschichte der Klassischen Philologie» läßt deutlich werden, wie sehr es seinem Verfasser am Herzen lag. Das Manuskript selbst wiederum macht deutlich, wie engagiert NORDEN jeweils neu ansetzte, Altes verwarf, Neues hinzufügte, Details änderte, Formulierungen verbesserte. Diese intensive, vielfache Bearbeitung des Manuskriptes[2] hat nun aber auch leider zur Folge, daß es auf weite Strecken hin durch vielfältiges Umordnen und Überschichten so unübersichtlich[3] geworden ist, daß eine Edition weder eine Urfassung

---

1 Auch an dieser Stelle sei nochmals Herrn PETER NORDEN herzlich gedankt, der die von ihm im Familienarchiv aufbewahrten Papiere seines Großvaters in überaus freundlicher Weise zugänglich gemacht hat.

2 Es enthält in verschiedenen Zählungen (arabische Ziffern, Großbuchstaben, Kleinbuchstaben, auch gelegentlich Rückseiten und separat eingelegte Notizen oder Zitate) rund 300 Seiten.

3 Der Autor hat selbst gegen Ende eine unnumerierte Seite beigelegt, wo er unter dem

B. Kytzler / K. Rudolph / J. Rüpke, Hrsg.: Eduard Norden
(Palingenesia, Bd. 49). - © Franz Steiner Verlag Stuttgart 1994

noch eine Fassung letzter Hand präzis erschließen könnte und auch keine exakte Dokumentation der sieben Stadien des Entstehens zu geben vermag. Da die *manus ultima* fehlt und nicht zu ersetzen ist, kann der hier vorzulegende Bericht zwangsläufig nicht mehr sein als eine Übersicht über den Aufbau und die Anlage des Ganzen sowie die eine oder andere Leseprobe.

Filtert man aus dem Konvolut die durch Überschriften gekennzeichneten einzelnen Abschnitte und Kapitel der Gesamtanlage heraus, so ergibt sich das folgende Bild:

Gliederung des Manuskriptes von Eduard Norden, Geschichte der Klassischen Philologie
I. Antike Ausgaben
– Bibliotheken:
  I. Abendland
  II. Osten

II. Das griechische Ma. in seiner Bedeutung für die Überlieferungsgeschichte der Klassiker

III. Griechische Lexicographie:
§ 1 Wortlexica
§ 2 Rhetor. Lexica
§ 3 Etymol. Lexica

Kapitel 2:
§ 1 Edition
§ 2 Exegese
§ 3 Unterrichtsgegenstände i. d. griech. Erziehung
(§ 2 Der Name unserer Wissenschaft
§ 3 Die Stellung der Wissenschaften im antiken Staatsleben)

I. Abschnitt: *Beziehungen der gelehrten Tätigkeit d. Griechen zu den Römern*
– Homerexegese: allegorisch/exegetisch
– Anfänge der exacten Grammatik
Kapitel 2: Aristoteles
– Organisation der wiss. Arbeit durch Aristoteles
– Aristoteles und Homer
– Poetik

22. 2. 1933 notiert: «Vorläufig nicht wiederzufinden der Schluß der griech. Lexikographie (Hamokration, Pollux, Photios) sowie Pansemiographie, Etymologika.»

Kapitel 3: Die Schule des Aristoteles/Peripatetiker
(Herakleides – Theophrastus – Menon – Eudemos)
Kapitel 4: Marmor Parium
Kapitel 5: Die Stoa
– Grammatik

II. Abschnitt: *Die klass. Zeit der philolog. Studien in Alexandria und Pergamon*
Kapitel 1: Alexandria:
– Bibliotheken
Kapitel 2–8: Kallimachos – Eratosthenes – Apollonios – Aristophanes v. Byzanz
– Aristarch v. Samothrake:
 a) Quellen
 b) Edition
Kapitel 9: Schüler der alexandrinischen Meister:
– biograph. Forschung nach Kallimachos
– Schüler des Aristarch
– Grammatik des Dionysos Thrax (Schüler des Aristarch)
Kapitel 10: Pergamon:
– Bibliotheken
(Apollodoros – Krates)

III. Abschnitt: *Die römische Philologie bis Varro*
Kapitel 1: Literarische Strömungen des 2. Jh. In Rom
Kapitel 2: Reformen des Alphabets und der Sprache (Ennius – Lucilius – Accius)
Kapitel 3: Anfänge literar. Forschung
M. Terentius Varro:
– Leben und Werk
– Beziehungen zwischen Griechen und Römern
– grammatische Schriften Varros:
1. De Lingua Latina
2. De sermone latino
3. De grammatica
4. Kleinere gramm. Schriften
– Derivatentheorie

IV. Abschnitt: *Die griechische Philologie im römischen Kaiserreich und in Konstantinopel*
Kapitel 1: Bis zum Zeitalter der Antonine
Kapitel 2: Die Biographie
[es fehlen die Seiten 201–211, d.h. die Kap. 3 und 4]

Kapitel 5: Die exacte Grammatik

V. Abschnitt (1): *Die römische Philologie der Kaiserzeit bis zum Beginn des M[ittel]a[lters]*.
– Die Römer (V. Flaccus, N. Marcellus)
– Glossare
Kapitel 3: Die exacte Grammatik

V. Abschnitt (2): *Die klass. Studien im occident. Ma.*
Kapitel 1: Die Provinzen i.d. Zeit des Übergangs vom Altertum zum eigentl. Ma.
Kapitel 2: Die Restauration der antiken Bildung durch das Christentum und die modernen Völker (Cassiodor – Iren – Angelsachsen – Karolinger)
Kapitel 4: Die wichtigsten Klöster des Ma.
Kapitel 5: Der Bildungsinhalt des Ma. (artes liberales)

V. Abschnitt (3): *Die Renaissance des Humanismus*
Kapitel 1: Unterschied zwischen Mittelalter und Renaissance:
– Individualität
– Humanismus
– Kirche
Kapitel 2: Petrarca
Kapitel 3: Zeitgenossen Petrarcas (Boccacio)
Kapitel 4: Die Renaissance der griech. Literatur
Kapitel 5: Florenz
Kapitel 6: Neapel
Kapitel 7: Rom
Kapitel 8: Venedig und die Anfänge des Buchdrucks
Kapitel 9: Der Humanismus in der Schule
Kapitel 10: Der Humanismus in Frankreich i.d. I. Hälfte des XVI. Jh.s
Kapitel 11: Die Anfänge des Humanismus in Deutschland

Es wird leicht deutlich, daß sich mehrfach unterschiedliche Zählungen nebeneinanderstellen: Widersprüche, die sich aus den verschiedenen Lagen der Bearbeitung zu jeweils neuem Vortrag ergeben haben und ohne abschließende Vereinheitlichung geblieben sind. Eine Rekonstruktion der einzelnen Schichten erscheint nicht möglich. Lediglich ein einzelner Abschnitt, derjenige über Varro, bietet sich in einem klaren, weitgehend abgeschlossenen Zustand dar; das meiste andere ist, wie die Abbildung zeigt, zu einem undurchdringlichen Dickicht geworden. So wird es uns hier weniger auf die Einzelbeobachtungen, die Detailbemerkungen ankommen als vielmehr auf die Konzeption des Kollegs als Ganzes.

Hier freilich bewegen wir uns im gewissen Sinne auf durchaus gut vertrautem Gelände. Setzt man nämlich die Anlage des unpublizierten Kollegs unter dem Aspekt einer Gliederung ihrer Strukturen in Beziehung zu zwei veröffentlichten Werken NORDENS, so ergeben sich in engerem oder weiterem Bezug Parallelen, die offenbar NORDENS grundlegende Sicht auf sein Fachgebiet aufscheinen lassen. Dabei ist zunächst von der Großgliederung auszugehen.

Es sind sieben Großabschnitte, die den Vorlesungsverlauf strukturieren. Bevor an erster Stelle ein allgemeiner Abschnitt über die Beziehungen der gelehrten Tätigkeit der Griechen zu den Römern einsetzt, ist noch ein Einführungsteil vorausgeschickt, der über antike Ausgaben und Bibliotheken, Lexika und anderes mehr handelt. Der Gegensatz «Abendland» versus «Osten» tritt bereits im ersten Ansatz *expressis verbis* zutage; er wird auch weiterhin bestimmend bleiben. Der Weg der Darlegungen führt dann, nachdem Aristoteles und seine Schule, das Marmor Parium und die Stoa vor allem unter dem Aspekt der Grammatik berührt worden sind, in «Die klassische Zeit der philologischen Studien in Alexandria und Pergamon» mit der Fülle ihrer großen Namen: Kallimachos, Eratosthenes, Apollonios, Aristophanes von Byzanz, Aristarch von Samothrake, Dionysios Thrax einerseits, Apollodor und Krates andererseits. Der dritte Abschnitt wendet sich nun der römischen Philologie vor Varro zu, den Anfängen literarischer Strömungen und literarischer Forschungen sowie den Reformen des Alphabets und der Sprache, für die die Namen Ennius, Lucilius und Accius stehen. Als eigener Block in relativ gutem Zustand schließen sich hier die Ausarbeitungen über Varro an. Sie dürften wohl ebenfalls nicht für eine Publikation infrage kommen, doch könnte ihnen möglicherweise in einer eigenen Studie ihr Platz in der Entwicklung der Varro-Forschung zugewiesen werden, wofür freilich hier nicht der Ort sein kann.

Die Abschnitte IV und V sprechen von der griechischen Philologie im römischen Kaiserreich und in Konstantinopel einerseits, von der römischen Philologie der Kaiserzeit bis zum Beginn des Mittelalters andererseits. Abschließend sind vorletzter und letzter Abschnitt zum einen den klassischen Studien im occidentalen Mittelalter (es geht um die *artes liberales*, die Klöster und so weiter) gewidmet, zum anderen der «Renaissance des Humanismus», wo nach einführenden generalisierenden Bemerkungen die Entwicklung von Petrarca bis zu den Anfängen des Humanismus in Deutschland behandelt wird.

Mannigfache Elemente dieses Grundmusters finden sich in den Gliederungen zweier wichtiger Werke NORDENS wieder. Wie die Vorlesun-

gen über die Geschichte der Klassischen Philologie, so führt auch «Die
antike Kunstprosa» laut Untertitel «Vom VI. Jahrhundert v. Chr. bis in die
Zeit der Renaissance»; ja, sie durchmißt den nämlichen Zeitraum auch mit
ungefähr den nämlichen Schritten. Natürlich ist die grundlegende Antithese griechisch–römisch vorgegeben. Daneben aber ist die Parallelität
insbesondere in den Abschnitten über Spätantike, Mittelalter und Humanismus besonders augenfällig. Neben das erste Kapitel des zweiten
Buches der «Kunstprosa», überschrieben «Die Zeit des Überganges vom
Altertum zum Mittelalter (Cassiodor, Iren, Angelsachsen)», stellen sich
nahezu gleichlautend die Titel der entsprechenden ersten und zweiten
Kapitel aus dem vorletzten Abschnitt der Vorlesung: «1) Die Provinzen
in der Zeit des Übergangs vom Altertum zum eigentlichen Mittelalter;
2) die Restauration der antiken Bildung durch das Christentum und die
modernen Völker (Cassiodor – Iren – Angelsachsen – Karolinger)». Dem
Kapitel 5 des Kollegs «Der Bildungsinhalt des Mittelalters (artes liberales)» entspricht der Titel von Kapitel 2 in der «Kunstprosa»; er lautet:
«Die Stellung der artes liberales im mittelalterlichen Bildungswesen».

Hier ist es an der Zeit, den Blick auf eine weitere Veröffentlichung
NORDENS zu richten, seine Studie über «Die lateinische Literatur im
Übergang vom Altertum zum Mittelalter».[4] Auch hier begegnen nämlich
die bereits bekannten Gliederungen: I Italien; II Afrika; III Spanien;
IV Gallien; V Die Propaganda der irischen Mönche; VI Die karolingische
Renaissance; VII Mittelalter und Renaissance im Ausblick.

Die konstante Wiederkehr einer annähernd identischen Gliederung in
den drei Übersichten NORDENS, der «Kunstprosa», der «Römischen Literatur» und der «Geschichte der Klassischen Philologie», verweist mit
Nachdruck darauf, wie wichtig ihm die hier benutzten Grundmuster erscheinen. Von Interesse ist dabei, daß sich ihm chronologische und to-
pographische Abgrenzungen wechselweise einstellen, je nachdem die
Sachlage es erfordert – ein Zeichen materialbezogener Flexibilität jenseits
aller uniformierenden Rigidität.

---

4   Zuerst erschienen in dem Sammelwerk *Vom Altertum zur Gegenwart. Die Kulturzu-*
    sammenhänge in den Hauptepochen und auf den Hauptgebieten, Leipzig 1919, ²1922,
    192. Heute am besten zugänglich als Anhang zu: *RL* (109–139).

Anhang

Zur Information und zu weiterer Verdeutlichung folgen zwei Addenda:
am Buchende die Reproduktion einer Manuskriptseite NORDENS, die den
Zustand der vielfach veränderten Ausarbeitung besser als alle Beschreibungen vor Augen führt, und hier als Leseprobe die Transkription eines
Auszugs aus den verbindenden Neuanfängen des Kollegs.

Das Programm dieser Vorlesung

Wie der Historiker, bevor er an der Geschichte der Vergangenheit
schreibt, meist daran geht, die Quellen zu sammeln und zu sichten, so hat
auch der Philologe sich zu fragen, worauf seine Kenntnis des klass. Altertums basiert. Das sind natürlich meist die Denkmäler der Litteratur,
Epigraphik und Kunst selbst: Sie reden zu uns die vernehmlichste Sprache, aber es wäre schlimm um uns bestellt, wenn wir allein auf sie angewiesen wären. Wir würden nur mühsam und in den meisten Fällen durch
bloße Vermutung oft überhaupt nicht ihre Zeit, ihre gegenseitigen Beziehungen feststellen können, und die Personen ihrer Schöpfer würden fast
ganz im Dunkel sein u. die litterarischen Texte selbst wären auf uns in
verwahrlostem Zustand gekommen. Nehmen wir einmal an, daß es keine
Philologie im Altert. gegeben hätte: was wüßten wir dann von der Gesch.
d. homer. Gedichte u. wie sähe unser Text aus? was vom Leben d. Sophokl. u. der Zeit seiner Tragödien? Und so in jedem Fall. Daher die
zweite wichtige Quelle unseres Wissens: die Arbeiten der Philologen des
Altertums. Nächste Absicht, in sie einzuführen u. so die für jede Disziplin
der Philologie nötige Grundlage zu schaffen; damit aber verbunden ein
Weiteres: für uns diese Formulierungen nicht bloß Mittel zum Zweck,
sondern auch Selbstzweck, insofern sie, ganz für sich betrachtet, in der
Geschichte der Wissenschaften einen hervorragenden Platz einnehmen.
Wie die Wissensch. überhaupt, so ist auch die philologische von den
Griechen geschaffen, von ihnen den Römern übermittelt und dadurch auf
uns vererbt. Oft ohne es zu wissen, bedienen wir uns in Schul- und
Universitätsunterricht des überlieferten wiss. Rüstzeugs; was wir philol.-
hist. Methode nennen, haben unsere Vorgänger aus d. Altertum entdeckt.
Wer also verstehen will, wie es kommt, daß unsere Philologie es so
herrlich weit gebracht hat, der muß den Werdegang der Philologie im
Altertum kennen lernen: Es ist das eine Ehrenpflicht gegen die Vorgänger,
die unsere Wiss. begründet haben. Zwar wird uns diese Vorlesung nicht
über Blumenpfade führen, sie wird dem aesthetischen Sinn u. Gemüt
keine Nahrung bieten; unser Geist wird den Verstandesoperationen nach-

zudenken haben. Der Stoff ist ein überwältigend großer u. es wird vor
allem darauf ankommen, durch Beschränkung auf das Wesentliche die
Hauptlinien und die führenden Persönlichkeiten hevortreten zu lassen.
Speziallitteratur gibt es viel, wenngleich noch längst nicht genug, sie wird,
wenigstens in ihren Hauptwerken, bei den einzelnen Abschnitten citiert
werden; ein zusammenfassendes Werk, das den Anforderungen genügte,
fehlt noch, u. es wird auch wohl so bald nicht geschrieben werden, da, wie
gesagt, die Spezialforschung noch nicht weit genug vorgeschritten ist.
Dazu kommt, daß die Papyrusfunde der letzten Zeit stets neue Erkenntnisse brachten und diese Quelle unseres Wissens scheint noch längst nicht
versiegt. So muß auch dieser Versuch einer Zusammenfassung von vornherein auf Nachsicht rechnen.

Heutzutage noch ein subjektives Empfinden dabei, wie der Feldherr
eine Stadt, die Jahrhunderte lang einen festen Punkt gebildet hat, schwe-
ren Herzens dem Feinde preisgeben soll, der sie ihm mit übermächtiger
Gewalt rauben will: Er überlegt sich die Gerechtigkeit des Schicksals und
läßt an seinem Geist die Ruhmestaten der Vergangenheit vorüberziehen.
Dann sagt er zu sich, was Sokrates sagt: οὗ τις ἑαυτὸν κατασχήσῃ,
ἐνθαῦτα δεῖ μένοντα κινδυνεύειν, und der Chor seiner Soldaten ruft
ihm zu, wie in der Tragödie τὸ δ' εὖ νικάτω.

Die klassische Rhetorik-/Stil-Forschung in Italien und E. Norden

von Gualtiero Calboli

Ich möchte schon am Anfang hervorheben, daß ich kein Historiker der Philologie und der Kritik bin und deshalb kein Gesamtbild des Einflusses von EDUARD NORDEN auf die italienische Philologie hinsichtlich der Altertumswissenschaft darzustellen beabsichtige. Deshalb werde ich nur einige Punkte herausgreifen, von denen ich annehme, daß der Einfluß von EDUARD NORDEN besonders wichtig gewesen ist. In der Tat ist es auch nicht einfach, eine ungefähr fünfzig Jahre umfassende Tätigkeit[1] und einen Einfluß, der die lebendige Tätigkeit von NORDEN weit überschreitet und noch heute andauert, in einem Referat zusammenzufassen. Es ist bemerkenswert, daß das Jugendwerk NORDENS, *Die antike Kunstprosa*, in Italien fast sofort nach der Erscheinung bekannt wurde, und vor wenigen Jahren (1988) SEBASTIANO TIMPANARO, ein Kenner des Altlateinischen, nochmals eine Reihe von Problemen in Betracht gezogen hat, die von EDUARD NORDEN schon in seiner *Kunstprosa* und dann in seinem berühmten Buch *Aus altrömischen Priesterbüchern* (1939) eingehend behandelt wurden.[2]

Die *Kunstprosa* Nordens, 1898 erschienen und schon 1909 neu aufgelegt, wird in der beachtlichen Arbeit von CESARE BIONE von 1910 über die ältesten Traktate der lateinischen Rhetorik, die *Rhetorica ad C. Herennium* und Ciceros *De inventione*, zitiert und verarbeitet. BIONE, der Student an der Scuola Normale di Pisa war, dann Professor für lateinische Literatur an der Universität Palermo, aber wohnhaft in Bologna, zitiert die *Kunstprosa* NORDENS auf den ersten Seiten seiner Abhandlung[3] und

---

1 Vgl. die Bibliographie der Veröffentlichungen EDUARD NORDENS in: *KS* 683–688. Die wissenschaftliche Produktion NORDENS beginnt 1891 mit dem Werk *In Varronis saturas Menippeas observationes selectae* (*Jahrbücher für classische Philologie, Suppl.-Bd. 18* [1892], 265–352) und endet mit dem 1939 erschienenen Werk *Aus altrömischen Priesterbüchern*, und umfaßt somit gerade 48 Jahre Tätigkeit.

2 Hierzu siehe unten, S. 39ff. In diesem Buch hat NORDEN so ausführlich einen Kernpunkt der lateinischen Kultur und Sprache behandelt, daß es nicht verwunderlich ist, wenn es noch heute Gelehrte wie TIMPANARO fasziniert hat.

3 CESARE BIONE, «I più antichi trattati di arte retorica in lingua latina», *Annali della Scuola Normale Superiore di Pisa, Filosofia e Filologia* 22 (1910), 1–157, hier 4 und 9.

B. Kytzler / K. Rudolph / J. Rüpke, Hrsg.: Eduard Norden
(Palingenesia, Bd. 49). - © Franz Steiner Verlag Stuttgart 1994

bedient sich ihrer zur Lösung von zwei bedeutenden Problemen. Das erste betrifft die Beziehung zwischen Asianismus und Attizismus, für die NORDEN eine für die Entwicklung der Forschung grundlegende Darstellung erarbeitet hatte,[4] die allerdings dazu bestimmt war, teilweise modifiziert zu werden. Zweitens das Problem der Klauseln, denen NORDEN sein besonderes Interesse zugewendet hatte. BIONE zitiert[5] eine scharfsinnige Beobachtung NORDENS, der bezüglich der drei in *Rhet. Her.* 1,14 angegebenen Verse

> *Athenis Megaram vesperi advenit Simo;*
> *Vbi advenit Megaram, insidias fecit virgini;*
> *Insidias postquam fecit, vim in loco attulit*[6]

angenommen hatte, daß es sich hier um das akrostisch verschlüsselte Argument einer Komödie handele, die um Vögel kreise *(AVI)*, indem er geltend machte, daß ὀρνιθευτής und ὀρνιθοκόμοι Titel von Komödien sind.[7] Das ist eine scharfsinnige Annahme, die natürlich eine Hypothese bleiben muß, uns aber dazu verleitet, die kürzlich vorgebrachte Idee eines so vorzüglichen Terenzforschers wie SANDER M. GOLDBERG[8] abzulehnen, der annimmt, es handele sich um die Verse desselben Autors, der die *Rhetorica ad Herennium* verfaßt habe, und zwar zu dem Zwecke, seinen eigenen Standpunkt zu erläutern («to illustrate his point»).[9] Das ist ein Problem der Mikrophilologie, wie es unzählige andere gibt, an denen der junge NORDEN schon seinen scharfen Beobachtungsgeist und seine erfinderische Fähigkeit bewiesen hat. Dann behandelt BIONE das umfas-

---

4   Vgl. *AK*[5] 131–152 (Griechenland); 171–175; 184–194; 218–239 (Rom); Nachträge 10f.

5   BIONE (Anm. 3), 62.

6   Ribbeck, *CRF*[2], 113.

7   *AK* 37, Anm. 1. Vgl. zum ersten Titel Plat. *com.* 157; ὀρνιθοκόμοι war überdies eine Komödie des Anaxilas, wie Athenaeus 14,655 a, bestätigt. Vgl. JOHN MAXWELL EDMONDS, *The Fragments of Attic Comedy 2*, Leiden: Brill, 1959, 342.

8   *Understanding Terence*, Princeton: Princeton University Press, 1986, 45, Anm. 13.

9   Das hat vielleicht mit der Tatsache zu tun, daß der Verfasser der Herenniusrhetorik am Anfang des vierten Buchs die Methode kritisiert, nach der die Beispiele aus anderen Autoren genommen und nicht von demselben Verfasser des Lehrbuchs geschaffen wurden, obgleich GOLDBERG diese Besonderheit in den Zitaten der Herenniusrhetorik nicht erwähnt: *Rhet. Her.* 4,1: *Quoniam in hoc libro, Herenni, de elocutione conscripsimus et, quibus in rebus opus fuit exemplis uti, nostris exemplis usi sumus ...* Diese Stellungnahme findet sich in einer verborgenen Polemik mit Hermagoras von Temnos und betrifft auf jedem Fall nur die Beispiele des vierten Buchs, und so werden Stellen aus verschiedenen Autoren in den ersten drei Büchern sogar mit den Autorennamen zitiert (Ennius: 2,34; 2,39; Pacuvius: 2,36; 2,43; Plautus: 2,36; Leges Duodecim Tabularum: 1,23; 2,19; 2,20). Hierzu vgl. GUALTIERO CALBOLI, *Cornifici Rhetorica ad C. Herennium*, Bologna: Patron, 1969, 46–50.

sende Problem des asianischen Stils[10] (ein Thema, das schon eingehend von FRIEDRICH BLASS in Betracht gezogen wurde[11]) und das der von NORDEN erarbeiteten Beziehung zwischen Sophistik und Asianismus.

Hier möchte ich einen Augenblick haltmachen, bevor ich zur Arbeit eines berühmteren, wenn auch nicht besonders scharfsinnigen, italienischen Altphilologen etwas anmerke, nämlich der Arbeit von ETTORE PARATORE über den Stil des Apuleius. Ich möchte mich auch deshalb etwas näher darüber auslassen, da das Thema des Asianismus in der *Kunstprosa* NORDENS durchaus nicht zweitrangig, sondern eines der Leitthemen ist, die NORDEN als erster in ihrer ganzen Komplexität zu behandeln versucht hat.[12] BIONE zieht NORDEN also durchaus in Betracht und benutzt auch den wichtigen Beitrag von ULRICH VON WILAMO-WITZ-MOELLENDORFF,[13] wenngleich, wie mir scheint, der Autor nicht ganz den Sinn von WILAMOWITZ' Ausführungen erfaßt hat. BIONE schreibt:

Nel suo libro classico sulla prosa artistica nell'antichità pubblicato nel 1898, Edoardo Norden, compiendo un'ardita opera di sintesi, ha voluto mostrarci per tutta la storia della prosa dalle sue origini fino al rinascimento la non cessata continuazione del contrasto tra la tendenza novatrice, critica e artistica, introdotta da Gorgia e dalla sua scuola e rappresentata poi dall'asianesimo e dalle sue derivazioni nella nuova sofistica, e la tendenza arcaistica semplice e schietta, propugnatrice del purismo nella lingua e della piana naturalezza nello stile e rappresentata in tutte le età da scrittori, che non è facile raccogliere sotto l'insegna di una scuola vera e propria.[14]

---

10 BIONE (Anm. 3), 90 f.
11 *Die griechische Beredsamkeit in dem Zeitraum von Alexander bis auf Augustus*, Berlin: Weidmann, 1865, 9–76; vgl. dazu THOMAS GELZER, «Klassizismus, Attizismus und Asianismus», in: O. REVERDIN, B. GRANGE (edd.), *Le classicisme à Rome au Iers siècles avant et après J.-C.* (Entretiens sur l'Antiquité Classique 25), Vandœuvres-Genève: Fondation Hardt, 1982, 1–55, hier 41, Anm. 1.
12 Vgl. meine «Nota di Aggiornamento» zu *Eduard Norden, La prosa d'arte antica, Edizione italiana*, Roma: Salerno, 1986, 969–1185, bes. 1041–1073.
13 «Asianismus und Attizismus», *Hermes* 35 (1900), 1–52, jetzt auch in: ders., *Kleine Schriften 3: Griechische Prosa*, Berlin: Akademie-Verlag, 1969, 223–273.
14 «In seinem klassischen Buch über die antike Kunstprosa, das 1898 herausgegeben wurde, hat Eduard Norden in einer gewagten Synthese uns zu zeigen versucht, daß im gesamten Verlauf der Geschichte der Prosa, seit ihren Ursprüngen bis zur Renaissance, eine ununterbrochene Kontinuität herrschte im Kontrast zwischen der von Gorgias und seiner Schule eingeführten, modernen, kritischen und künstlerischen Tendenz, repräsentiert vom Asianismus und seinen Abzweigungen in der neuen Sophistik, und der archaisierenden, vereinfachenden Tendenz, die sich zum Vorkämpfer des Purismus in den Sprachen und der einfachen Natürlichkeit des Stils machte, die von Schriftstellern

Der Autor fährt dann fort:

> Un po' meno semplicista, esaminando il lavoro del Norden, il Wilamowitz ha
> voluto determinare meglio il valore di certi concetti.[15]

In Wirklichkeit hat WILAMOWITZ nicht einfach, wie BIONE meint, «voluto determinare meglio il valore di certi concetti»,[16] sondern hat überzeugend dargelegt – und NORDEN stimmt in seinen Nachträgen zum ersten Band der *Kunstprosa*[17] dieser Meinung zu –, daß der Asianismus das natürliche Ergebnis der Entwicklung der griechischen Sprache im Hellenismus und kein künstlicher Stil war, der später von griechischen und römischen Imitatoren nachgeahmt wurde, sondern das entsprechende Korrelat der κοινή. Aber das überzeugendste Argument der NORDEN schen These war gerade die Verbindung zwischen Sophistik und Asianismus – NORDEN selbst, in seiner Replik auf WILAMOWITZ, bringt dies wieder in Erinnerung – und die Tatsache, daß hiermit ein Weg zu einer langandauernden Verbindung geöffnet war. Dies war eine Art Ariadnefaden, der sich von Gorgias und den Sophisten zur jonischen Historiographie, zu Hegesias, zur römischen Beredsamkeit und bis zur jüngeren Sophistik und zu Apuleius spannte.[18] Auch BIONE erkennt die Wechselwirkung von Sophistik und Asianismus bis zu Hegesias an. Aber das, was wirklich bedeutend war, und auch dem Asianismus die volle Bewußtheit seinen selbst und eine präzise Dimension gegeben hat, war die neuattizistische Reaktion, die sich in Rom um die Mitte des ersten Jahrhunderts v. Chr. aller Wahrscheinlichkeit nach auf Grund der Tätigkeit griechischer Grammatiker entwickelt hatte.

---

aller geschichtlichen Perioden repräsentiert wird und bei der es schwierig ist, sie in einer wirklichen Schule zu vereinigen» (BIONE [Anm. 3], 90).

15 «In seiner Wertung der Arbeit Nordens hat Wilamowitz – weniger semplifizierend als Norden – versucht, den Wert gewisser Anschauungen zu bestimmen» (ebd.).

16 Ebd., 91.

17 *AK* 10f.

18 Zur Beziehung zwischen den älteren Sophisten, wie Gorgias, und der ionischen Historiographie einerseits, und Hegesias, als Vetreter des asianischen Stils, und der hellenistischen Geschichtsschreibung andererseits, vgl. G. CALBOLI, «Asiani (Oratori)», in: F. DELLA CORTE (dir.), *Dizionario degli Scrittori Greci e Latini 1*, Milano: Marzorati, 1987, 215–232, hier 220–225. Das ist deshalb auch für die Geschichtsschreibung gültig, weil die Alexanderhistoriker sich an Herodot orientieren, eine Verbindung, die auch vom gemeinsamen Gegenstand, nämlich der Orientsgeschichte, gefordet war, vgl. dazu SANTO MAZZARINO, *Il pensiero storico classico 2,1*, Bari: Laterza, 1966, 3–27, der jedoch die Verschiedenheit und sogar die Polemik des Ktesias gegen Herodot hervorgehoben hat (18–24).

Zu diesem Punkte helfen die Arbeiten, die nach der *Kunstprosa* NORDENS (nicht nur die von WILAMOWITZ, sondern auch der gesamten Philologie bis zu HELDMANN und DIHLE) erschienen sind.[19] Der Asianismus (die Benennung *Asiatici* von Rednern kommt zum ersten Mal in Ciceros *Brutus* 51 vor, zu einer Zeit also, als die Polemik der Neuattizisten gegen die Asianer auf ihrem Höhepunkt war) ist in Griechenland zur Zeit des Hellenismus der literarische Ausdruck der κοινή gewesen. Die neuattizistische Reaktion trug wesentlich dazu bei, den *canones* der Redner und Dichter, die im Umkreis der Bibliothek von Alexandria ausgearbeitet wurden, eine noch prononciertere und spezialisiertere Stilhaltung zu verleihen, als die, die sie durch Kallimachos erhalten hatten; sie trug dazu bei, daß durch die Schule und durch vorbildhafte Dichter und Redner, denen Quintilian (*inst.* 10,1), Dionys von Halikarnassus folgend, auch Philosophen und Historiker zugesellt, der Klassizismus entstehen konnte.[20] Ich selbst halte an meiner 1988 vorgetragenen Meinung bezüglich des Asianismus fest:

> Man kann den Asianismus nicht ohne den kontrastierenden Gegensatz zum Neuattizismus wirklich verstehen, und dieses Verhältnis hat den ersten Klassizismus in der Geschichte der Literatur entstehen lassen, die erste Festlegung einer sprachlichen Prosa (und nicht nur der Prosa), die in der sprachlichen und literarischen Kultur des Okzidents erfolgt war. Dies ist vielleicht das Interessanteste, was man aus dem Studium dieser Tendenzen lernen kann.[21]

Die wahre, vollkommene Differenzierung zwischen der gesprochenen Sprache und der Schriftsprache erfolgte jedoch erst acht Jahrhunderte nach Cicero: Es war auf der einen Seite in der karolingischen Zeit die palatinische Schule der Alkuin, Paulus Diakonus, Einhard und nicht weniger das mittelalterliche Latein, das, wie ROGER WRIGHT[22] richtig betont, zum großen Teil eine Schöpfung der karolingischen Renaissance war. Auf der anderen Seite finden sich Nationalsprachen, die nicht mehr Latein sind.

---

19 Vgl. CALBOLI 1986 (Anm. 12), 1050–73. Vgl. KONRAD HELDMANN, *Antike Theorien über Entwicklung und Verfall der Redekunst* (Zetemata 77), München: Beck, 1982, 98–122; 131–146; ALBRECHT DIHLE, «Der Beginn des Attizismus», *Antike und Abendland 23* (1977), 162–177, hier 174–176.

20 Das Problem der Kanones wurde ausführlich von HELDMANN, ebd., 133–139, behandelt; vgl. dazu auch JEAN COUSIN, *Quintilien, Institution Oratoire VI*, Paris: Les Belles Lettres, 1979, 19–22.

21 CALBOLI 1987 (Anm. 18), 221.

22 *Late Latin and Early Romance in Spain and Carolingian France*, Liverpool: Cairns, 1982, 104–144.

So weit reicht das von NORDEN aufgeworfene, mit großer Sorgfalt und
Scharfsinn behandelte Problem. Um noch beim Thema von EDUARD
NORDENS Einfluß auf die italienische Altphilologie zu bleiben, so sind es
zwei Punkte, die unser Interesse wecken: der eine, schon von BIONE
angesprochene, der andere, erst jüngeren Datums, von PARATORE. Der
erste Punkt bezieht sich auf die Klauseln. Darin folgt BIONE[23] EDUARD
NORDEN, der zu seiner Zeit wohl das Beste geliefert hat, das man sich
vorstellen kann. Heute sind die hierzu vorliegenden Arbeiten sehr zahlreich.[24] BIONE, der NORDENS Ergebnisse appliziert, unterscheidet verschiedene Typen von Klauseln und unterscheidet den Gebrauch beim Autor der Herenniusrhetorik in den lehrhaften Teilen von dem der (dekla-
matorischen) Beispiele, vor allem in denen des vierten Buches. DOUGLAS
hat 1960 auf Grund dieser Unterschiede eine Theorie entwickelt, wonach
die Herenniusrhetorik um das Jahr 55 v. Chr. datiert werden müßte.[25]
NORDEN hatte den Gebrauch asianischer Klauseln bei dem Redner L.
Licinius Crassus beobachtet,[26] und BIONE betrachtet diesen Gebrauch als
einen Beweis nicht hervorragender Sprachkunst.

Die Stellungnahme NORDENS kehrt wieder in der Bewertung der Prosa
des Apuleius durch ETTORE PARATORE[27] und in der Bewertung der Prosa
des jüngeren Plinius durch SESTO PRETE.[28] PARATORE lehnt in seinem
Aufsatz von 1948 kategorisch die Hypothese der *Africitas* und des Se-
mitismus in Apuleius ab, wie ja schon vor ihm NORDEN, auf den sich
PARATORE mit vollster Zustimmung beruft, vor allem was die rhetorische

---

23 BIONE (Anm. 3), 94–96.
24 Vgl. JOHANN BAPTIST HOFMANN, ANTON SZANTYR, *Lateinische Syntax und Stilistik*,
    München: Beck, 1972 (verb. Nachdr. der 1965 erschienenen 1. Aufl.), 714–721;
    GIOVANNI BATTISTA PIGHI, «La metrica latina», *Enciclopedia Classica 6,2*, Torino:
    SEI, 1968, 215–735, hier 698–703. Vgl. auch THOMAS N. HABINEK, *The Colometry of
    Latin Prosa* (Classical Studies 25), Berkeley: University of California Press, 1981.
25 Vgl. ALAN EDWARD DOUGLAS, «‹Clausulae› in the ‹Rhetorica ad Herennium› as
    Evidence of its Date», *Classical Quarterly NS 10* (1960), 65–78. DOUGLAS' Meinung
    wurde von P. L. SCHMIDT, *Kleiner Pauly 4* (1972), 1415, akzeptiert. Gegen diese
    Datierung CALBOLI 1969 (Anm. 9), 13 f.; ders., «La retorica preciceroniana e la po-
    litica a Roma», in: O. REVERDIN, B. GRANGE (edd.), *Éloquence et rhétorique chez
    Cicéron* (Entretiens sur l'Antiquité Classique 28), Vandoeuvres-Genève: Fondation
    Hardt, 1981, 41–108, hier 74, Anm. 2; GUY ACHARD, *Rhétorique à Herennius*, Paris:
    Les Belles Lettres, 1989, XIII, Anm. 33.
26 *AK* 174.
27 *La novella in Apuleio* Messina: D'Anna, [2]1942; ders., «La prosa di Apuleio», *Maia 1*
    (1948), 33–47.
28 *Studi Pliniani* (Studi pubblicati dall'Istituto di Filologia Classica 3), Bologna: Zuffi,
    1948.

Komponente in der apuleischen Prosa und insbesondere den Enfluß der zweiten Sophistik betrifft. So sieht PARATORE im Stil des Apuleius ein Virtuosentum, das alles ihm Erreichbare benutzt, sogar den *sermo cotidianus*. In seiner beachtlichen Studie über den *Sermo cotidianus dans les Métamorphoses d'Apulée* von 1968 bestätigt LOUIS CALLEBAT diese von PARATORE und vorher schon von NORDEN geäußerten Gedanken:

> La langue des *Métamorphoses* reflète vraisemblablement assez fréquemment les principales tendances du parler vivant de son époque. On ne sairait cependant parler ici ni d'africanisme ni de parler décadent ou «barbare». Le fonds linguistique naturel des *Métamorphoses* … est bien plus celui de la bonne société du IIe siècle que celui des incultes ou des demi-lettrés.[29]

Auch MAX BERNHARD hat sein fundamentales Werk über den Stil des Apuleius mit den Worten beschlossen:

> Es ist nicht der singulär dastehende Afrikaner, sondern vielmehr der griechisch-römisch geschulte Rhetor, der ganz auf dem Boden der asianischen Beredsamkeit steht und die dort gepflegten Figuren in einem Teil seiner Werke, deren literarisches γένος dieselben ertrug, bis zur Maßlosigkeit angewendet hat.[30]

PARATORE schließt sich hierhin ganz NORDEN an, und nur in einem Punkt entfernt er sich richtig – wie man anmerken muß – von ihm. NORDEN hatte als Programm einer künftigen Studie zu Apuleius angegeben, es sei zu erforschen, inwieweit der Stil des Apuleius sich mit den verschiedenen Personen verändere.[31] In Wirklichkeit, merkt PARATORE an, ändert sich der Stil der verschiedenen Personen nicht. In der Tat schreibt er etwas übereilt: «Il Norden … crede, non so su quale fondamento, che A. non adoperi sempre lo stesso stile per tutti i personaggi.»[32] NORDEN hatte allerdings einfach nur geschrieben: «Als dritter [scil. Aufgabe aus dem Gebiet der antiken Stilistik] kommt noch hinzu: es muß innerhalb der einzelnen Werke geschieden werden nach den einzelnen Gegenständen, die darin vorkommen: die Räuber oder der betrogene Schmied sprechen anders als einer, der zu Iuno oder zu Isis betet, die Fotis wird mit andern Mitteln der ἔκφρασις geschildert als die Weltgöttin oder die Fortuna auf ihrer Kugel.»[33] Es handelt sich um einen sehr allgemeinen

---

29 Publications de la Faculté des Lettres de l'Université de Caen, Caen 1968, 548.

30 *Der Stil des Apuleius von Madaura: Ein Beitrag zur Stilistik des Spätlateins* Stuttgart: Kohlhammer, 1927 (Nachdr. Amsterdam: H. Hakkert, 1965), 361.

31 *AK* 604, Anm. 2.

32 «Norden … glaubt, ich weiß nicht auf Grund welcher Annahme, daß Apuleius nicht immer denselben Stil für seine Personen anwendet» (PARATORE 1942 [Anm. 27], 62).

33 *AK* 604, Anm. 2. Hier denkt NORDEN vielleicht an die berühmte Pacuviusstelle (aus

Unterschied. Es ist jedoch eine Tatsache, daß es einen Stilunterschied
dieser Art nicht gibt. PARATORE hat nicht so Unrecht, wenn er schreibt:
«Manca ... in Apuleio ... la felice individuazione dei personaggi, mediante i loro discorsi, come sa fare Petronio. In A. tutti i personaggi adoperano
lo stesso stile.»[34] Das ist ein Problem, das L. CALLEBAT scharfsinnig
unter Hinweis auf den parodistischen und ironischen Unterton zu erklären
versucht hat.[35] Aber dies scheint mir eine im Grunde ungenügende Erklärung zu sein: Die Ironie ist meines Erachtens eine Art *extrema ratio*,
denn man vermutet darin, daß der Autor etwas anderes ausdrücken will,
als er sagt. Ich glaube hingegen, daß in der Umgebung des Apuleius noch
ein anderes Element eine bedeutende Rolle spielt. Ich werde mich hüten,
das «arge Phantom» des ‹afrikanischen Stils› zu beschwören, das von
NORDEN zu Recht «wieder in das Dunkel gebannt» worden ist, aber ich
darf nicht einen Passus vernachlässigen, der von NORDEN selbst zitiert
wird,[36] nämlich:

Apul. *apol.* 98: *loquitur numquam nisi Punice et si quid adhuc a matre grae-
cissat; enim Latine loqui neque vult neque potest.*

Es ist von einem jungen Mann die Rede, der in einer vulgären Umgebung
lebt, Bordelle und den Circus besucht. Wenigstens ein Teil der von ihm
gesprochenen Sprache war das Punische. Der Raum für ein künstliches
Vulgärlatein, wie das des Petronius, war demnach offenbar sehr eng be-
messen. Auch was Fronto anbetrifft, um bei den afrikanischen Schriftstellern und in einer Art von σύνκρισις mit Apuleius zu bleiben, schließt
sich PARATORE[37] NORDEN an, auch wenn er dies nicht offen zugibt. Er
schreibt in der Tat, daß der Attizismus der Neuen Sophistik bei Fronto und
bei den anderen römischen Schriftstellern zu einem Archaismus wurde.
Und dies spricht nicht gegen NORDENS Auffassung, wie PARATORE
schreibt, sondern entspricht genau dem, was Norden selbst dazu sagt:
«Wenn ich nun behaupte, daß der lateinische Archaismus der hadria-
nisch-antoninischen Epoche ... in die engste Beziehung zu den gleichzeitigen attizistischen Tendenzen der griechischen Prosa zu setzen ist, so
würde das wohl einleuchten und Glauben finden, auch wenn es sich nicht

---

der *Rhet. Her.* 2,36) *TRF*[2] Ribbeck, 144: *Fortunam insanam esse et caecam et brutam
perhibent philosophi / saxoque instare in globoso praedicant volubili / ...*

34 «Es fehlt ... Apuleius ... die glückliche Individuation seiner Figuren auf Grund ihrer
    Reden, wie Petronius sie darzustellen weiß. In Apuleius gebrauchen alle denselben Stil»
    (PARATORE 1942 [Anm. 27], 62).

35 CALLEBAT (Anm. 29), 549.

36 *AK* 593.

37 PARATORE 1942 (Anm. 27), 73 ff.

durch sichere Tatsachen beweisen ließe;» jene «sicheren Tatsachen», die NORDEN sich beeilt, in ganz überzeugender Weise auf den folgenden Seiten aufzuspüren.[38]

Etwas weiter will PARATORE den Einfluß des Asianismus, der sich in griechischer Umgebung jedenfalls als Neuer Stil entwickelt hatte, auf die nach-apuleische Zeit beschränken, indem er die ganze Konstruktion NORDENS in einem falschen Licht sieht:[39] Jener schreibt die afrikanische Schwülstigkeit schon in Apuleius dem Asianismus zu, was später (1948) derselbe PARATORE akzeptiert hat.[40] Ich glaube, daß das ganze Problem erneut untersucht werden müßte (CALLEBAT wird wohl schwerlich den zweiten Band über die literarischen Aspekte der Sprache des Apuleius veröffentlichen können), indem der sprachlichen Situation Afrikas mehr Rechnung getragen werden muß, aber es muß gesagt werden, daß das von NORDEN festgelegte Bild bis heute seine Gültigkeit bewahrt hat.[41]

Auch NORDENS Urteil über den Stil des jüngeren Plinius ist von den italienischen Studien unserer Zeit bestätigt und sogar zum Gegenstand für diesbezügliche Studien geworden. PIER VINCENZO COVA bedauert Nordens[42] negatives Urteil über Plinius.[43] Wahr ist, daß NORDEN die Eitelkeit von Plinius als den «Grundzug seines Wesens» herausgestellt hat, aber er hat mit einer gewissen Finesse hinzugefügt: eine «Eitelkeit, die wir nur deshalb milder beurteilen, weil er sie mit so liebenswürdiger Naivität als etwas Selbstverständliches hervorkehrt». Aber vor allem ist es NORDEN gelungen, auf etwas mehr als einer Seite ein vollkommenes Bild vom Charakter Plinius' des Jüngeren zu liefern.[44] Zuerst nennt NORDEN die Lehrer von Plinius, nämlich Niketes Sacerdos von Smyrna, einen asianischen Rhetor – Philostratos, *v. sophist.* I 19,1, definiert ihn ὑπόβακχος δὲ καὶ διθυραμβώδης («also ganz asianisch» fügt NORDEN hinzu) – und

---

38 *AK* 361f.

39 PARATORE 1942 (Anm. 27), 73 und 112.

40 PARATORE 1948 (Anm. 27), 36–42, bes. 42: «Non altrimenti Apuleio sulla base di un'esperienza forestiera, come il neoasianesimo della seconda sofistica, che, sul piano sintattico, veniva casualmente ad incontrarsi con le predilezioni del *sermo cotidianus*, fiorettava i suoi artifizi.» Daß der Asianismus von der Jüngeren Sophistik fortgesetzt wurde, hat auch WILAMOWITZ (Anm. 13), 13f., angenommen. Dazu vgl. zuletzt GEORGE KENNEDY, *The Art of Rhetoric in the Roman World, 300 B.C.–A.D. 300*, Princeton: Princeton University Press, 1972, 559f.

41 So sind, wie wir eben gesehen haben, PARATORES Einwände unhaltbar und manchmal von demselben PARATORE fallengelassen worden.

42 *AK* 318.

43 *La critica letteraria di Plinio il Giovane*, Brescia: La Scuola, 1966, 60, Anm. 80.

44 *AK* 318f.

Quintilian, auf den das neue Interesse für Cicero zurückgeht und der
damit sehr auf Plinius einwirkte. Das wirkliche Vorbild für Plinius war
allerdings Cicero, wie Plinius selbst aussagt:

> Plin. epist. 1,5,12 f.: est ... mihi cum Cicerone aemulatio, nec sum contentus
> eloquentia saeculi nostri. nam stultissimum credo ad imitandum non optima
> quaeque proponere. [45]

Nachdem NORDEN also an diese für die Ausbildung von Plinius so grundlegenden Elemente erinnert hat,[46] gibt er in drei Punkten eine Zusammenfassung des Plinianischen Stils: (1) «Er liebte erstens das Volle, ja bis
zum Übermaß Volle.» Es folgen die Belegstellen, in denen Plinius seiner
Abneigung gegen die brevitas Ausdruck gibt. Dann der zweite Punkt:
(2) «Er liebte zweitens die ziemlich geputzte Diktion», mit dem bedeutenden Hinweis, daß Plinius ein System erdacht hatte, mit dessen Hilfe er
die «geputzte Diktion» erreichte: er las nämlich seine Reden einem Kreise
von Freunden vor, die ihm Verbesserungsvorschläge suggerierten.[47] Zuletzt der dritte Punkt: (3) «Drittens hat er Vergnügen an scharf zugespitz-
ten Sentenzen.» Und der Gebrauch der ‹Sententiae› ist eine Mode, die auf
eindringliche Weise bei Fronton und Marc Aurel wiederkehrt.[48] Plinius'
Neigung zum Vollen und zum Überfluß ist auch von COVA hervorgehoben worden,[49] und zwar mit der interessanten Beobachtung, daß die von
Plinius am häufigsten gebrauchten Begriffe, die eine positive Bewertung
eines Werkes aussagen sollen, diejenigen sind, die Überfluß und Ausdeh-
nung ausdrücken, wie copiosus, diffusus, fluens, latus, laetus. Ähnlich
schreibt Plinius, in einem an Novius Maximus gerichteten Brief, in dem er
ein Werk mit einem nicht näher definierten genus lobt:

---

45 Andere Belege für die Verehrung Ciceros durch Plinius den Jüngeren: epist. 1,2,4;
    1,20,4; 3,15,1; 4,8,4; 5,3,5; 7,4,3–4; 7,17,13; 9,2,2; 9,26,8; vgl. GIUSTO PICONE,
    L'eloquenza di Plinio: Teoria e Prassi, Palermo: Palumbo, 1978, 22; 39, Anm. 20;
    KENNEDY (Anm. 40), 546f.; ADRIAN NICHOLAS SHERWIN-WHITE, The Letters of
    Pliny: A Historical and Social Commentary, Oxford: Clarendon Press, 1966, 17f.; und
    besonders COVA (Anm. 43), 137f. KENNEDY, SHERWIN-WHITE und COVA haben
    allerdings auch die Grenzen dieser Verehrung des Plinius für Cicero betont.
46 AK 319f.
47 Plin. paneg. 3,18.
48 Vgl. z.B. den Brief 5,74 (p. 86f. van den Hout): Marc Aurel schreibt an Fronto: Misi
    tamen tibi hodiernam γνώμην ... Hodie difficile est, ut praeter vespertinam γνώμην
    quicquam agi possit ... Γνώμας tres et locos communes mitte Vgl. ANTON DANIEL
    LEEMAN, Orationis Ratio: Teoria e pratica stilistica degli oratori, storici e filosofi
    latini, trad. ital. di G.C. GIARDINA e R. CUCCIOLI, Bologna: Il Mulino, 1974, 509;
    KENNEDY (Anm. 40), 597.
49 COVA (Anm. 43), 20).

Plin. *epist.* 4,20,2: *est opus pulchrum, validum, acre, sublime, varium, elegans, purum, figuratum, spatiosum etiam et cum magna tua laude diffusum.*[50]

Hierbei sind, wie COVA richtig angemerkt hat, die Begriffe des Überflusses in den Vordergrund gerückt. SESTO PRETE hat seinerseits mehrere Seiten dem Thema der drei Punkte NORDENS gewidmet, in denen er die Briefe des Plinius und den Panegyricus an Trajan untersucht, um die Richtigkeit der drei von NORDEN aufgestellten Thesen zu beweisen.[51] Er hat das Element der Variation hinzugefügt, das Plinius dafür anwendet, um den verschiedenen Geschmäckern der Richter entgegenzukommen.[52] Ich selbst habe an die drei Kriterien NORDENS angeknüpft und auf den *Sententiae* insistiert, die nicht nur in Marc Aurel und Fronton wiederkehren, sondern auch eine Verbindung mit dem ‹pointierten Stil› des Tacitus aufweisen,[53] allerdings mit dem Unterschied, daß in Tacitus oft das Wortspiel Gedankentiefe ausdrückt, zum Beispiel:

Tac. *hist.* 1,81,1: *cum timeret Otho, timebatur;*[54] *ann.* 2,88,3: *Romanis haud perinde celebris* [sc. *Arminius*], *dum vetera extollimus, recentium incuriosi;*[55] *Agr.* 12,6: *ego facilius crediderim naturam margaritis deesse quam nobis avaritiam.*

Bei Plinius hingegen scheint die *sententia* oft ein Kunstgriff nach Advokatenart, um sich aus der Verlegenheit zu helfen, beispielsweise in dem berühmten Brief an Tacitus über die *brevitas*:

Plin. *epist.* 1,20,26: *Num corrupi te, qui tibi, si mihi accederes, brevis epistulae necessitatem, si dissentires, longissimae imposui?*[56]

50 Vgl. SHERWIN-WHITE (Anm. 45), 297.

51 PRETE (Anm. 28), 38–44.

52 Ebd., 48.

53 CALBOLI 1986 (Anm. 12), 1146f.; vgl. hierzu BERND REINER VOSS, *Der pointierte Stil des Tacitus*, Münster: Aschendorff ²1980.

54 Dasselbe gibt Plutarch an (*Otho* 3,8): φοβούμενος γὰρ ὑπὲρ τῶν ἀνδρῶν αὐτὸς ἦν φοβερὸς ἐκείνοις. Demnach stand, wie HEINZ HEUBNER in seinem Kommentar, *Tacitus, Die Historien I*, Heidelberg: Winter, 1963, 172, richtig anmerkt, «die Pointe bereits in der Quelle», denn das Wortspiel *metuere/metui* wird auch in anderen von HEUBNER gesammelten Belegen nachgewiesen, wie Cic. *rep.* 2,45 (*cum metueret ipse poenam sceleris sui summam, metui se volebat*); Sall. *Iug.* 20,2 (*metuens magis quam metuendus*).

55 Vgl. E. KOESTERMANN, *Tacitus, Annalen I*, Heidelberg: Winter, 1963, 416.

56 Vgl. CALBOLI 1986 (Anm. 12), 1147: Solche Sentenzen werden gerne von Plinius am Ende eines Briefs, bei Tacitus am Ende eines Gedankens oder einer Rede, benutzt. Zur γνώμη vgl. LUCIA CALBOLI MONTEFUSCO, «Die progymnasmatische γνώμη in der griechisch-römischen Rhetorik», in: dies. (ed.), *Papers on Rhetoric*, Bologna: CLUEB, 1993, 19–33.

Die Verwendung der ‹bons mots› dient auch dazu, das Lächerliche heraus-
zustellen, wie die Rhetorik besonders für die Proömien empfahl.[57] Das ist
in Wirklichkeit ein Mittel der menschlichen Klugheit, dessen auch Augustus sich bediente[58] und das näher untersucht zu werden verdiente.[59]
Sicherlich hatte Plinius, der in den gefährlichen Jahren der Regierung
Domitians lebte,[60] gelernt, wie wichtig es war, dieses Mittel zu beherrschen. Natürlich sind, was Plinius den Jüngeren und seinen Stil angeht,
auch viele nicht-italienische Beiträge von großer Bedeutung erschienen.[61]

Zu diesem Punkt der *Sententiae* erinnere ich an die Ausführungen von
ANNE-MARIE GUILLEMIN,[62] die korrekterweise auf die Epigramme des
Martial verwiesen hat, eines Dichters also, der ein Freund und eine Art
cliens von Plinius war.[63] Die Autorin hebt folglich bei Plinius den
epigrammatischen Aspekt der *Sententiae* hervor. Es bleibt auf jeden Fall
die Tatsache bestehen, daß die Saat NORDENS auch hier aufgegangen ist:
Er hat wirklich einen neuen Weg gewiesen. Wenn man überhaupt an
seinem Werk Kritik üben will, könnte es die sein, daß er nicht genügend
die Bedeutung der republikanischen Freiheit oder, besser, das negative

57 Vgl. LUCIA CALBOLI MONTEFUSCO, *Exordium Narratio Epilogus: Studi sulla teoria
    retorica greca e romana delle parti del discorso*, Bologna: CLUEB, 1988, 15.
58 Vgl. Macrob. *sat.* 2,4.
59 Zum Lachen in Rom in der Zeit des Augustus und den Bonmots von demselben Au-
    gustus vgl. E. DE SAINT-DENIS, *Essais sur le rire et le sourire des latins* (Publications
    de l'Université de Dijon 32), Paris: Belles Lettres, 1965, 155–157; und bes. *Augusti
    Dicta* in HENRICA MALCOVATI (ed.), *Imperatoris Caesaris Augusti Operum Frag-
    menta*, Torino: Paravia, ⁵1944, 152–176.
60 Vgl. z.B. den Angriff des Regulus in *epist.* 1,5,8–14.
61 Hier sei besonders auf die große Arbeit von FEDERICO GAMBERINI, *Stylistic Theory
    and Practice in the Younger Pliny*, Hildesheim: G. Olms, 1983, und auf die dabei
    angegebene Literatur hingewiesen.
62 *Pline et la vie littéraire de son temps*, Paris: Les Belles Lettres, 1929, 146–152.
63 Vgl. Plin. *epist.* 3,21. Plinius stellt ihn als einen wirklichen Freund besonders am Ende
    dieses Briefes (§ 6) dar: *Meritone eum, qui haec de me scripsit, et tunc dimisi amicis-
    sime et nunc ut amicissimum defunctum esse doleo? Dedit enim mihi, quantum maxi-
    mum potuit, daturus amplius, si potuisset* (vgl. SHERWIN-WHITE [Anm. 45], 263;
    329). SHERWIN-WHITE (3) versucht auch das Problem zu lösen, daß einerseits Martial
    ein *cliens* von Aquilius Regulus war (vgl. Mart. 1,82. 111; 2,74,2. 93; 4,16,6; 5,10.
    21,1. 28,6. 63,4; 6,38. 64,11; 7,16. 31) und andererseits eine große Feindschaft zwi-
    schen Plinius dem Jüngeren und Aquilius Regulus bestand (vgl. Plin. *epist.* 1,5. 20;
    2,11. 20; 4,2. 7; 6,2, und SHERWIN-WHITE 93–99): «Martial was Pliny's protégé (III.
    21), while Statius, as Peter noted, is never mentioned by Pliny, although echoes can be
    detected at least in the first villa-description (II. 17 pref.). This is hardly out of jealousy
    or dislike, since Pliny has much to say about his forensic rival and enemy Aquilius
    Regulus. Statius, unlike Martial, did not survive to balance his flatteries of Domitian by
    flattering his successors» (ebd., 3).

Gewicht der kaiserlichen Machtkonzentration spürte, das sich überall bemerkbar machte und auf das ganze Leben des Reiches, also auch auf die Literatur und den Stil negativ einwirkte. Die Machtkonzentration des kaiserlichen Despotismus trug wesentlich dazu bei, das wirtschaftliche Leben und auch das der Sprache und Literatur einzuengen.[64]

Aber NORDEN war sich sehr wohl bewußt, wie wichtig der gesamte Entwicklungsverlauf der Stilistik von Gorgias zu den Humanisten war und wie stark die sie bedingenden gesellschaftlichen Kräfte waren, wie das Aufkommen der christlichen Religion und der Kampf, aus dem diese am Ende siegreich hervorging. NORDEN drückt sich am Ende seiner *Kunstprosa*[65] in einem bildlichen Gleichnis aus: Wie eine Fackel, die noch «umgewendet emporschlägt», so hat auch die antike Kultur, auch wenn sie vom Christentum besiegt wurde, weiter fortgeleuchtet und ist von der neuen Kultur wiederaufgenommen worden, die in ihrem künstlerischen Ausdruck sich mit der Antike in einer Allianz verbunden hat, die zum Segen der Menschheit im Laufe der Geschichte fortbestand. Das ist eine Seite im Buch NORDENS, die vor allem BENEDETTO CROCE fasziniert hat, der sie in den *Pagine sparse* zitiert, und zwar gegen die in jener Zeit in Deutschland vorherrschende, übertriebene Tendenz, die Beziehung zwischen griechischer und germanischer Welt hervorzuheben.[66] CROCE wies auf NORDEN hin gegen «die Stellungnahmen dieser [d.h. jener] Zeit, die etwas Barbarisches haben» («gli atteggiamenti odierni che hanno del barbarico»). Und CROCE wurde besonders vom Schlußkapitel der *Kunstprosa* fasziniert, wo klar der Glaube NORDENS an den Sieg des Guten hervorgeht: «so gewißlich wahr das Wort des ernsten Dichters von der Ewigkeit des Guten ist: τὸ εὖ νικᾷ». Es möge nicht als professorale Pedanterie angesehen werden, wenn ich daran erinnere, daß NORDEN aus dem Gedächtnis zitierte, aber Aischylos, der «ernste Dichter», an den er erinnerte,[67] noch ein kleines, schreckliches Wort hinzugefügt hatte, ein δέ, das uns nach all den vielen Zerstörungen und Vernichtungen, die NORDEN das Glück hatte, nicht direkt zu erleben, nicht mehr erlaubt ist zu vergessen: αἴλινον αἴλινον εἰπέ, τὸ δ᾽ εὖ νικάτω, «*aber* am Ende möge das Gute siegen».

64 Vgl. CALBOLI, «Die Rhetorik in der römischen Spätantike», in: GERT UEDING (Hg.), *Rhetorik zwischen den Wissenschaften*, Tübingen: Niemeyer, 1991, 9–20, hier 11 f.

65 *AK* 809.

66 *Pagine Sparse 3*, Napoli: Ricciardi, 1943, 142.

67 *Agamemnon* 121; 139; 159, und vgl. den Kommentar von EDUARD FRAENKEL, Oxford 1950, 2,74.

Einige stilistische Beobachtungen befinden sich in der Rezension von
Nordens Buch *Ennius und Vergilius* (1915) durch GIORGIO PASQUALI,
die in den *Göttingischen Gelehrten Anzeigen* von 1915 erschien.[68] Es ist
allerdings zweifelhaft, ob PASQUALI in die italienische Forschung einge-
reiht werden kann, da er bei dieser Gelegenheit eher ein deutscher Professor war. NORDEN hatte dem siebten Buch der *Annales* von Ennius
einige Fragmente zugewiesen, die PASQUALI teilweise und wohl zu
Recht als ungewisse Zuschreibungen ansieht.[69] «Zu Recht» ist nicht mein
Urteil, sondern das von OTTO SKUTSCH, des letzten großen Herausgebers
und Kommentators der *Annales* des Ennius. Aber bezüglich des Verses
225 V² (217 Skutsch), hat ein jüngerer italienischer Forscher einen wesentlichen Beitrag geliefert. Dieser Vers kommt bei Priscian (*gramm.* II
486) vor und wurde von NORDEN und PASQUALI, die der Ausgabe von
KEIL gefolgt waren, auf folgende Weise gelesen:

> *mulserat huc navem conpulsam fluctibus pontus*

MARIO DE NONNO hat im Codex Vaticanus Latinus 3313 (Z) die richtige
Lesart *urserat* (statt *mulserat*) gefunden.[70] Sie ist nicht nur besser dem
Sinn angepaßt, sondern bietet auch eine Exemplifizierung der von Priscian vorgebrachten Lehre, daß das Perfekt der Verben in *-geo*, wie *in-
dulgeo, fulgeo, algeo, urgeo, turgeo, tergeo*, auf *-si* laute. So fügt er das
Beispiel von *urgeo* (*urserat*) vor jene von *turgeo* – Enn. *ann.* 321 f. V²
(319 Skutsch): *Ciclopis venter velut olim turserat alte / carnibus humanis
distentus* – und *tergeo* – Lucil. 568 Marx: *Purpureo tersit tunc latas
gausape mensas*.[71]

OTTO SKUTSCH hat die Lesart *urserat* akzeptiert.[72] Es mutet merk-
würdig an, daß zwei so scharfsinnige Philologen wie NORDEN und
PASQUALI die richtige Lesart nicht schon vorher entdeckt haben, obwohl
sie diesem Vers beachtliche Aufmerksamkeit widmeten und obwohl *urserat* mit einer gewissen Leichtigkeit hätte konjiziert werden können, wie
DE NONNO nicht zu Unrecht bemerkt.[73] Die Ergebnisse unserer Wissenschaft müssen eben immer mühsam erkämpft werden.

---

68 *GGA* 1915, 593–610; in ital. Übers. in: ders., *Pagine stravaganti 1*, Firenze: Sansoni,
    1968, 223–240.
69 Ebd., 229–235.
70 «Le citazioni di Prisciano da autori latini nella testimonianza del Vat. Lat. 3313»,
    Rivista di Filologia e di Istruzione Classica 105 (1977), 385–402, hier 394–396.
71 Vgl. auch FRANÇOIS CHARPIN, *Lucilius, Satires 2*, Paris: Les Belles Lettres, 1979,
    261 f.
72 *The ‹Annales› of Ennius*. Ed. with Introd. and Comm., Oxford: Clarendon Press, 1985,
    389.
73 Jedoch scheint mir die Methode PASQUALIS und NORDENS, soweit ich verstehe, im

Dann liefert PASQUALI noch einen Beitrag mit einer wichtigen Bemerkung linguistischer Art hinsichtlich Ennius, *ann.* 164f. V² (227f. Skutsch):

Qua Galli furtim noctu summa arcis adorti / moenia concubia vigilesque repente cruentant.

PASQUALI lehnt hier nämlich die Interpretation NORDENS ab, wonach *cruentant* bedeute *in eo erant ut vigiles cruentarent.* Dieser Lösung ist NORDEN deshalb gefolgt, weil die Wachen nach der Überlieferung nicht getötet und verletzt worden waren, insofern als durch das Geschrei der Gänse Alarm gemacht und das Kapitol gerettet wurde. PASQUALI kommt hingegen zu folgendem Schluß: «Es bleibt keine andere Lösung als zu glauben, daß Ennius sich von der Tradition entfernte, daß er nämlich eine andere Überlieferung kannte, wonach die Wachen, wenn nicht getötet, so doch verletzt worden waren.»[74] Das ist auch die Lösung von SKUTSCH,[75] wenngleich diese in die Form des Zweifels gekleidet ist: «Doubt, however, must remain.» Diese unorthodoxe Version findet sich andererseits auch in Varro, Lucan, Silius, Tacitus und Tertullian[76] und ist demnach ausreichend bezeugt.

Bevor wir zum letzten Punkt kommen, den ich nur eben berühren möchte, ist daran zu erinnern, daß die *Kunstprosa* NORDENS oft in der Arbeit von ALFONSO TRAINA über den dramatischen Stil des Philosophen Seneca von 1978 zitiert ist.[77]

In seinem letzten Werk, von 1939, *Aus altrömischen Priesterbüchern,* hat NORDEN erneut einige Aspekte des vorliterarischen *carmen* untersucht, für deren Interpretation er schon einen wesentlichen Beitrag in der *Kunstprosa* geliefert hatte. Dieses Buch wurde in Italien von meinem Lehrer, GIOVANNI BATTISTA PIGHI, besprochen, und seine Rezension hob meines Erachtens die besten Qualitäten dieses Forschers hervor.[78] Denn PIGHI war im Bereich der archaischen Metrik und der indogerma-

---

guten Sinne vorsichtig, denn eine Konjektur gegen die Überlieferung anzunehmen ist m.E. immer ein wenig gefährlich, obgleich auch die handschriftliche Überlieferung manchmal schon das Resultat einer Konjektur darstellt.

74 PASQUALI (Anm. 68), 235.

75 SKUTSCH (Anm. 72), 408.

76 Vgl. OTTO SKUTSCH, «The Fall of the Capitol Again: Tacitus, Ann. 11.23», *Journal of Roman Studies 68* (1978), 93f.; NICHOLAS HORSFALL, «From History to Legend: M. Manlius and the Geese», *Classical Journal 76* (1981), 298–311, hier 298 f.

77 *Lo stile ‹drammatico› del filosofo Seneca,* Bologna: Patron, 1974.

78 «[Besprechung] E. Norden, Aus altrömischen Priesterbüchern, Lund 1939», *Aevum 15* (1941), 150–161.

nischen Sprachwissenschaft als Latinist außerordenlich gut bewandert – er hatte lange Sanskrit bei AMBROGIO BALLINI in Mailand studiert[79] –, und die Autorität eines weltbekannten Latinisten wie NORDEN hielt PIGHI von polemischen Stellungnahmen ab, denen er sich zum Schaden seiner eigenen Anschauungsfähigkeit manchmal hingab. Im Gegenteil war PIGHI mit NORDEN im allgemeinen ganz einverstanden, so daß seine Besprechung als eine Art Lobschrift erscheint.[80] Hierbei fehlen jedoch nicht wichtige persönliche Beiträge von PIGHI und einige Meinungsverschiedenheiten, wie zum Beispiel am Ende der Besprechung, wo PIGHI seine Zweifel gegen die Erklärung des Carmen und im allgemeinen der altrömischen Metrik als eines ausschließlich von der griechischen Tradition abgeleiteten Phänomens anbrachte.[81]

Auf jeden Fall sprach PIGHI in dieser Rezension nicht nur seine eigene Begabung für diese Studien und sogar eine wirkliche Begeisterung für das Buch NORDENS aus, sondern er wies auch nach, wie tief die Untersuchung der altrömischen und altitalischen Tradition, wie sie sich im Buch NORDENS fand, in der italienischen Altertumswissenschaft verwurzelt war, und zwar nicht nur in den Schulen der Sprachforscher wie GIACOMO

---

79 Seinem Lehrer, nämlich AMBROGIO BALLINI, hat PIGHI später den Band *Latinitas, Variorum Scripta in Latinum Conversa*, Milano: Marzorati, ²1955, gewidmet, und in der Widmung wird BALLINI mit den folgenden Worten vorgestellt: «non doctrinae rationisque solum, sed virtutis ac vitae magistrum». Zur metrischen Tätigkeit PIGHIS sei hier nur auf den Beitrag «La Metrica Latina» (Anm. 24) und besonders auf die *Studi di Ritmica e di Metrica*, Torino: Bottega d'Erasmus, 1970, hingewiesen.

80 Der Anfang der Besprechung fällt besonders auf: «Ci sono dissertazioni di trenta pagine che bisogna prendere in mano sei sette volte, per arrivare in fondo ... Ci sono libri di trecento pagine che si leggono in due giorni, e si rileggono poi subito, gustando ogni lor parte, con mente riposata e lieta ... sono come una luce intensa che rivela alla nostra vista mille cose inosservate, anche se note e vicine, come una visione dall'alto che ci permette accostamenti e ci mostra rapporti e ci presenta questioni impensate, come un esame col microscopio che rinnova e trasforma ciò che ai nostri occhi era consueto o invisibile: tutto questo insieme. E le opere del Norden, siano il commento al VI dell'Eneide o ‹Agnostos Theos› o ‹Altgermanien›, o sia questo ‹Aus altrömischen Priesterbüchern›, appartengono di buon diritto al secondo gruppo, per la meravigliosa vastità e varietà della dottrina, per la chiarezza e la scioltezza dell'ordinamento, per la sorridente signorilità del dettato» (PIGHI 1941 [Anm. 78], 150).

81 «Posso dunque per tanti lati consentire col Norden quando dice che la classificazione tradizionale ‹vorliterarisch = national, literarisch = hellenisierend, lässt sich nicht mehr aufrechthalten [Norden, *Aus altr. Priesterbuchern* 245]›; ma non credo per nulla sicuro che alla prima equazione si deva sempre sostituire quest'altra ‹preletterario = grecanico, o italiota›, come penso ... che alla formazione del ‹preletterario› e del ‹letterario› abbiano contribuito, in misura non ancora del tutto valutata, elementi non ellenici, eredità e prestiti indo-europei e mediterranei» (ebd., 161).

DEVOTO,[82] sondern auch bei klassischen Philologen wie GIOVAN-NI BATTISTA PIGHI. Ich kann persönlich bestätigen, daß dieser Studienbereich in der vielleicht zu breiten Tätigkeit meines Lehrers der ihm liebste war. So fand PIGHI im Buch NORDENS das, was ihm in der Altertumswissenschaft am meisten am Herzen lag, nämlich die Beziehung zwischen indogermanischer Sprachwissenschaft, Literaturgeschichte der Frühzeit und römischem Altertum; ein Bereich, in dem er andererseits – das kann ich ebenfalls als Schüler von PIGHI bestätigen – den stärksten und gesundesten Einfluß auf seine Schüler ausübte. Aber NORDEN stellte in diesem Buch eine Lehre dar, die auch mit der bedeutenden und glanzvollen Schule von GIORGIO PASQUALI im Einklang stand, und es ist deshalb kein Zufall, daß einer der scharfsinnigsten Vertreter dieser Schule, SEBASTIANO TIMPANARO, neuerdings seine Aufmerksamkeit wieder diesem Buch zugewendet hat.[83]

Noch vor TIMPANARO, der mit der ihm eigenen Fachkenntnis den ganzen *status quaestionis* dargestellt hat,[84] hatte sich mit diesem Problem in Italien BRUNO LUISELLI beschäftigt.[85] LUISELLI wertet die Lösung NORDENS sehr hoch und unterstreicht die Tatsache, daß NORDEN, der von der rhythmischen Theorie WESTPHALS herkommt, schon in der *Kunstprosa*[86] das antike *carmen* nicht mehr als ein «ensemble» von Versen betrachtet hatte, sondern als eine rhythmische Prosa, deren Rhythmus auf zwei Gliedern basiert und manchmal durch Alliteration hervorgehoben ist. Auch NORDEN, ebenso wie WESTPHAL, nimmt auf die *precatio* an *Mars* von Cato, *agr.* 141,2–3, Bezug:

> *Mars pater, te precor quaesoque uti sies volens propitius mihi domo familiaeque nostrae ... uti tu morbos visos invisosque prohibessis defendas averruncesque.*[87]

Der rhythmische Charakter resultiert aus der zweigliedrigen Struktur und aus der rhythmischen Kadenz jeder Linie.[88] Wie auch immer man dies

82 Vgl. das Vorwort von ALDO L. PROSDOCIMI zum Wiederabdruck DEVOTOS *Storia della lingua di Roma*, Bologna: Cappelli, 1983, III–XIII und 400–403.

83 «Alcuni tipi di sinonimi in asindeto in latino arcaico e loro sopravvivenza in latino classico», *Rivista di filologia e di istruzione classica 116* (1988), 257–297; 385–428.

84 Ebd., 257–270.

85 *Il problema della più antica prosa latina*, Cagliari: Editrice Sarda Fossataro, 1969.

86 *AK* 156f.

87 Zur Struktur dieser Stelle Catos vgl. G. CALBOLI, «Die Syntax der ältesten lateinischen Prosa», in: A. GIACALONE RAMAT, O. CARRUBA, G. BERNINI (eds.), *Papers from the 7th International Conference on Historical Linguistics*, Amsterdam: Benjamins, 1987, 137–150, hier 141f.

88 LUISELLI (Anm. 85), 32–37.

beurteilen mag, so hat NORDEN das Verdienst, herausgefunden zu haben, daß die *carmina* keine Verse sind, wie man vor ihm glaubte, sondern rhythmische Prosa. Nachdem LUISELLI dies akzeptiert hat, bezweifelt er allerdings, ob es möglich sei, in dieser Prosa das zweite *colon* des saturnischen Verses zu finden, aber dann gibt er zu, daß dies in einigen Zeilen des *carmen* an *Mars* nicht unmöglich sei.[89] Allerdings lehnt LUISELLI die Theorie ab, wonach es möglich sei, die *precatio* an *Mars* nach dem Skandieren von WESTPHAL zu teilen, wie sie auch von NORDEN akzeptiert worden war, und zwar nicht nur in der *Kunstprosa*, sondern auch in dem darauf folgenden *Logos und Rhythmos* von 1928. Außerdem muß für LUISELLI das *prohibessis defendas averruncesque* als *tricolon* verstanden werden, und er glaubt, daß es nicht möglich sei, den zentralen Teil der *precatio* an *Mars* nach präzisen und stabilen zweigliedrigen Linien zu strukturieren. So glaubt er, daß es nicht möglich sei, vom *carmen* und von seiner rhythmischen Struktur aus direkt zum saturnischen Vers zu gelangen, während er hingegen zugibt, daß die zweigliedrigen synonymischen Wiederholungen einen binären Rhythmus hervorbringen.[90]

Zu diesem wichtigen Punkt, das heißt zu den asyndetischen Synonymen, gibt es heute den oben erwähnten Beitrag TIMPANAROS, der feststellt, daß NORDEN Recht hat, wenn er bemerkt,[91] daß die einzige kopulative Konjunktion des *carmen* das -*que* ist und nicht das *et* oder *atque*, und daß demnach diese *carmina*, sei es direkt oder über das Fortbestehen einer kanonisch gewordenen stilistischen Verwendung, auf eine Epoche zurückgehen, in der das -*que* (griechisch τε, sanskr. -*ca*, hethitisch -*ki* in *kuiški* ‹jemand, irgendein›)[92] die einzige kopulative Verbindungsmöglichkeit war und ein indogermanisches Erbe darstellte. Überdies ist die Verbindung durch Asyndeton mittlerweile ein Residuum gegenüber dem Gebrauch von -*que* und überlebt besser in drei Gliedern als in zwei. Mir kommt nur der Verdacht – aber es handelt sich nur um einen Verdacht –, daß das -*que* aus einem scheinbaren *Tricolon* ein wirkliches *Dicolon*

89 Ebd., 89–91.

90 Vgl. ebd., 94–96.

91 *AP* 18.

92 Vgl. WINFRIED PHILIPP LEHMANN, *Proto-Indo-European Syntax*, Austin: University of Texas Press, 1974, 115 und 215. Zum griechischen τε siehe das Buch von C. J. RUIJGH, *Autour de «TE épique»*, Amsterdam: A. M. Hakkert, 1971. Es ist bemerkenswert, daß im Hethitischen die beiordnende Konjunktion -*a*, -*ia* ‹und› «an das zweite Nomen bzw. an das erste Wort des zweiten Satzes *enklitisch* angehängt» wird (JOHANNES FRIEDRICH, *Hethitisches Elementarbuch 1*, Heidelberg: Winter, [2]1960, 154), siehe auch SILVIA LURAGHI, *Old Hittite Sentence Structure*, London: Routledge, 1990, 56f.

bilden kann, und so wieder NORDEN Recht gibt. Aber das ist ein kompliziertes Problem, das man durch Vergleichung von indogermanischen ähnlichen Zeugnissen und mit Zuhilfenahme anderer Arten von Zeugnissen untersuchen müßte, nämlich der Genealogien und der Heldenepen, die einen Vergleich mit dem Hethitischen erlauben.[93]

TIMPANARO lehnt außerdem die von NORDEN vorgeschlagene Erklärung einer besonderen Tatsache ab, daß nämlich in den ungefähr vierzig Saturnien der Odyssee des Livius Andronicus niemals deutlich die Alliteration verwendet wird.[94] In diesen Versen hat NORDEN das Fortleben von Gewohnheiten des Lyrikers gesehen, die Livius von seinem *carmen* an *Iuno regina* mitbrachte: «Er, der Verfasser und Komponist des Jungfrauliedes, mag» – so schreibt Norden, der freilich darüber im Zweifel bleibt – «im rezitativen Saturnier die lyrische origo metri gewahrt haben.»[95] Vielleicht – nimmt TIMPANARO an[96] – spürte NORDEN die Alliteration zu intensiv und dies hat ihn dazu gebracht, anzunehmen, daß sie die Süße des Gesangs beeinträchtige. In der Tat scheint uns NORDENS Erklärung nicht akzeptabel. Aber was die archaische Metrik angeht, bin ich der Ansicht, daß diese Frage noch nicht endgültig geklärt und nicht von der Entwicklung der romanischen Sprachen zu trennen ist. Ich würde jedenfalls sehr zögern, die gesamte Stellungnahme NORDENS im wesentlichen abzulehnen. Es ist ja gerade jene große Schau des Ganzen, in der jedoch die Details nicht vernachlässigt werden, die die Konstruktion Nordens für uns so interessant und wirkunsvoll macht.

Zum Abschluß dieses Beitrags sollten wir uns fragen, was für eine Gesamtbewertung wir für das Wirken NORDENS im Bereich der italienischen Studien der klassischen Stilistik und Rhetorik finden können. Ich glaube nicht, das Recht zu haben, auf Grund dieser verstreuten Beobachtungen zu einer allgemeinverbindlichen Bewertung zu kommen. Mir scheint es jedoch besonders wichtig hervorzuheben, daß es vor allem zwei Dinge sind, die uns dieser große Philologe gelehrt hat.

Die griechische und römische Welt steht auf der Wende zwischen einer prähistorischen Antike, die man von einem sprachlichen Gesichtspunkt aus indogermanisch nennt, und einer neuen Welt, zu der die romanischen

93 Vgl. HEINRICH OTTEN, *Die 1986 in Boğazköy gefundene Bronztafel: 1. Ein hethitischer Staatsvertrag des 13. Jh. v. Chr. 2. Zu den rechtlichen und religiösen Grundlagen des hethitischen Königtums*, Innsbruck: Institut für Sprachwissenschaft der Universität Innsbruck, 1989, bes. 2., 21–35.

94 TIMPANARO (Anm. 83), 267–269.

95 *AP* 234.

96 TIMPANARO (Anm. 83), 268.

Sprachen gehören, der kräftigste Zweig, der aus dem griechisch-römischen Stamm erwachsen ist, abgesehen von der byzantinischen, neugrie-
chischen und besonders von der germanischen Welt. Dieser Übergang ist
nicht einfach ein sprachlicher Übergang, denn das Vulgärlatein, von dem
die romanischen Sprachen abstammen, hat nie allein existiert, sondern hat
immer eine literarische Schriftsprache zur Seite gehabt: Die Briefe des
Cl. Terentianus und des Octavius von Vindolanda sind mehr oder weniger
zeitgenössische Dokumente zu den Briefen von Plinius dem Jüngeren,
während die Formulae Andecavenses und die des Marculfus zeitgleich
mit der Geschichte der Franken des Gregor von Tours sind.[97] Auch das
mittelalterliche Latein, dessen Herstellung teilweise ein künstliches Produkt der karolingischen Schule ist,[98] hat die romanischen Sprachen beeinflußt: Einer der Väter des Italienischen, der Dichter Dante, schrieb noch
sehr viel auf Lateinisch. Die Kunstprosa hat also tief die Kultur und die
Sprache der historischen Epochen beeinflußt, die die Nachfolge der antiken Welt antraten. Das ist die fundamentale Erkenntnis, die wir NORDEN
verdanken.

97 Zur Sprache des Cl. Terentianus und seines Vaters Cl. Tiberianus, d.h. der von HER-
    BERT CHAYYIM YOUTIE, JOHN GARRET WINTER (eds.), *Papyri and Ostraca from
    Karanis*, 2nd ser. (Michigan Papyri 8), Ann Arbor/London: University of Michigan
    Press/Cumberlege/Oxford University Press, 1951, Nr. 467–472, veröffentlichten la-
    teinischen Briefe der beiden, vgl. G.B. PIGHI, *Lettere latine d'un soldato di Traiano:
    PMich 467–472* (Studi pubblicati dall'Istituto di Filologia Classica), Bologna: Za-
    nichelli, 1964, bes. 105–115; JAMES NOEL ADAMS, *The Vulgar Latin of the Letters of
    Cl. Terentianus (P. Mich. VIII, 467–72)*, Manchester: Manchester University Press,
    1977. Was die Tafeln von Vindolanda angeht, vgl. A.K. BOWMAN, J.D. THOMAS
    (with contribution by J.N. ADAMS and R. TAPPER), *Vindolanda: The Latin Writing-
    Tablets* (Britannia Monograph Series 4), London: Society for the Promotion of Roman
    Studies, 1983, 72–74; and J.N. ADAMS in: A.K. BOWMAN, J.D. THOMAS, ders.,
    «Two Letters from Vindolanda», *Britannia 21* (1990), 33–52. Eine Bibliographie des
    merowingischen Latein findet sich in G. CALBOLI, «Il latino merovingico, fra latino
    volgare e latino medioevale», in: E. VINEIS (cur.), *Latino volgare, latino medioevale,
    lingue romanze*, Pisa: Giardini, 1984, 63–81, hier 79–81; ders., «Aspects du Latin
    Mérovingien», in: J. HERMAN (Hg.), *Latin vulgaire – Latin tardif (I)*. Actes du Ier
    Colloque international sur le latin vulgaire et tardif, Tübingen: Niemeyer, 1987, 19–35,
    hier 32–35; und in den diesbezüglichen Sektionen von MARIA ILIESCU, DAN SLU-
    SANSKI (éds.), *Du latin aux langues romanes: Choix de textes traduits et commentés*,
    Wilhelmsfeld: Egert, 1991.
98 Vgl. WRIGHT (Anm. 22), 44; 51–54; 261 f. In der Tat vereinfacht WRIGHT das ganze
    Problem der Beziehung zwischen Vulgärlatein und romanischen Sprachen, und ich teile
    nicht seine Meinung, der Ausdruck ‹Vulgärlatein› sollte endlich, als ein irreführender
    Begriff, verbannt werden: «The phrase ‹Vulgar Latin›, however, deserves to be banish-
    ed at once from serious scholarly use, as have been *phlogiston, humours*, and *the music
    of the spheres*» (ebd., 54).

Die andere, nicht weniger wichtige, ist die Bedeutung, die die besonders in den Anfängen und später immer noch spürbare Rhetorik innerhalb dieser Entwicklung einnahm. Wenn man von Rhetorik spricht, meint man nicht nur den literarischen Schmuck, sondern auch die Sprache der Gerichtshöfe, der Versammlungen, der Beratungen, die Sprache des zivilen und politischen Lebens. Diesen Bedürfnissen diente die Rhetorik vor allem und mehr noch als der Literatur selbst, die sich teilweise von der Rhetorik ableitet.[99] EDUARD NORDEN hat das Verdienst gehabt, nach den Studien von BLASS das Wirken der Rhetorik in ihren genauen Einzelheiten verfolgt zu haben.

Inwieweit ist nun die italienische Forschung von diesen Ideen NORDENS beeinflußt worden? NORDEN ist sicher von Spezialisten der Rhetorik und von Forschern, die den Stil bestimmter Autoren studierten, benutzt worden – ein wenig davon haben wir hierbei vorbringen können –, aber die Antirhetorik, die in Italien überwog als Reaktion auf die Übertriebenheit der Rhetorik des *Risorgimento*, und die antirhetorische Haltung von BENEDETTO CROCE haben den Gebrauch und die Entwicklung dieses Elements auf die Spezialisten beschränkt. Davon abgesehen – ich möchte mit Stillschweigen den unsinnigen Antigermanismus von ROMAGNOLI und FRACCAROLI übergehen –,[100] hat die Stilistik von MAROUZEAU, die sich sehr wenig mit den großen literarischen Strömungen beschäftigt hat, dazu beigetragen, die Idee aufkommen zu lassen, daß es möglich sei, die Sprache fast ohne die Literatur zu berücksichtigen und umgekehrt, das heißt, sie hat dazu beigetragen, die zwei Momente des Sprachlichen und des Literarischen voneinander zu trennen.

---

99 Vgl. Quint. *inst.* 10,1.

100 Vgl. dazu ANTONIO LA PENNA, «L'influenza della filologia classica tedesca sulla filologia classica italiana dall'unificazione d'Italia alla prima guerra mondiale», in: M. BOLLACK, H. WISMANN (Hgg.), *Philologie und Hermeneutik im 19. Jahrhundert 2*, Göttingen: Vandenhoeck & Ruprecht, 1983, 232–272, hier 264–272 (der sich doch zu pessimistisch hinsichtlich der modernen italienischen Philologie ausdrückt); ENZO DEGANI, «La filologia greca nel secolo XX», in: *La Filologia Greca e Latina nel secolo XX, 2*, Pisa: Giardini, 1984, 1065–1140, hier 1100–1110. Was in beiden Arbeiten zu ROMAGNOLI und FRACCAROLI und anderen Vertretern des Antigermanismus in der italienische Altphilologie bemerkt wird, ist ganz richtig, aber man darf nicht verschweigen, daß die irrige Idee ROMAGNOLIS und FRACCAROLIS eine Art Entsprechung, wenn auch von unvergleichbaren Wert, in der Meinung von WILAMOWITZ und SNELL gefunden hat, nach der die Romanen als Fortsetzer Roms von den Germanen (Deutschen, Holländern, Engländern) unterschieden sind, was mir im allgemeinen als falsch erscheint, vgl. G. CALBOLI, «Premessa» zu: BRUNO SNELL, *Il cammino del pensiero e della verità: Studi sul linguaggio greco delle origini*, übers. aus dem Dt. von JÜRGEN WINKELMANN, Ferrara: Gallio, 1991, VII–XIV, hier XII–XV.

Dagegen ist das, was uns EDUARD NORDEN gelehrt hat, von der *Kunstprosa* zu den *Altrömischen Priesterbüchern* über *Ennius und Vergilius, Die Geburt des Kindes* und die *Germanische Urgeschichte in Tacitus' Germania*, gerade dies, daß es keine Barrieren und Schranken für das Studium der antiken Kultur gibt, weder solche des *genus*, noch zeitliche: Das auf einen Punkt geführte Licht beleuchtet und klärt eine Reihe von Problemen. Der diese Zeilen geschrieben hat, hat von NORDEN vor allem gelernt, die Sprachwissenschaft und die Literatur, nach dem, was in seinen Kräften stand, als ein einziges Untrennbares zu behandeln. Das ist, in der Orgie der Spezialisierung unseres modernen Lebens und unserer Wissenschaft, die Lehre, die uns NORDEN auf den Weg gegeben hat und die wir den künftigen Generationen weitergeben wollen.

Formbegriffe bei Eduard Norden[1]

von Hubert Cancik und Hildegard Cancik-Lindemaier

> Was ist Wille? Was ist Gefühl? Struktur ist alles.
>
> *Wilhelm Dilthey*

1 Der Forschungsstand und die Bestimmung des Themas

In seiner «Grundlegung» der biblischen Formgeschichte gibt KLAUS KOCH eine kurze Geschichte des Ausdrucks ‹Formgeschichte›:[2]

(1) «Das Wort Formgeschichte taucht 1919 zum erstenmal terminologisch in dem Buchtitel von M. Dibelius ‹Die Formgeschichte des Evangeliums› auf (Anm. 1) ...»

(2) «Dibelius wurde zu seiner Arbeitsweise durch Hermann Gunkel angeregt, der schon 20 Jahre früher formgeschichtliche Methoden in der Bibelwissenschaft eingeführt hatte, wenngleich unter dem Namen der ‹Gattungsforschung› oder der ‹Literaturgeschichte›. Gunkel ist der eigentliche Vater dieser Forschungsrichtung.» In der zugehörigen Anmerkung fährt Koch fort:

(3) «Von ‹Formen› der Literatur hatte man freilich schon lange geredet, nicht aber im geprägten Sinn. So verfolgte H. Ewald ‹die geschichte der fassung (form) von geboten› (Geschichte des Volkes Israel II ³1865, 239).»

(4) «F. Overbeck konnte schreiben: ‹Ihre Geschichte hat eine Literatur in ihren Formen, eine Formengeschichte wird also jede wirkliche Literaturgeschichte sein› (Über die Anfänge der patristischen Literatur, Historische Zeitschrift 1882, 417–472, Nachdruck 1954 S. 12).»

(5) «Der Altphilologe E. Norden gab seinem Buch Agnostos Theos den Untertitel ‹Untersuchungen zur Formengeschichte religiöser Rede› 1913.»

---

1 Wir danken Herrn PETER NORDEN für zahlreiche mündliche und schriftliche Auskünfte, Dr. CHRISTOPHER R. LIGOTA (The Warburg Institute, London) für Nachweise und Kopien zu den Beziehungen zwischen Norden und der Bibliothek Warburg, sowie der Universitätsbibliothek Basel und Dr. BARBARA VON REIBNITZ für freundliche Unterstützung bei der Arbeit am Overbeck-Nachlaß.

2 K. KOCH, *Was ist Formgeschichte?* Neukirchen-Vluyn ³1974, 3 ff.: «Grundlegung».

B. Kytzler / K. Rudolph / J. Rüpke, Hrsg.: Eduard Norden
(Palingenesia, Bd. 49). - © Franz Steiner Verlag Stuttgart 1994

Diese fünf Sätze enthalten einige Schwierigkeiten.

a) Der Programmsatz OVERBECKS – «eine Formengeschichte wird also jede wirkliche Literaturgeschichte sein» – ist, gerade nach ‹formge-schichtlichen› Gesichtspunkten, eine geprägte Form, eine Definition und eine Parole. Der Satz ist nicht ein zufälliger Aphorismus, sondern das Ergebnis langer Denk- und Schreibarbeit. Um 1900 gilt Overbecks Ab-handlung bereits als «berühmt», und zwar gerade aufgrund ihrer metho-dischen und terminologischen Schärfe.[3] Deshalb muß OVERBECKS De-finition an den Anfang einer Geschichte des Begriffs ‹Form(en)geschich-te› gestellt werden, und nicht als Nachtrag in die Fußnote.

Es kommt hinzu, daß MARTIN DIBELIUS seine «Formgeschichte des Evangeliums» mit einem Zitat aus OVERBECK beginnt:[4] «Der Satz, daß alle Literaturgeschichte Formgeschichte ist, darf gewiß nicht ohne Unter-schied auf jede Art von Schrifttum angewendet werden.» Mit dem «Satz» ist OVERBECKS Satz gemeint. Von ihm hat DIBELIUS, wie er ausdrück-lich sagt,[5] den Begriff und damit auch den Titel seines Buches. DIBELIUS selbst hat also nicht, wie man nach KOCH vermuten könnte, die Prioritäts-ansprüche erhoben; er hat im Gegenteil seine Dankespflicht OVERBECK gegenüber durch ein Ehrenzitat abgeleistet.

b) In die Fußnote verbannt erscheint bei KOCH auch der Altphilologe EDUARD NORDEN, obschon doch sein Titel «Formengeschichte religiöser Rede» eine durchaus «geprägte» Form ist und das Buch schon 1913, sechs Jahre also vor DIBELIUS, erschienen ist. Der Titel ist ebenfalls program-matisch und mehr oder weniger zureichend methodisch entfaltet.

Es kommt hinzu, daß DIBELIUS ausdrücklich EDUARD NORDEN als seinen Vorgänger nennt:[6] «Das Stichwort der Arbeit [sc. formgeschicht-liche Betrachtung der Evangelien 1919] war wenige Jahre vorher in be-deutungsvoller Beziehung gebraucht worden, als Eduard Norden 1913 seinem Buche ‹Agnostos Theos› den Untertitel ‹Untersuchungen zur For-mengeschichte religiöser Rede› gab.»

c) So wird man die bei KOCH gegebenen Daten zur Geschichte des Be-griffs «Formgeschichte» folgendermaßen ordnen müssen: 1. OVERBECK

---

3   C. NEUMANN, *Historische Zeitschrift 85* (1900), 415, von OVERBECK in seinem Hand-exemplar von «Anfänge der patristischen Litteratur» angeführt: Basel, A 347 = M. TETZ, *Overbeckiana II*, 161 (siehe Anhang I, 5b). Vgl. *ATh* 306: «einer mit Recht berühmten Abhandlung von Franz Overbeck».

4   M. DIBELIUS, *Die Formgeschichte des Evangeliums*, Tübingen 1919, [6/3]1971, 1.

5   Ebd., 5, Anm. 1: «... Hier [sc. «Anfänge der patristischen Litteratur»] steht der Satz, daß jede wirkliche Literaturgeschichte eine ‹Formengeschichte› sein werde ...» – DIBELIUS unterscheidet nicht zwischen ‹Formen-› und ‹Formgeschichte›.

6   Ebd., 4.

(1882 beziehungsweise 1869/70) – 2. NORDEN (1898 und 1913), der sich auf OVERBECK bezieht – 3. DIBELIUS (1919), der sich auf OVERBECK und NORDEN bezieht.[7]

Der Ausdruck ‹Formgeschichte› erscheint also, wenn wir uns auf die bei KOCH gegebenen Namen beschränken,[8] als fester Begriff und Teil eines literaturgeschichtlichen Programms, zuerst, soweit wir sehen, bei OVERBECK, als Titel zuerst bei EDUARD NORDEN. Der Name GUNKEL spielt in der Geschichte dieses Terminus zunächst keine Rolle, mag er auch «der eigentliche Vater dieser Forschungsrichtung» sein.

Das Beispiel lehrt, wie wichtig es ist, die Leistung von E. NORDEN in Erinnerung zu rufen.[9] Deshalb werden im folgenden in chronologischer Folge die wichtigsten Formal-Begriffe NORDENS vorgestellt: (a) die rhetorisch-stilistischen Begriffe; (b) ‹Schema – Typus – Transformation›; (c) ‹innere Struktur› – ‹Stilform›; (d) ‹Handlung und Formel›. Im Anschluß an diese Übersicht soll die Herkunft einiger Begriffe geklärt werden; dabei möchten wir uns auf die Beziehungen NORDENS zu FRANZ OVERBECK und FRITZ SAXL beschränken.

2 Nordens Begriffsapparat

2.1 Rhetorische Stilistik

1. Die frühen Arbeiten von EDUARD NORDEN behandeln traditionelle Themen mit dem bewährten Werkzeug der Philologie: Kompositionsanalyse, Quellenkritik, Bestimmung der Gattung und der Vorbilder (imitatio). Diese Arbeiten zeigen aber auch, wie NORDEN formale Frage-

---

7   DIBELIUS hebt GUNKEL sehr hervor; nicht genannt sind: H. USENER, A. DIETERICH, R. REITZENSTEIN, obschon sie alle den Begriff ‹Form› benutzen und mit ‹Kleinliteratur› im Sinne von DIBELIUS umgehen.

8   K. BERGER, «Form- und Gattungsgeschichte», in: H. CANCIK, B. GLADIGOW, M. LAUBSCHER (Hgg.), *Handbuch religionswissenschaftlicher Grundbegriffe 2*, Stuttgart 1990, 430–445, führt die Unterschiede zwischen theologischer und philologischer Formgeschichte auf (Mündlichkeit; Folkloristik/Hochliteratur; normative Gattungsästhetik etc.). BERGER bringt Beispiele für den Ausdruck ‹Form(en)geschichte› ab 1805 (433).

9   Andere Beispiele lehren dasselbe: a) Vgl. H. HAAG, «Formgeschichtliche Methode», in: ders. (Hg.), *Bibellexikon*, Einsiedeln ²1968, 490–492: «Formgeschichte wurde (unter Bezugnahme auf F. Overbeck, Hist. Zeitschr. 1882, 423) erstmals von M. Dibelius im Titel seines Werkes ‹Die Formgeschichte des Evangeliums› (Tübingen 1919, ⁵1966) gebraucht.» b) W. AX, *Probleme des Sprachstils als Gegenstand der lateinischen Philologie*, Hildesheim 1976.

stellungen bervorzugt und dabei in besonderer Weise die formalen Begriffe ausnutzt, welche die antike Rhetorik, Poetik und Philologie überliefert haben. Einiges aus dieser antiken Tradition sei in Erinnerung gerufen:

a) Topik: kleine feste Einheiten, Argumente, ‹Leerstellen› (zum Beispiel ‹was?› – ‹wie groß?›), Kategorien (‹haben, wirken leiden›).[10]

b) Taxis: Die Anordnung *(dispositio)* des gefundenen Stoffes, der Topoi, der ‹Motive, Elemente, Momente›.[11] Die Ordnung folgt bestimmten ‹Schemata›,[12] den Konventionen einer Gattung,[13] den Gesetzen des Oikonomie.[14]

c) Einheit: Die Ordnung der Elemente zeigt dann eine gewisse Einheit,[15] entweder schwach («epeisodisch», «anorganisch») oder stark («organisch», «Konzentration»).

Als Beispiel sei NORDENS Abhandlung über «Die Composition und Literaturgattung der Horazischen Epistula ad Pisones» (1905) vorgestellt. Für die Bestimmung der Gattung wird die antike Praxis und Theorie des Briefes und der ‹Einführungs-Literatur› (Eisagogik) benutzt, für die Kompositionsanalyse das ‹Schema› *ars/artifex*. Die Begriffe der rhetorischen Lehrtradition dienen, wie die folgende Übersicht zeigt, der Gliederung von Horaz' *ars poetica*.[16]

Aufbau der Horazischen epistula ad Pisones (ars poetica) nach Eduard Nordens Analyse (1905):

Rhetorik (Quintilian, Cicero)	Poetik (Horaz, de arte poetica)
ars oratoria	I. ars poetica (1–294)
partes rhetorices	A partes artis poeticae (1–118)
inventio	1. argumentorum tractatio et inventio (1–41)

10 Aristoteles, *Rhetorik* 1,2, 1358a 10–14; *Topik* 1,1, 100a 18.

11 *VA* 357: «Palinurusmotiv», «Elpenormotiv»; 354: «Opfermotiv».

12 ‹Schemata› in der Historiographie: vgl. Dionys von Halikarnass, *Ant. Rom.* 1,8 = FGrHist 329 T 1; vgl. Quint. 2,4,2: *narrationum ... tris accepimus species fabulam, quae versatur in tragoediis ... argumentum, quod falsum sed verosimile comoediae fingunt, historiam, in qua est gestae rei expositio.*

13 Der Titel «Die Composition und Literaturgattung der Horazischen Epistula ad Pisones» (1905) ist terminologisch sehr genau gewählt.

14 *VA* 358.

15 Aristoteles, *Poetik* c. 7–9: einheitlich/epeisodisch; vgl. Hor. *ars p.* 8f.: *una forma*; vgl. *VA* 351; 355; 356 mit Anm. 1: (anorganisch/organisch).

16 Zur Kritik an NORDENS Gliederungsversuch vgl. E. BURCK, Nachwort zu: *Q. Horatius Flaccus, Briefe*, erklärt von A. KIESSLING, bearbeitet von R. HEINZE, Berlin ⁶1959, 402 ff.

dispositio	2. dispositio (42–44)
elocutio	3. elocutio (45–118)
(memoria)	
(pronuntiatio)	
genera der Rhetorik	B genera artis poeticae
(oratio laudativa)	(119–294)
(oratio deliberativa)	
(oratio iudicialis)	
	1. Epos (136–152)
	2. Drama (153–294)
	a) die griechischen εἴδη
	b) griechisches und römisches Drama
orator	II. poeta (295–476)
	Themenangabe: 307–308
informare oratorem	A instrumenta poetae: *unde parentur*
	opes, quid alat formetque poetam
oratoris officium	B officium poetae: *quid deceat, quid*
	non
orator perfectus	C perfectus poeta: *quo virtus/*
	D insanus poeta: *quo ferat error*

2. Zwei weitere Beispiele mögen zeigen, wie NORDEN die antike Rhetorik und Philologie, die er in seinen bewunderten Vorbildern Cicero und Varro fand,[17] für die Bedürfnisse moderner Textwissenschaft ausgebaut hat.

a) Numerische Gruppenbildung: Die Perioden bei Cicero und Vergil sind in Kola und Kommata gegliedert und zu Trikola, Bikola, Tetrakola zusammengefügt. NORDEN beobachtet für das sechste Buch der «Aeneis»:[18] «Für die Komposition im großen ist, wie das Schema der Disposition zeigt, triadische Gliederung bevorzugt worden; neben dieser kommen Tetraden oder deren Hälften vor. Nur einmal findet sich eine Fünfzahl ...»

b) Übertragung: NORDEN überträgt also die auf den einzelnen Satz bezogenen Begriffe der antiken Rhetorik auf die Analyse von Satzgruppenkomplexen.

Imitation ist die ‹Übertragung› von Worten, Motiven, Topoi innerhalb von einzelnen Sätzen, aber auch größerer Textkomplexe oder Szenentypen, ‹Situationen›, ‹Gedankenreihen› aus einem Text in einen anderen Zusammenhang. Bei der Einfügung in den neuen Zusammenhang finden natürlich Veränderungen statt, die der Kritik Indizien für die Quellen-

17 Cicero: *AK* 1,212–234; Varro: ebd., 194–200.
18 *VA* 109; vgl. 377f.

analyse und Hinweise auf die ‹Absicht› des Imitators liefern. Zwischen Vorbild und Nachbildung besteht eine Beziehung von ‹Transformationen›: ‹Entlehnung›, ‹Kontamination›, ‹Abwandlung›, ‹Abhängigkeit›.

Diese ‹Übertragungen› zwischen Texten hat NORDEN immer wieder, etwa in dem gesamten Kommentar zum sechsten Buch der «Aeneis», studiert. Die kleine Studie «Ennius und Vergilius» ist ganz diesem Thema gewidmet. Hier wird beispielsweise folgende Reihe untersucht:[19] 1. Götterversammlung in Ennius' Gedicht «Scipio»; 2. Parodie dieses Textes bei Lucilius I (vgl. Macr. *Sat.* 6,2,26); 3. Übertragung des Szenentyps aus Ennius/Lucilius zu Vergil (*Aen.* 10,100ff.); der antike Kommentator bemerkt ausdrücklich:[20] «Diese ganze Stelle ist aus dem ersten Buche des Lucilius übertragen» *(totus hic locus de primo Lucilii translatus est).* Von der modernen Forschung wird bestritten, daß Vergil die Parodie bei Lucilius und nicht Ennius selbst als Vorbild für seine feierliche Götterversammlung benutzt habe.

NORDEN hat die Untersuchung dieser Translationen zwischen Autoren, die den Vorgaben der antiken Philologie verpflichtet ist, in seinem «Agnostos Theos» weiterentwickelt zur Untersuchung von «Transformationen» von Texttypen bei ihrer Wanderung durch die verschiedenen Religionen.[21] Die rhetorische Pragmatik hingegen wurde von ihm nur sehr wenig genutzt.

2.2 «Formengeschichte»

1. Auch das wohl bekannteste Werk NORDENS – «Agnostos Theos» (1913) – steht deutlich in rhetorischer Tradition. Zwei neutestamentliche Reden sind sein Hauptgegenstand (*Acta* 17,22–31; *Matth.* 11,25–30). Selbstbewußt und programmatisch wird die philologische Methode, die sich an den fiktiven Reden bei Herodot und Thukydides, Tacitus und Josephus bewährt hat, auf die Predigt Pauli in Athen angewandt:[22]

Der Philologe, der eine antike Rede analysiert, pflegt zu fragen: erstens, welches war das vom Verfassser übernommene Gedanken- und Formenmaterial,

---

19 *EV* 48ff.
20 Servius *ad Aen.* 10,104; vgl. 2,486: *de Albano excidio translatus est locus;* 1,198: *totus hic locus de Naevi belli Punici libro translatus est.*
21 *ATh* 303; vgl. *GK* 87: «Schließlich bleibt die Kompositionsanalyse eines literarischen Berichts auch für seine Quellenkritik immer das Wichtigste: erfahrungsgemäß (!) erleidet ein Primärbericht, wenn er auf andersartige Verhältnisse und nun gar auf ein fremdes Volkstum (ägyptisch → jüdisch) übertragen wird, oft Veränderungen, die, mit dem Original verglichen, der Kritik den Weg weisen.»
22 *ATh* 1.

und zweitens, wie hat er dieses der bestimmten Situation angepaßt. Diese Gesichtspunkte lassen sich auch auf die Areopagrede anwenden.

Also: Topik, Imitation und die Situationsbezogenheit, das heißt die pragmatische Dimension der Rhetorik, sollen an der Areopagrede untersucht werden. Das Ergebnis führt zu der Erkenntnis einer neuen, in den antiken Rhetoriken so nicht vorgesehenen Art von Rede: der Missionspredigt.[23] Da die Areopagrede «in Worten und Gedanken mit anderen Reden der Acta übereinstimmt»,[24] läßt sich ein «Schema der Missionspredigt» erheben. In mehr oder weniger fester Ordnung werden darin folgende Punkte abgehandelt:

1. Aufforderung (a) zur Erkenntnis Gottes, (b) zur Umkehr;
2. Praedikation dieses Gottes;
3. die rechte Art, ihn zu verehren;
4. Lohn dieser Erkenntnis.

«Das waren», sagt NORDEN,[25] «die festen Punkte des schematischen Aufbaus». Das also gewonnene Schema läßt sich nun auch in hermetischen Schriften, den Oden Salomonis, den pseudo-herakliteischen Briefen und ähnlichem feststellen. Damit zeigt sich: Die Areopagrede gehört zu einem festen «Typus» von Missionspredigt.

Sprachen- und Religionswechsel sind für diesen «Typus» irrelevant. Ob althellenisch, römisch, jüdisch, christlich – die «Struktur» des Typus bleibt bei der «Transformation» , der ‹Anwendung in neuen Situationen› erhalten: «Der Jude kam fast ohne jede Änderung des hellenischen Typus aus.»[26]

2. Der Rahmen der klassischen Rhetorik ist damit weit überschritten. Als Bahnbrecher auf diesen Wegen nennt NORDEN zu Beginn seiner Studie:[27] RICHARD REITZENSTEIN, Latinist in Göttingen, ALBRECHT DIETERICH, Schüler von HERMANN USENER in Bonn, und HUGO GRESSMANN, den Vertreter der Göttinger Religionsgeschichtlichen Schule, der schon 1910 die Leistungen dieser Richtungen für eine «Revolution» hielt, die größer sei als LUTHERS Reformation.[28] Das Material, das den klassischen Phi-

---

23 Ebd., 3.
24 Ebd., 6.
25 Ebd., 130.
26 Ebd., 133.
27 Ebd., 3f. mit Anm.
28 Zu GRESSMANN vgl. LÜDEMANN, SCHRÖDER 8f. (mit Bild). In einem Brief an G. RUPRECHT schreibt GRESSMANN am 20. 10. 1910: «Denn das, was jetzt seit etwa 50 Jahren durch die histor. Auffassung geleistet ist, hat zu einer *Revolution* geführt, die viel größer ist als die Reformation LUTHERS.»

lologen nun durch Meisterwerke mit schockierend barbarophilen Titeln –
«Abraxas» (DIETERICH, 1891), «Mithrasliturgie» (DIETERICH, 1903),
«Poimandres» (REITZENSTEIN, 1904) – zufloß, ermöglichte eine erheb-
liche Erweiterung von Themenstellung und Begriffsbildung. Für die «Re-
detypen ältester jüdisch-christlicher Gnosis» läßt sich aus NORDEN folgende Terminologie erheben:[29]

Das «Grundschema» («Kompositionsschema») besteht aus «Komposi-
tionselementen», das heißt aus Sätzen und/oder Satzgruppen von verschiedener ‹Form›. Die Anzahl der Elemente – im vorliegenden Fall wieder eine Dreiergruppe[30] – und ihre Anordnung («Reihenfolge») ist (relativ) fest. Diese «Disposition» der Elemente – Dank, Offenbarung, Um-
kehrruf – nennt Norden auch «Gesamtstruktur»;[31] sie zeichnet sich aus
durch Konstanz, Dauer, Festigkeit.[32] Der Inhalt der empfangenen Offenbarung kann variieren; das «Schema» kann als direkte Rede erscheinen
oder «in ein indirektes Referat umgesetzt».[33] Der Typus hat nicht nur
«Struktur», sondern auch «Geschichte»:[34] «Die Missionare der verschiedensten Religionen ... [haben] immer wieder dieselben Formen- und Gedankentypen in [sc. ihren sprachlichen und religiösen Besonderheiten]
entsprechenden Transformationen aufgereiht.» In diese «Formengeschichte» gehören auch Matthaeus, Lukas und ihre Quellen. Sie nehmen teil an
der Geschichte der graeco-orientalischen Kultur. Deshalb, so folgert
NORDEN unseres Erachtens zu Recht, irrte FRANZ OVERBECK, wenn er
die Evangelien als «Urlitteratur» aus der hellenischen Literaturgeschichte
ausscheiden wollte.

«Stil» und «Struktur» werden von NORDEN, gelegentlich und nicht
konsequent,[35] auch gebraucht, um die übergreifende, die verschiedenen
Topoi, Motive und Formeln integrierende Ganzheit zu bezeichnen: «Die
Areopagrede als Ganzes» heißt die Überschrift, «Stil der Areopagrede»
der Randtitel. Ein erstaunliches Gebäude erhebt sich über den Wortge-
schichten und Aufbauanalysen. Auf der «Formengeschichte» steht die
«Gedankengeschichte» und darauf das Drama der Weltgeschichte selbst:[36]

29   *ATh* 279 ff., bes. 293–303.
30   Dankgebet – Empfang der Gnosis – Appell an die Menschen, *ATh* 294 f. – Zur Tria-
     denbildung siehe oben, Kap. 2.1.2.
31   *ATh* 296.
32   Ebd., 301, 129.
33   Ebd., 299.
34   Ebd., 303. – Zur Transformation vgl. *locus translatus* (siehe oben, Kap. 2.1.2) und
     Übertragung (*GK* 87).
35   Vgl. Stil als «Gewand» in: *AK* I, 11 ff., vgl. 322 ff.
36   *ATh* 1; 126 f.: «weltgeschichtliche Bedeutung» der Areopagrede.

Die Strukturanalyse der Areopagrede hat eine «neue Einheit» gezeigt, eine ‹Verschmelzung› von alttestamentlicher mit platonisch-stoischer Gedankenfügung zu einer «bedeutenden Symphonie». Im Unterschied zu klassizistischen Philologen,[37] die «Vermischungen» des Hellenischen, sei's mit Orientalischem, sei's mit Römischem, nur mit Unwillen beobachten können, scheint NORDEN jene «Theokrasie» durchaus zu begrüßen, «die nicht bloß eine Union der Geister, sondern auch der Ausdrucksformen religiöser Rede geschaffen hat».[38] Wie weit diese historische Wertung von Nordens persönlicher Religiosität beeinflußt wurde, ist unbekannt.

2.3 «Innere Struktur» und «Stilform» (*GK*, 1924, 89 ff.)

Noch weiter über die Grenzen antiker Rhetorik und klassischer Philologie hinaus führt die Abhandlung über «Die Geburt des Kindes» (1924). Der Stoff reicht vom altägyptischen Götterdrama bis zu GOTTFRIED KELLER. Zur Philologie tritt eine neue Methode: die «Psychoanalyse». Das begriffliche Instrumentarium wird erheblich bereichert und systematisiert wie in keiner anderen Schrift NORDENS. Die folgende Übersicht möge dieses Inventar veranschaulichen.

I Aegypten	II Palästina – Syrien
	A: Religion
Altägyptischer Polytheismus/	jüdischer/graeco-jüdischer
graeco-ägyptische Mystik	christlicher Monotheismus
Gott/Pneuma	Pneuma, Logos, Engel als Bote
Frau des Pharao – Göttin	Verlobte des Josef
Theogamie/pneumatische Vereinigung	Einhauchung
«sinnliche Göttervorstellung»	«vergeistigter Gottesbegriff»
	B: Bewußtseinsebene
	«neue innere Struktur»
«mehr Denkkraft»	«stark gefühlsmäßig»
«bildhaft»	«stimmungsvoll»
«bewußt künstlich»	«naiv»
«sinnlich reizauslösend»	«erbaulich»

37 Zum Beispiel WILAMOWITZ: «Christiana cor meum numquam intravere». Siehe ULRICH VON WILAMOWITZ-MOELLENDORFF, «An Unpublished Latin Autobiography», hg. von W. M. CALDER III, *Antike und Abendland 27* (1981), 34–51, hier 42; vgl. A. HENRICHS, «‹Der Glaube der Hellenen›: Religionsgeschichte als Glaubensbekenntnis und Kulturkritik», in: *Wilamowitz nach 50 Jahren*, hg. von W. M. CALDER III, H. FLASHAR, TH. LINDKEN, Darmstadt 1985, 263–305.
38 *ATh* 127.

C: Literatur

«im Mythos webender Stil»	«neue Stilform»
«herber, großartiger Stil	«evangelischer Stil»
des Mythos»	«Legende»; «rührend,
Götterdrama	lieblich, zarter Duft»

Die Fragestellung NORDENS bezieht sich auf einen von der Geschichte selbst durchgeführten Versuch:[39] Wie verändert sich der ‹Stil›, wenn «das Motiv einer übernatürlichen Geburt» durch die Kulturen wandert, aus der ägyptischen zur graeco-ägyptischen, graeco-jüdischen (Philo), dann graeco-christlichen. Die ‹Transformation› bezeichnet NORDEN als «übertragen»,[40] «Umgestaltung» und, mit einem sehr auffälligen Wort, als «Rekomposition».[41]

Trotz seiner erstaunlichen Weite zeigt dieser Entwurf, schon durch seine abundierende Terminologie, gewisse Mängel. Es war offenbar die Berührung mit den Theorien von ABY WARBURG und seiner ‹Schule›, die NORDEN zu diesem Entwurf befähigt hat.

2.4 Die kultische Handlung und das Wort (AP, 1939)

Bei seiner Aufnahme der antiken Rhetorik hatte NORDEN die pragmatischen, situationsbezogenen Aspekte der Redelehre nur wenig beachtet. Auch für die Untersuchung der Auguralformel verzichtet er ausdrücklich auf die Darstellung der auguralen Technik (disciplina auguralis) und beschränkt sich auf die sprachliche Analyse,[42] die zu einer «Strukturanalyse» führt, das heißt der Erhebung des ordo von Sachen und Worten.[43] Auch bei der Nacherzählung der ersten Inauguration bei Livius (1,18,6f.) gibt NORDEN keine Analyse der auguralen actio. Ihn interessiert mehr «das Umsetzen» der Auguralformel in annalistischen Erzählstil,[44] also die Transformation von Ritual in Narrative. Wie wichtig jedoch das Handeln der Auguren bei der Vogelschau war, läßt sich sogar aus NORDENS Wortuntersuchungen erkennen:[45]

> Beim Herrichten des Templum hatte der Augur drei Funktionen auszuüben. Mit dem Stabe richtet er, conregione, mit den Augen sichtet er, conspicione, mit

---

39 GK 162ff.; vgl. 32; 91: der «Typus» und das «Abweichen» vom Typus.
40 Ebd., 87.
41 Ebd., 89.
42 AP 9ff.
43 Ebd., 91.
44 Ebd., 88f.
45 Ebd., 83 und 84.

dem Herzen ‹erwägt› er, *cortumione*. Die Handlung beginnt mit einem motorischen Akt und führt über den Gesichtssinn in den Bereich des Geistigen. ... nicht nur das ‹Richten› stellt einen Bewegungsakt dar, sondern ‹Richten›, ‹Sichten›, ‹Erwägen› vereinigen sich zu einer auguralen *actio*.»

Aus dieser Handlungsanalyse gewinnt NORDEN eine Einsicht in die Evolution der Erkenntnis: «Denken [ist] ein Bewegungsakt».[46] Der römischen Auguraltechnik wird der Begriff der ‹Kontemplation› verdankt, der im Laufe der Geschichte von der körperlichen Motorik zur reinen ‹Betrachtung› «vergeistigt» worden ist.

Auffällig an dieser Analyse der drei Funktionen des Augurs ist der Umstand, daß NORDEN die vierte vergißt, und ausgerechnet diejenige, der er den ersten Teil seines Buches gewidmet hat: die Auguralformel selbst. Hier, wo NORDEN dem römischen Kult als einer symbolischen Handlung, einer Einheit aus Wort und Tun, am nächsten kommt, ist das Wort vergessen.

Auch hier wird auf Metrik, Etymologie und Aufbauschemata ein gewaltiger Entwurf zur vergleichenden Religionsgeschichte des Mittelmeerraumes gesetzt: Die Interpretation der Auguralformel zeige nicht weniger als «den Wesensunterschied griechischer und italischer Religiosität», also den ‹Gegensatz› von ‹Bild, Mythos, Gestalt› zu ‹Begriff und Abstraktion›, die ‹unplastisch, unhellenisch› seien.

Analog zu seiner Untersuchung der Auguralformel hat NORDEN auch für das Arvallied eine «Strukturanalyse»[47] und eine Abhandlung zur «kultischen Gemeindedichtung» versucht, eine «Gesamtinterpretation»[48] sogar. Aber die Verbindung von Lied und Tanz, Buch und Wort, Ort und Opfer wird auch hier nicht hergestellt.

3 Zur Herkunft von Nordens Formbegriffen

3.1 Der allgemeine Hintergrund

Nordens «Agnostos Theos» wird von Goetheworten getragen. Vor dem ersten Teil steht ein Zitat aus «Trilogie der Leidenschaft»:[49]

> In unseres Busens Reine wogt ein Streben,
> Sich einem Höhern, Reinern, Unbekannten

46 Ebd., 83; vgl. 87.
47 Ebd., 242.
48 Ebd., 277.
49 *ATh* XV.

Aus Dankbarkeit freiwillig hinzugeben,
Enträtselnd sich dem ewig Ungenannten;
Wir heißen's: fromm sein!

Vor dem zweiten Teil stehen zwei Distichen aus GOETHES «Vier Jahres-
zeiten»:[50]

Was ist heilig? Das ist's, was viele Seelen zusammen
  Bindet, bänd' es auch nur leicht wie die Binse den Kranz.
Was ist das Heiligste? Das, was heut und ewig die Geister,
  Tiefer und tiefer gefühlt, immer nur einiger macht.

Diese Zitate enthalten NORDENS Bekenntnis zu GOETHEscher Mensch-
heitsreligion. Da können die «Urworte. Orphisch» nicht fehlen:[51]

So mußt Du sein, Dir kannst Du nicht entfliehen,
So sagten schon Sibyllen, so Propheten;
Und keine Zeit und keine Macht zerstückelt
Geprägte Form, die lebend sich entwickelt.

Die neuplatonische Linie hat NORDEN bis in die Renaissance verfolgt; er
zitiert MICHELANGELOS ‹immortale forma›.[52] Aus dieser Tradition
stammt auch KARL REINHARDTS Schlagwort von der «inneren Form», an
der die Zugehörigkeit eines Fragmentes zu seiner Ganzheit sichtbar werde.

3.2 Die Bonner Schule

Gegen Ende der 80er Jahre (1886; 1888–1890) studiert NORDEN bei
FRANZ BÜCHELER und HERMANN USENER in Bonn.[53] In den Vorlesungen vernimmt er Nachrichten über den Fortgang von USENERS «Götternamen».[54] Hierdurch dürfte NORDEN mit USENERS «Formenlehre reli-

---

50 *ATh* 141.
51 *ATh* 201. Vgl. *GK* 165.
52 MICHELANGELO in *ATh* 278. – Zwei antike *loci classici*: *una forma* – Horaz, *ars p.*
   8 f.; Aristoteles, *Poetik*, c. 8,4, vgl. c. 7,2.
53 *KS* 669 (zusammen mit RICHARD HEINZE). Ein Empfehlungsschreiben von USENER
   für NORDEN vom 29. 1. 1891 ist im Familienarchiv erhalten. USENER beginnt mit den
   Worten: «Herr Eduard Norden aus Emden ist mir sowohl durch seine Betheiligung am
   hiesigen philologischen Seminar, dem er drei Semester lang (von Ostern 1888 bis
   Herbst 89) als ordentliches Mitglied angehörte, als auch durch persönlichen in das J.
   1886 zurückreichenden Verkehr als strebsamer junger Gelerter von guter Beanlagung
   und gesammelter sittlicher Kraft, von ausgedehntem gründlichem Wissen und ruhigem,
   besonnenem Urtheil aus das vortheilhafteste bekannt.»
54 Vgl. R. KANY, *Mnemosyne als Programm. Geschichte, Erinnerung und die Andacht
   zum Unbedeutenden im Werk von Usener, Warburg und Benjamin*, Tübingen 1987; zu

giöser Vorstellungen» bekannt geworden sein, die ihn später zur «Formengeschichte» und deren psychologischer Vertiefung führte. Zur selben Zeit (1886–1888) studierte ABY WARBURG bei USENER. Er nahm – was wir von NORDEN (noch?) nicht wissen – an dem Seminar über «Formenlehre der religiösen Vorstellungen» teil. Notizen WARBURGS hierüber sind erhalten.[55] WARBURG lernt hier, wie die neue Assoziationspsychologie für die Erklärung von Mythen genutzt werden kann. Eine bedeutende Rolle spielte für USENER das Werk des italienischen Evolutionstheoretikers TITO VIGNOLI, «Mito e Scienza».[56] WARBURG hat sich dieses Buch, das ihn stark beeinflußte, anläßlich von USENERS Vorlesung und Seminar gekauft. Er fand darin eine fruchtbare Verbindung von Evolution und Psychologie, zum Beispiel in der Theorie von der Entfaltung der Expressivität und der Entstehung von Zeichenwelten aus ‹entlasteten› Bewegungsabläufen.

Aus diesen Nachrichten läßt sich ungefähr abschätzen, was NORDEN seiner Bonner Schule verdankt: nicht nur das philologische Handwerk und das Interesse für Religionsgeschichte, sondern wohl auch die Anregungen für die Formgeschichte und die Erkenntnistheorie. Andererseits zeigen die außerordentlichen Leistungen ABY WARBURGS, seine kunstwissenschaftliche und psychologische Entwicklung von USENERS Ansätzen, was NORDEN, was der Latinistik dieser Epoche nicht gelungen ist. Die Verbindung NORDENS mit Bonn wurde im akademischen Ritual fixiert. Am 3. August 1919 erhielt er den Ehrendoktor der Evangelisch-Theologischen Fakultät in Bonn. Zum Dank hat er «Die Geburt des Kindes» 1924 dieser Fakultät gewidmet.

3.3 Eduard Norden und Franz Overbeck

Die wechselvolle Beziehung zwischen EDUARD NORDEN und FRANZ OVERBECK (1837–1905) ist im Anhang mit den wichtigsten, teilweise bisher unveröffentlichten Texten dokumentiert. NORDEN hat OVERBECKS Abhandlung «Über die Formengeschichte der christlichen Literatur» zuerst begrüßt, später abgelehnt. Die Zustimmung hat sich OVERBECK am 10. 3. 1902 in das Handexemplar seiner «Anfänge der patristischen Literatur» (1882) notiert; die Ablehnung hat er nicht mehr erlebt.

den «Götternamen»: 79–113; siehe auch *Aspetti di Hermann Usener filologo della religione*, Pisa 1982.

55 E.H. GOMBRICH, *Aby Warburg. Eine intellektuelle Biographie* (1970), dt. Frankfurt a. M. 1981, 45 ff.

56 Milano 1879; dt.: *Mythus und Wissenschaft*, Leipzig 1880.

3.4 Nordens Bekenntnis zur religionsgeschichtlichen Schule

Seit seinen frühesten Publikationen hat NORDEN sich mit den Arbeiten der religionsgeschichtlichen Schule befaßt.[57] Wohl alle Hauptwerke dieser Forschungsrichtung sind bei NORDEN zitiert: FRANZ BOLL, WILHELM BOUSSET, PAUL WENDLAND, HUGO GRESSMANN, H. LEISEGANG, HANS LIETZMANN und andere. Die Begriffe ‹Typus, Form, fester Stil› und ähnliche konnte NORDEN hier finden oder – aus gemeinsamen Quellen stammend – hier wiederfinden.

Nicht übernommen hat NORDEN, soweit wir sehen, die Bestrebungen von HERMANN GUNKEL, ALBRECHT DIETERICH, RICHARD REITZEN-STEIN, den Sitz der Texte im Leben ihrer Benutzer herauszufinden. Auch DIETERICHS Programm, eine «Formenlehre religiöser Liturgie» zu schaffen, die eine Vorstufe sein könnte für jene «Formenlehre religiöser Vorstellungen», hat NORDEN nicht aufgegriffen.[58] Jene elementare Verbindung von Wort und Handlung, wie DIETERICH sie in seiner «Mithrasliturgie» (1903; [2]1909; [3]1923) aufgezeigt hatte, inspirierte, wie wir gesehen haben, NORDEN nicht zu ähnlichen Versuchen auf dem Gebiet der römischen Religion.

3.5 Eduard Norden und Fritz Saxl

Durch die Berührung mit dem WARBURG-Kreis ist NORDEN zu der weitesten Entwicklung seines begrifflichen Inventars gelangt. In der «Geburt des Kindes» hat NORDEN die Beziehung ausgewiesen:[59]

---

57 NORDEN rezensiert A. DIETERICH, *Nekyia. Beiträge zur Erklärung der neu entdeckten Petrus-Apokalypse* (1893), in: *Göttingische Gelehrte Anzeigen 156* (1894), 249–255; vgl. E. NORDEN, «Die Petrus-Apokalypse und ihre antiken Vorbilder», *Allgemeine Zeitung 1893*, Nr. 107, Beilage 98, 1–6 (*KS* 218–233); R. REITZENSTEIN rezensiert NORDEN, *ATh* (1913), in: *Neue Jahrbücher für das klassische Altertum 31* (1913), 146–155.

58 A. DIETERICH, *Eine Mithrasliturgie*, Leipzig/Berlin [3]1923, Nachdr. Darmstadt 1966, 212: «Das erreichbare Ziel ist eine wissenschaftliche Formenlehre religiöser Liturgie. Und dies Ziel zu erreichen ist wiederum eine der unerläßlichsten Vorbedingungen, wenn wir einmal zu einer Formenlehre religiöser Vorstellungen überhaupt vordringen wollen.»

59 *GK* 89f. – Ähnlich anspruchsvoll 96: «Ich möchte hier wiederum Max Dessoir [1867–1947] das Wort geben. ‹Vielleicht enthält der Vorgang noch ein letztes Teilstück, das die Erlebnisgrundlage abgibt für solche Ausdrücke der Johanneischen Liebesgemeinschaft wie «Ich und der Vater sind eins», «Gleichwie du, Vater, in mir und ich in dir». Wenigstens behaupten die Psychoanalytiker, daß bei den meisten Kindern ein sexuell gefärbter «Vaterkomplex» besteht, also ein erotisch betontes Gefühl der Bewunderung, das nahezu religiöse Formen annehmen kann. Und sie folgern nun, die tiefste mystische

«Es liegt also keine Dekomposition vor, sondern eine Rekomposition, die als solche selbständig zu werten ist.[1] Eine neue Stilform meldet sich zum Wort. Sie ist ein Ausdruck jener neuen inneren Struktur, die mit dem Evangelium in die Erscheinung trat, und liegt auf einer veränderten Bewußtseinsebene.» Dazu die Anmerkung: «Ich verdanke diese glückliche Formulierung Dr. Fr. Saxl, dem Vorsteher der Warburg-Bibliothek, in deren Schriften zu erscheinen die vorliegende die Ehre hat. Ich benutze die Gelegenheit, dem genannten Gelehrten, der die Korrekturen dieser Arbeit mitlas, auch für manche anderen Hinweise und Anregungen hier meinen Dank auszusprechen.»

Im Warburg-Archiv (London) ist die «Anregung» von FRITZ SAXL erhalten geblieben. Er schreibt am 2. 8. 1923 an NORDEN:[60]

... Bogen 44 widerspricht meinem Gefühl wenigstens die Wertung der evangelischen Geburtslegende im Verhältnis zum Aegyptischen. Das Problem ist: Liegt hier überhaupt eine «Dekomposition» vor? Ich glaube, es ist eine «Rekomposition». Und ist als solche selbständig zu werten als *neue Stilform*.

NORDEN sagt die Korrektur des Bogens 44 zu (15. 9. 1923). Wenig später bedankt er sich bei SAXL für die Zusendung des Aufsatzes über «Frühes Christentum und spätes Heidentum in ihren künstlerischen Ausdruckformen», in dem SAXL ausdrücklich EDUARD NORDEN rühmt, der sich als einer der Ersten «der formalen Betrachtung» der Dokumente der Religionsgeschichte zugewandt habe.[61] Mit eindrucksvoller Bescheidenheit und Resignation macht der Brief des Geheimrats an den Privatdozenten deutlich, warum er das «letzte Ziel» nie würde erreichen können; ihm fehlt, «auch philosophisch denken zu können».[62]

Ergriffenheit sei «der verhüllte Vaterkomplex, der in dieser Symbolform aus dem Unbewußten auftaucht, wohin, wie die psychoanalytische Lehre nachweist, die kindlichen Vorstellungen und Erkenntnisse verdrängt werden.»[5] Im Grunde ...»» – Anm.5: «Joh. Kinkel, Zur Frage der psychologischen Grundlagen und des Ursprungs der Religion Imago VIII 1, Wien 1922.» – Es ist bemerkenswert, daß NORDEN diese Formulierungen (nur) als Zitat vorträgt.

60 Warburg-Archiv, London; vgl. Anhang II.1.

61 F. SAXL, «Frühes Christentum und spätes Heidentum in ihren künstlerischen Ausdruckformen», *Wiener Jahrbuch für Kunstgeschichte 2 (16)* (1923), 63: «Es ist noch nicht lange her, daß die religionsgeschichtliche Forschung sich der formalen Betrachtung ihrer Dokumente zuzuwenden begonnen hat. Norden hat als einer der ersten in der Abhandlung über den Agnostos Theos versucht, nicht nur den Inhalt der frühchristlichen Literaturen zu analysieren, sondern auch ihre Form. Heute wird kaum jemand noch die Berechtigung solcher Methode bestreiten; nur eine Zeit, der der Begriff der symbolischen Form fremd ist, könnte eine historische Betrachtungsweise der Religionen üben, die die formgeschichtliche beiseite läßt.»

62 Vgl. Anhang II.2.

4 Ergebnisse und Fragen

1. Die Formbegriffe gehören zu NORDENS wichtigsten Denkmitteln; seine Terminologie ist reich entwickelt: Form, Struktur, Typus, Formtyp, innere Struktur.

Diese Begriffe dienen nicht nur zur Beschreibung von Texten, sondern auch zur Darstellung von Beziehungen zwischen den Ebenen ‹Text/Bewußtsein – Erlebnis/Wirklichkeit›.

Die Formbegriffe ermöglichen es, divergente Texte aus verschiedenen Kulturen und Sprachen zusammenzufassen. In NORDENS Begriff ‹Formengeschichte› ist synchrone Strukturbeschreibung mit diachronen Transformationen verbunden, also mit Redaktionsgeschichte und Rezeptionsgeschichte.

Die Begriffe sind verschiedener Herkunft. Ihr Gebrauch bei NORDEN ist nicht konsistent. Ansprüche auf Systematisierung dieser Bergiffe hat NORDEN nicht erhoben. Es kann eine Entwicklung dieser Terminologie festgestellt werden: a) antike Rhetorik, Poetik, Philologie; b) Form- und Typenbegriffe aus der form- und religionsgeschichtlichen Forschung; c) «Symbolform» der Psycho-Analyse, «innere Struktur» aus der Warburg-Schule.

2. Die pragmatischen Dimensionen der antiken Rhetorik, das heißt die Beziehung der Formen auf Situationen, hat NORDEN nicht entwickelt. OVERBECKS Parole, der Text sei «ein Symptom seines Publikums», hat er nicht aufgenommen. GUNKELS Bemühungen, den «Sitz im Leben» für religiöse, rechtliche, folkloristische Traditionen zu finden, die «Situation» des Textes (GUNKEL, 1901), den Ursprung der Formgebung, den wirklichen Traditionsweg, haben bei NORDEN keine Fortsetzung. Für MARTIN DIBELIUS' Prägung, der Stil sei eine «soziologische Tatsache», gibt es bei NORDEN keine Parallele.

3. Die Kritik an NORDENS Formbegriffen, die hier mit dem Stichwort ‹theoretisches und pragmatisches Defizit› angedeutet wurde, könnte durch den Vergleich mit den Arbeiten von ABY WARBURG, ERNST CASSIRER (1874–1945), LEO SPITZER (1887–1960) oder Vertretern der formgeschichtlichen Methode in der Theologie vertieft werden.[63]

Die im Œuvre NORDENS feststellbaren Neuerungen sind zu messen im Vergleich mit gleichzeitigen Disziplinen und ihrem Reflexionsniveau, ihrer methodischen Bewußtheit, Experimentierfreude und Selbstkritik, also an der idealistischen Philologie der Romanistik (SPITZER, VOSSLER) und

---

63 In der biliographischen Notiz III ist eine Auswahl einschlägiger Titel zusammengestellt.

an der vergleichenden Literaturwissenschaft (AUERBACH, 1892–1957) sowie an der Verarbeitung der Theorien und Ergebnisse der Religionsgeschichtlichen Schule innerhalb der Theologie, zum Beispiel bei BULTMANN und der BULTMANN-Schule.[64] Dies gilt für die religionswissenschaftlichen wie für die formgeschichtlichen Ansätze. Bei dieser Kritik werden die dankbaren Epigonen nicht vergessen, daß die fruchtbaren, interdisziplinären form- und religionsgeschichtlichen Untersuchungen NORDENS, soweit wir sehen, keine Fortsetzung in der Latinistik gefunden haben, nicht bei GEORG ROHDE in Berlin, wohl auch nicht bei OTTO WEINREICH in Tübingen. Die Kritik an NORDEN muß also eingebettet werden in eine Kritik der Latinistik während der Weimarer Republik.

Anhang: Zur Herkunft von Nordens Formbegriffen

I Eduard Norden und Franz Overbeck (1837–1905)

1. Norden, KP II (1898), S. 479f.

«Über die Formengeschichte der christlichen Litteratur giebt es eine sehr wichtige Abhandlung von Fr. Overbeck, Über die Anfänge der patristischen Litteratur ... Es ist hier der Nachweis erbracht worden, daß die Urkunden des sog. Urchristentums, also die neutestamentlichen Schriften und die Schriften der sog. apostolischen Väter, den Hermas miteingeschlossen, nicht zur Litteraturgeschichte gerechnet werden dürfen, weil sie sich nicht der Formen der eigentlichen Litteratur bedient und daher auch nicht für die Fortentwicklung, d. h. die Geschichte der christlichen Litteratur die Grundlage gebildet haben. Diese beginnt vielmehr erst, nachdem die urchristliche Litteratur ihren Abschluß gefunden hat, also seit der Feststellung des Kanons in der zweiten Hälfte des zweiten Jahrhunderts.»

S. 492: Die Briefe des Paulus

«Auch sie will Overbeck l. c. ... 429 noch nicht zur eigentlichen Litteratur gerechnet wissen. Denn wie er sagt, ‹das geschriebene Wort ist hier, ohne als solches etwas bedeuten zu wollen, weiter nichts als das durchaus kunstlose und zufällige Surrogat des gesprochenen. Paulus schrieb an seine Gemeinden nur um ihnen schriftlich zu sagen, was er ihnen mündlich gesagt hätte, wenn er jedesmal an Ort und Stelle gewesen wäre.› Das

---

64 Vgl. NORDENS negative Beurteilung BULTMANNS in dem Brief an SAXL vom 12. 11. 1923: «Bultmann werte ich etwas weniger hoch als Sie. So kommt man dem Stil des Paulus schwerlich bei.»

ist richtig: Paulus selbst hat auf seine schriftstellerische Thätigkeit gewiß noch weniger Gewicht gelegt als Platon; aber ...»

2. Norden, ATh (1913), S. 306f.
(Zusammenhang: Verfasser von Q und Matthäus als Schriftsteller mit literarischen Interessen): «Ich erinnere mich noch lebhaft des Eindrucks, den auf mich die erste Lektüre einer mit Recht berühmten Abhandlung von Fr. Overbeck, Über die Anfänge ... gemacht hat; damals hat mich sein Versuch, die neutestamentlichen Schriften, vor allem die Evangelien, als nicht zur Literatur im eigentlichen Wortsinne gehörig zu erweisen, überzeugt. Aber ich weiß jetzt, daß der Nachweis, der für das paulinische Schrifttum und die Acta der Apostel ohnehin mißglückt ist, auch für die Evangelien nur dann als erbracht anzusehen ist, wenn man den Begriff ‹Literatur› aus dem Kanon der hellenischen Schriftgattungen ableitet. Aber es ist klar, daß wir zu einer solchen Ableitung keineswegs berechtigt sind. Die These ist falsch, sobald wir die hellenistischen Schriftgattungen heranziehen, ohne Rücksicht auf das Sprachidiom, in das sie eingekleidet sind: ...»

3. Franz Overbeck, Über die Anfänge der patristischen Literatur (1882), Ndr. 1954, S. 12
«Ihre Geschichte hat eine Literatur in ihren Formen, eine Formengeschichte wird also jede wirkliche Literaturgeschichte sein. Darauf sehe man sich die modernen Patristiken ohne Ausnahme an.»
S. 18f.: «... daß das Neue Testament als Literatur betrachtet ein Anfang ist, der keine oder doch nur eine sehr kurzlebige Fortsetzung gefunden hat: dasselbe Resultat ergibt sich für diese Geschichte auch auf einem für sie viel entscheidenderen Wege. Dieser Weg ist der einer Vergleichung der Formen der neutestamentlichen und der patristischen Literatur. Bei solcher Vergleichung muß sofort erkannt werden, daß es zwischen beiden Literaturen, eine korrektere, weiter unten noch vorzunehmende Scheidung zwischen ihnen vorbehalten, literarhistorisch keinen Zusammenhang gibt.»

4. Fr. Overbeck, Geschichte und Litteratur der alten Kirche bis Eusebius von Caesarea (Vorlesung Jena 1869/70 beziehungsweise Basel 1870; UA Basel, A 103, S. 13–14/17–18)
«Es ist aber gar nicht wahr, wenigstens in diesem Umfang nicht wahr, daß die Form der patristischen Litteratur kein oder doch nur so untergeordnetes Interesse habe. Form ist einmal nicht bloß bewußte Form und auch nicht bloß schöne Form (*Pseudonymität* der ältesten Periode sehr inter-

essante *Form*frage). Gesetzt auch es wäre ganz wahr, daß die alten Kir-
chenschriftsteller ohne Rücksicht auf die Form geschrieben und namentlich schöne Form verschmäht hätten, so würde doch dies schon eine gewisse Reflexion auf die Form bei Ihnen voraussetzen, und jedenfalls müß-
ten doch ihre Schriften irgendeine Form haben, und auch was etwa unbewußt daran wäre könnte nicht ohne Interesse sein.»

«Man muß überhaupt festhalten, daß die aesthetische Seite der Litteraturgeschichte doch nur eine Seite ihrer Aufgabe ist. Sie hat es zu thun mit
der *Entstehung der Litteratur* als solcher überhaupt, und insofern mit
ihrer Form, welche das Resultat dieser Entstehung ist. Daher kann sie
natürlich auch nicht den Inhalt der von ihr betrachteten Schriften ignorieren. Denn dieser ist natürlich für die Form immer bestimmend.»

*5. Fr. Overbeck, APL-Handexemplar, 10. März 1902 (A 347 = Tetz,
Overbeckiana II, S. 163)*

a) «Lese ich [wie] bei O. Crusius, E. Rohde, Tübingen u. Leipzig 1902
S. 128, wie ein Mann wie Rohde von der ‹Möglichkeit› einer Geschichte
der griechischen Litteratur für sich dachte, so wird mir vollends verständlich, warum meine Geschichte der altchristlichen Litteratur nicht nur un-
geschrieben, sondern selbst in meinen Gedanken nie ernstlich aufgekom-
men ist. Denn so viel wußte ich von der Sache, daß eine Geschichte der
griechischen Litteratur die Voraussetzung dazu sei. Verständlicher wird
aber auch die relative Gleichgültigkeit, auf die ich bei Rohde mit meinem
Aufsatz über die patristische Litteratur gestoßen bin und die mich bisweilen bei der eingehenden Theilnahme, die er mir bei Arbeiten, die ihm,
meiner Meinung nach, weit ferner lagen, bezeugt hat, bisweilen be-
fremdete. Ich ging eben von der falschen Annahme aus, daß er selbst eine
Geschichte der griechischen Litteratur plane und darum mein Aufsatz
unter allen meinen Arbeiten für ihn ein vornehmliches Interesse haben
müsse ...»

b) (Tetz, Overbeckiana II, S. 161): «Unter Philologen findet der Aufsatz
die von mir erwartete und jedenfalls erwünschte Berücksichtigung, soviel
ich sehe, erst bei E. Norden, Die antike Kunstprosa, Leipzig, 1898, II,
S. 479f. Doch gilt er C. Neumann, Historische Zeitschrift Bd. 85, 1900,
S. 415, selbst für ‹berühmt›, was ich mir freilich nur sehr unvollkommen
zu erklären vermag. Zur Aufnahme unter Philologen vgl. überhaupt meine
Collectaneen unter ‹Christenthum und Alterthum. Allgemeines.› S. 10.»

II Eduard Norden und Fritz Saxl

1. Aus: F. Saxl an E. Norden, 2. 8. 1923 (Warburg-Archiv, London):
«Rekomposition» – «neue Stilform»

«... Bogen 44 widerspricht meinem Gefühl wenigstens die Wertung der evangelischen Geburtslegende im Verhältnis zum Aegyptischen. Das Problem ist: Liegt hier überhaupt eine ‹Dekomposition› vor? Ich glaube, es ist eine ‹Rekomposition›. Und ist als solche selbständig zu werten als *neue Stilform*. Hier scheint mir der Punkt, wo gerade noch alles zu machen ist, damit wir über die doch mehr oder weniger subjektiven Werturteile (‹Das notwendige Eingeständnis einer Dekomposition schließt eine Anerkennung nicht aus›, ‹wir möchten sie nicht missen, obwohl ... sogar erhabener›, ‹Und doch: ... matter geworden›, ‹aus dem großartigen Stile ... herabgeführt›) hinauskommen zu allgemein gültiger begrifflicher Formulierung. Ich möchte auch glauben, daß gerade solche Urteile die Feindschaft der Theologen, die wir doch alle als unsinnig ansehen, heraufbeschwören. Abgesehen von diesen Kleinigkeiten finde ich das Gesamt direkt spannend und wunderschön. ...»

2. E. Norden an F. Saxl, 12. 11. 1923 (Warburg-Archiv, London)

«... Ihre Darlegungen haben einen monumentalen Charakter und sind in der Sicherheit und Praecision der Beweisführung geradezu ein Muster. Aber über diesen methodischen Reiz hinaus sind die Ergebnisse von großer Bedeutung. Das Problem Orient und Occident ist hier an seiner Wurzel gefaßt, die spezielle Problemstellung, so viel ich sehe, ganz neu. Darin haben Sie einen sehr weiten Vorsprung vor mir.*

> * Schön, daß Sie, wol hauptsächlich dank den Anregungen Cassirers, auch philosophisch denken können. Ohne das erreicht man nie das letzte Ziel. Ich weiß das umso sicherer, je mehr es mir fehlt.

Ich suche alten, längst als solche erkannten Problemstellungen ein neue Seite abzugewinnen, die Ihrigen sind überhaupt neu. *Hier ist Neuland erobert*, und man gewinnt bei der Lektüre mal wieder den Eindruck, daß es mit der Wissenschaft vom Altertum doch vorwärts geht, woran ich manchmal, wenn ich den Eindruck gewinne, daß wir uns in einem Kreise drehen, zu zweifeln beginne. Ein bischen Lebensfreude können wir armen Menschen der Gegenwart brauchen, u. ich danke Ihnen auch deshalb für die Bestrahlung einsamer Nachtstunden. Nirgends habe ich Einwendungen oder Fragezeichen zu machen; alles hat die unmittelbare Treffsicherheit des Richtigen. Was ich hier notiere, ist das Indifferenteste, was sich denken läßt; ich bitte es nur als Beweis der Sorgsamkeit meines Lesens werten zu wollen. ...

Ich begreife jetzt nach der Lektüre Ihrer Arbeit, daß Ihnen in der meinigen vieles nicht behagen konnte. Mir fehlt ja ganz Ihr bildhafter Sinn, daher ist das Ganze zu blaß. Zum Glück haben Sie mich bei einigem noch rechtzeitig beraten können. Hätte ich Ihre Arbeit vorher gelesen, so würde ich das Problem Orient u. Occident, das ich ja auch streifen mußte, tiefer gefaßt haben. Ich lese jetzt die Bogenkorrekturen. Sind sie fertig, so können Sie sie ja an Dornseiff senden ...»

Bibliographische Notiz

I Eduard Norden

Siehe die im Abkürzungsverzeichnis genannten Werke sowie:

Logos und Rhythmus, Berlin 1928 (Rede zum Antritt des Rektorats der Friedrich-Wilhelms-Universität am 15. Okt. 1927).

II Franz Overbeck

a) Werke

«Über die Anfänge der patristischen Litteratur», *Historische Zeitschrift 48* (1882), 417–472 (Ndr. Darmstadt 1954).

Über die Anfänge der Kirchengeschichtsschreibung, Basel 1892.

Christentum und Kultur, hg. von C. A. BERNOULLI, Basel 1919.

Unveröffentlichte Texte aus dem Overbeck-Nachlaß der Universität Basel: A 103, S. 13f., 17f.; A 347.

b) Literatur

TETZ, M. *Overbeckiana. Übersicht über den Franz-Overbeck-Nachlaß der Universitätsbibliothek Basel II: Der wissenschaftliche Nachlaß*, Basel 1962.

TETZ, M. «Über Formengeschichte in der Kirchengeschichte», *Theologische Zeitschrift 17* (1961), 413–431.

VIELHAUER, PH. «Franz Overbeck und die neutestamentliche Wissenschaft», *Evangelische Theologie 10* (1950/51), 193–207.

III Neuere Forschungen zu Form, Struktur, Gattung: Sprachtheorie, Textlinguistik, Form(en)geschichte

ASCHENBERG, H. *Idealistische Philologie und Textanalyse. Zur Stilistik Leo Spitzers*, Tübingen 1984.

CHRISTMANN, H.H. *Idealistische Philologie und moderne Sprachwissenschaft*, München 1974.

Ders. (Hg.). *Sprachwissenschaft des 19. Jahrhunderts*, Darmstadt 1977.

HARTMANN, P. *Sprache als Form*, 's-Gravenhage 1959.

Ders. *Allgemeinste Strukturgesetze in Sprache und Grammatik*, 's-Gravenhage 1961.

HAUG, W. *Strukturen als Schlüssel zur Welt*, Tübingen 1990.

HEINZ, R. *Stil als geisteswissenschaftliche Kategorie. Problemgeschichtliche Untersuchungen zum Stilbegriff im 19. und 20. Jahrhundert*, Würzburg 1986.

MILIC, L.T. *Style and Stylistics. An Analytical Bibliography*, New York 1967.

RODI, F. *Morphologie und Hermeneutik. Zur Methode von Diltheys Ästhetik*, Stuttgart 1969.

SCHNUR-WELLPOTT, M. *Aporien der Gattungstheorie aus semiotischer Sicht*, Tübingen 1983, bes. 93 ff., 100 ff.: «Die organistische Auffassung der ‹inneren Form›»

STEMPEL, W.-D. *Gestalt, Ganzheit, Struktur. Aus Vor- und Frühgeschichte des Strukturalismus in Deutschland*, Göttingen 1978.

Ders. (Hg.). *Beiträge zur Textlinguistik*, München 1971.

VAN DIJK, T.A. *Textwissenschaft. Eine interdisziplinäre Einführung*, Tübingen 1980.

WERLEN, I. *Ritual und Sprache. Zum Verhältnis von Sprechen und Handeln in Ritualen*, Tübingen 1984.

IV Die religionsgeschichtliche Schule (Göttingen)[65]

BUSS, M.J. «The Idea of Sitz im Leben – History and Critique», *Zeitschrift für Alttestamentliche Wissenschaft 90* (1978), 157–170.

Ders. «The Study of Form», J.H. HAYES (Hg.), *Old Testament Form Criticism*, San Antonio 1974, 1–56.

COLPE, C. *Die religionsgeschichtliche Schule. Darstellung und Kritik ihres Bildes vom gnostischen Erlösermythus* (FRLANT 78), Göttingen 1961.

KLATT, W. *Hermann Gunkel. Zu seiner Theologie der Religionsgeschichte und zur Entstehung der formgeschichtlichen Methode* (FRLANT 100), Göttingen 1969.

LÜDEMANN, G.; SCHRÖDER, M. *Die Religionsgeschichtliche Schule in Göttingen. Eine Dokumentation*, Göttingen 1987.

65　Siehe auch den Beitrag von RUDOLPH.

Eduard Norden als Übersetzer

von Gudrun Fischer Saglia

«Übersetzer sind als geschäftige Kuppler anzusehen, die uns eine halb-
verschleierte Schöne als höchst liebenswürdig anpreisen: Sie erregen eine
unwiderstehliche Neigung nach dem Original.»[1] Diese bekannte GOE-
THE–Maxime bezieht sich auf drei wesentliche Punkte des Übersetzens,
die die nachfolgende Untersuchung über EDUARD NORDEN als Übersetzer bestimmen. 1) Zunächst die formale Übersetzerentscheidung, die den
Charakter, den Ausdruck und die sprachliche Form der Übersetzung bestimmt. Welche Merkmale des Originals werden übernommen? 2) Aus
dieser Beziehung zum originalsprachlichen Text läßt sich ferner ableiten,
auf welche Weise EDUARD NORDEN den vorliegenden Text charakterisiert und interpretiert. Er ist in diesem Sinne nicht «neutral», sondern
übersetzt entsprechend seiner individuellen Interpretation und Wirkungs-
absicht. 3) Schließlich ist nach seiner Einordnung in geistesgeschichtliche
Traditionen zu fragen. Welche Beziehungen bestehen zwischen Wirkungs-
absicht der Übersetzung, Publikum und geistesgeschichtlichem Hintergrund?

Die beiden Übersetzungen EDUARD NORDENS sind etwa im gleichen
Zeitraum entstanden. 1902 erscheint bei Hermann Seemann in Leipzig ein
von WALTER TIEMANN mit reichlichem Buchschmuck versehener Band
unter dem Titel «Amor und Psyche. Märchen von Apulejus.» 1903 erscheint bei Teubner in Leipzig die dem Kommentar vorausgehende
Übersetzung zum sechsten Buch der Aeneis Vergils. Obwohl die beiden
Texte in ihrer Entstehungsart und Gattung stark voneinander abweichen,
zeigen die beiden Übertragungen jedoch Grundzüge einer einheitlichen
Übersetzungshaltung, die auf NORDENS Verständnis lateinischer Literatur
beruht.

---

[1] GOETHE, *Sämtliche Werke, Hamburger Ausgabe 12*, München 1981, 499.

B. Kytzler / K. Rudolph / J. Rüpke, Hrsg.: Eduard Norden
(Palingenesia, Bd. 49). - © Franz Steiner Verlag Stuttgart 1994

1 Die Konzeption des Märchens: «Amor und Psyche»

Die Übersetzung der Amor–und–Psyche–Episode ist auf den ersten Blick
deutlich ausgangssprachlich orientiert. In Wortwahl und Inhalt folgt sie
sehr genau dem vorliegenden Apuleius–Text. Ein Beispiel mag dies ver-
deutlichen:

> *Psychen autem paventem ac trepidam et in ipso scopuli vertice deflentem mitis
> aura molliter spirantis Zephyri vibratis hinc inde laciniis et reflato sinu sensim
> levatam suo tranquillo spiritu vehens paulatim per devexa rupis excelsae vallis
> subditae florentis cespitis gremio leniter delapsam reclinat.*

Diesen Satz übersetzt NORDEN folgendermaßen:

> Psyche stand in bebender Angst auf der Felsenkuppe und weinte bitterlich. Da
> kam mit säuselnden Lüften des Zephyrs sanfter Hauch, er kräuselte ihre Ge-
> wande und schwellte ihr Busenkleid; dann hob er sie mählich vom Boden und
> trug sie mit mildem Wehn am schroffen Abhang zu Thale; dort liess er sie leise
> gleiten und ruhen im Rasenschoss.[2]

Neben der gekonnten lautmalerischen Wiedergabe von *spirare* und *vibra-
re* in *säuseln* und *kräuseln* sind Substantivierung und die Verkürzung in
vier kurze Sätze die hervorstechendsten Charakteristika. Dazu wendet
NORDEN mit der Einleitung der Sätze mit «da ...», «dann ...», «dort ...»
einen bewußt märchenhaften Stil an, den er durch zahlreiche Märchen-
motive in seiner Übersetzung untermalt. So assoziiert er allein durch die
Wortwahl das Märchen vom Tischleindeckdich, als Psyche das Schloß
betritt: «Völlig erquickt sah sie sogleich neben sich ein fertig gedecktes
Tischlein: das sah so einladend aus ...» und versetzt mit Begriffen wie
«Geisterstimmen», «Zaubertisch», «Elfen», «Hexen», «Nixen», «Heller»,
«Haus und Hof» in die Welt des romantischen Volksmärchens des neunzehnten Jahrhunderts. Dazu paßt die behutsame Übertragung der Götternamen, die in den meisten Fällen nicht wörtlich übernommen werden. So
wird Portunus mit «Hafengott», Salacia mit «des Oceans Gemahlin» und
Palaemon als «ihr kleiner Sohn» übersetzt. *Fluvius* wird zum «Flußgott»,
Pan ist der «Hirtengott» und Echo die «Berggöttin», so daß jeder Anklang
an eine antike Welt vermieden und das bukolische Szenario betont wird.
Als deutlichster Eingriff auf die Charakteristik und Diktion des Ausgangs-
textes ist jedoch die vollständige Auslassung sämtlicher auch nur annähernd sexueller oder sonstiger unangemessen erscheinender Motive zu

---

2 Apul. *met.* 35,4. *Apuleius: Amor und Psyche. Märchen*, übertr. von EDUARD NORDEN,
   Leipzig 1903, 9.

sehen. Begriffe wie *interfecta virginitas*, der Verlust der Jungfräulichkeit, *osculum ad pulsu linguae longe mellitum*, der überaus süße Zungenkuß, bleiben unübersetzt. Ebenso Sentenzen, die das Liebesleben betreffen, wie bei dem kurzen Lampenexkurs, oder sogar einfach Attribute, die nach NORDENS Geschmack als unpassend empfunden werden, wie das *vino madens* der Apuleischen Venus.

Die Amor–und–Psyche–Episode, ohnehin bereits aus dem Ganzen des Romans herausgelöst, erhält durch diese behutsamen Änderungen eine neue, veränderte Gestalt. Sie ist nicht mehr eine Episode der *fabula Milesia* eines Apuleius von Madaura aus dem zweiten Jahrhundert nach Christus mit all ihren literarischen Raffinessen, sondern ein als «volkstümlich» stilisiertes romantisches Kunstmärchen des neunzehnten Jahrhunderts. In seiner «Anmerkung des Übersetzers» bemerkt NORDEN zur Entstehung der Episode:

> Und doch besitzen wir in der Erzählung des Apulejus nur ein trübes Bild von dem reinen Glanze, in dem dies Märchen gestrahlt haben muß, bevor es durch den lateinischen Bearbeiter verfälscht wurde. ... Der Grieche hatte das Märchen so erzählt, wie wir es verlangen: in naivem Ton und einfacher Sprache ... er [Apuleius] mußte den Lesern seiner Zeit eine gepfefferte Kost vorsetzen, um ihre für frische Natürlichkeit längst nicht mehr empfänglichen Geschmacksnerven zu reizen.[3]

NORDENS Absicht ist also nicht die exakte Wiedergabe des lateinischen Originals. Vielmehr versucht er, das griechische Original freizulegen, das er in dieser veränderten Form vor sich zu haben glaubt und wählt dazu den Weg über das deutsche Volksmärchen. Der «naiven und einfachen Sprache» der naturnahen Griechen entspricht die kunstvoll volkstümlich gehaltene Märchensprache der deutschen Romantiker, die damit gleichermaßen die vermeintlichen Ursprünge deutscher Literatur suchten. Wie setzt NORDEN nun diesen Grundgedanken von den unterschiedlichen Kulturstufen in dem völlig abweichenden Genre des Epos in die deutsche Sprache um?

3 Ebd., 1.

2 Vergils VI. Buch der Aeneis

2.1 Das «Nachempfinden» der Antike als Übersetzungsprinzip

Ein erster Blick auf die Übersetzung zu NORDENS Kommentar des
sechsten Buches der Aeneis zeigt sogleich, daß wir es hier nicht mit einer
der üblichen Kommentarübersetzungen zu tun haben, die im Prinzip als
Verständnishilfe des Originaltextes dienen und sich daher möglichst wort-
getreu an dessen Ausgangssprache orientieren. Polymetrie und freier Umgang mit Syntax, Bezeichnungen und Versen zeigen vielmehr, daß der
Übersetzung des sechsten Buches der Aeneis das Prinzip der dynamischen
Äquivalenz zugrundeliegt. NORDEN legt keinen Wert auf inhaltliche Invarianz, die Wort für Wort der Ausgangssprache folgt, sondern auf die
Invarianz der Wirkung.

Mit diesem Ziel der Wirkungsgleichheit setzt er sich in Gegensatz zu
der bis dahin maßgeblichen Vergilübersetzung HERTZBERGS,[4] die nach
FRIEDRICH SCHLEIERMACHER dem Prinzip der formalen Äquivalenz
folgte.[5] Er verläßt den eng gesteckten Rahmen einer Übersetzung, die die
Orientierung an Metrum, Syntax und Wortwahl der Ausgangssprache vor-
schreibt, und sieht sich dadurch ungleich größeren Schwierigkeiten ausge-
setzt. Schwierigkeiten, die NORDENS Übersetzung für eine Untersuchung
aber gerade erst interessant machen.

In einer formal äquivalenten Übersetzung ist der Rezipient gezwungen,
sich, wie GOETHE treffend bemerkt, «zu dem Fremden hinüberzubege-
ben» und sich «in seine Zustände, seine Sprachweise, seine Eigenheiten»[6]
zu finden. NORDEN hat dagegen das Problem zu lösen, wie er einerseits
den «Modernen» eine Welt vorführen kann, die eine andere ist als die
ihre, und andererseits Erscheinungen, die für den kommunikativen Hintergrund der Ausgangssprache relevant sind, durch solche zu ersetzen, die
im kommunikativen Zusammenhang der Zielsprache von Bedeutung sind.
Nur so kann er der zweiten Maxime GOETHES, «daß der Autor einer
fremden Nation zu uns herüber gebracht werde, dergestalt, daß wir ihn als
den Unsrigen ansehen können»,[7] gerecht werden. Wie NORDEN selbst
immer wieder betont, ist der Empfängerkreis der Zielsprache anders als

---

4 W. HERTZBERG, *Die Gedichte des P. Virgilius Maro, im Versmaß der Urschrift über-
    setzt 3: Die Aeneide*, Stuttgart 1857.
5 FRIEDRICH SCHLEIERMACHER, «Methoden des Übersetzens», HANS JOACHIM STÖ-
    RIG, *Das Problem des Übersetzens*, Darmstadt 1963, 136–139.
6 GOETHE (Anm. 1), 499.
7 Ebd.

der der Ausgangssprache.[8] Als Übersetzer ist er daher in zweifacher Hinsicht gefordert. Er muß sich genau Rechenschaft darüber ablegen, wie die Verstehenskapazität der Zielsprachen-Empfänger beschaffen ist, um sie inhaltlich und formal nicht zu überfordern. Gleichzeitig muß der sprachliche Code der Ausgangssprache angemessen in den der Zielsprache umgesetzt werden.

Genau diesen Punkt betrifft seine Aussage aus der antiken Kunstprosa:[9] «Wir müssen versuchen, da, wo wir nicht mitempfinden können, wenigstens nachzuempfinden.» Übersetzen ist daher bei NORDEN ein Verstehens- und Auslegungsprozeß, nach WERNER KOLLER ein «schöpferisch nachvollziehender Akt, ein rein subjektiver Umsetzungsvorgang».[10] Die Übersetzungseinheiten, die bei NORDENS Übersetzungsverfahren maßgeblich sind, sind nicht Wörter oder Sätze der Ausgangssprache, sondern er legt entsprechend seiner Vergilinterpretation Sachverhalte und Bewußtseinsinhalte fest, denen er dann äquivalente Zielspracheneinheiten zuordnet. Da er sprachlich ungebundener ist, wird seine Übersetzung in weit stärkerem Maße Ausdruck seiner Geisteshaltung, als dies bei Übersetzungen rein formaler Äquivalenz der Fall ist.

Mit seiner Gestaltung des Vergiltextes, die einer sprachlichen Neukodierung gleichzusetzen ist, will NORDEN eine bestimmte Wirkung erzielen, die von zwei gegensätzlichen Positionen geprägt ist: Einerseits die Wirkung, die Vergil seiner Meinung nach haben sollte und andererseits eine Wirkung, die von NORDEN speziell für die «Modernen» zusätzlich aufbereitet wurde, um sie ihnen überhaupt zugänglich zu machen. Daraus muß sich in letzter Konsequenz die Frage ergeben, mit welchem Selbstverständnis NORDEN, der als «Moderner» genauso eine andere Verstehenskapazität als die «Alten» besitzen müßte, Vergil übersetzt.

2.2 Grundlagen der Interpretation

Die Schwierigkeiten, mit denen sich NORDEN als Übersetzer des Vergiltextes konfrontiert sah, waren offensichtlich nicht nur rein sprachlicher Natur. Auf die üblichen übersetzungstechnischen Probleme, die sich aus den unterschiedlichen Zeichensystemen ergeben, wie beispielsweise die von SCHLEIERMACHER problematisierte Polyvalenz und Synonymität, geht er meines Wissens mit keinem Wort ein. Was NORDEN beschäftigte und vor Entscheidungen stellte, waren Übersetzungsprobleme, die sich

---

8 *AK* 2.
9 *AK* 11.
10 WERNER KOLLER, *Grundprobleme der Übersetzungstheorie*, Bern 1972, 107.

aus seiner Interpretation der Entwicklung der römischen Dichtkunst aus
der griechischen ergaben. Diese betrifft, wie bei der Amor–und–Psyche–
Episode auch, nicht allein einen literaturwissenschaftlichen Standpunkt
NORDENS, sondern spiegelt sein Bild einer Kulturgeschichte wider, das
von einer langen Tradition der Antikenrezeption in Deutschland entscheidend geprägt worden ist. Wie bereits GOETHE, SCHILLER, HUM-
BOLDT und viele andere vor ihm sah er sich einerseits zu einer Definition
des Römertums gegenüber den Griechen gezwungen, die allgemein anerkannte und unumschränkte Autorität als vollendete Kulturnation besaßen.
Andererseits führte diese Diskussion unweigerlich auf die eigene Stellung
als «Moderner», und in NORDENS Fall als «deutscher Moderner» im
Verhältnis zu den antiken Kulturen zurück. Am Beginn seiner «antiken
Kunstprosa» legt er eindeutig die Positionen fest.

> ... [die] durchgreifende Verschiedenheit der stilistischen Maximen in Theorie
> und Praxis ist tief begründet in der Charakteranlage der Völker ... Die nächsten
> Geistesverwandten der Hellenen waren die Römer: kraft ihres guten Willens
> und ihrer Fähigkeit, sich anzupassen, machten sie sich – wenigstens bis zu
> einem gewissen Grade – den empfindsamen Sinn der Griechen für reine, in sich
> selbst ruhende Schönheit der Form zu eigen, und da in ihnen fast noch mehr als
> in jenen ein Hang zum Pathos und zum Grandiosen lebendig war, so besaßen
> sie jene beiden Eigenschaften, aus deren Vereinigung es sich erklärt, daß die
> Kunst der Rede im Altertum eine wahre Zaubermacht auf die Gemüter der
> Menschen ausübte. Diese ganz nachzuempfinden und auf sich wirken zu lassen,
> vermag keins der modernen Völker, am wenigsten das deutsche.[11]

Wir finden hier unangefochten die bekannten Topoi der Griechenbe-
schreibung, die uns hinlänglich aus WINCKELMANN, LESSING und
SCHILLER bekannt sind. Die besondere Empfindsamkeit und die in sich
selbst ruhende Schönheit der Form bei den Griechen hebt diese so außerordentlich unter den Völkern heraus. «Den Hellenen gestaltete sich
alles, was sie fühlten, sagten und bildeten, zu einem Kunstwerk.»[12]
NORDEN-spezifisch ist jedoch die Betonung des Pathos und des Grandiosen bei den Römern, die sie in diesen Bereichen über die Griechen erhebt –
und damit die Rechtfertigung für NORDENS Behandlung der römischen
Kunstprosa darstellt, nicht ohne die Bedeutung dieses Unternehmens zu
unterstreichen.

Ein Blick auf die Vergilcharakterisierung zeigt deutlich, daß NORDEN
sich hier nicht seine eigenen Kategorien zusammengebaut hat, sondern

11 *AK* 2.
12 *AK* 8.

sich auf das von FRIEDRICH SCHILLER in seiner Schrift «Über naive und sentimentalische Dichtung» entwickelte System der Kulturstufen beruft. «In seinem auf erhabene Wirkung berechneten Ton, seinem Streben, die Handlungen der Personen psychologisch zu motivieren und den Leser in die διάθεσις ἐλέου καὶ πάθους zu versetzen, unterscheidet Vergil sich von der *naiven* Art Homers ... völlig. ... Als Ganzes war diese Verschmelzung von epischer Gedehntheit mit dramatischer Konzentrationskunst neu und auf dem Gebiet der Poesie eine Großtat ...»[13] Auf der ersten Stufe stehen wie bei SCHILLER die empfindsamen und in sich ruhenden Griechen/Hellenen, auf der zweiten jedoch, auf der sich die Römer befinden, ist zwar nicht mehr das «naive», ganzheitliche Wesen möglich, doch zeigt sich in den Vorgängen des berechnenden Tons und der psychologischen Motivation der Handlungen das Moment der Reflexion, das nach SCHILLERS Modell die Römer von den Griechen abhebt, ja, sogar über sie heraushebt – sie sind sentimentalisch.[14] Und auf welcher Stufe sind die Deutschen als «Moderne» bei NORDENS Kulturstufen angesiedelt? Welche Wertigkeit erhält Deutsches in diesem System? Weshalb greift NORDEN auf SCHILLER zurück? Diese Fragen sollen bei den nun folgenden Ausführungen über NORDENS Polymetrie präsent bleiben.

2.3 Die Wirkung der Metrik

Die Formkomponente ist für die Interpretation von NORDENS Übersetzung von entscheidender Bedeutung. So hat das Metrum in der Poesie beispielhaften Wert als kommunikatives Element und als Mittel zur künstlerischen Gestaltung. «Die Tonsprache dieses Verses, die die Tonmalerei verwertet, ohne sich jedoch von ihr beherrschen zu lassen, ist wohl das Großartigste, was im romanischen Idiom bis auf Dante geleistet worden ist.»[15]

Um als «Moderne» von NORDEN in «Vergils rauschende Wort- und Verssymphonien» eingetaucht zu werden, das heißt, die wichtigsten Charakteristika dieser Übersetzung anschaulich zu machen, mag es genügen, einige Beispiele anzuführen.[16]

---

13 *RL* 62.
14 FRIEDRICH SCHILLER, *Über naive und sentimentalische Dichtung*. 1795. Mit einem Nachwort und Register von JOHANNES BEER, Stuttgart 1952. Zu seinem Kulturstufenmodell vgl. LYDIA DIPPEL, *Wilhelm von Humboldt. Ästhetik und Anthropologie*, Würzburg 1990, 73–84.
15 *RL* 63.
16 Eine vollständige metrische und sprachliche Analyse ist hier nicht beabsichtigt. Sie würde eine vollständige Arbeit für sich beanspruchen.

Das Hauptmetrum, das den Verlauf der Ereignisse und deren Verbindung gewährleistet, sind fünfhebige Jamben, Blankverse genannt, da sie ungereimt sind. Sie kamen im achtzehnten Jahrhundert durch die Vorbildfunktion MILTONS und SHAKESPEARES auf und setzten sich in der Bühnenliteratur durch LESSINGS «Nathan der Weise» durch. Der Blankvers hat den Vorteil, daß die Rezitation durch den metrischen Rahmen kaum beeinträchtigt wird, da Reimbindungen fehlen und Wiederholungen gleicher Wortfußfolgen nicht vorgesehen sind. Durch den ständigen Wechsel der Zäsuren kann man frei den syntaktischen Einschnitten folgen und gliedert somit nach Wort- und nicht nach Versfüßen. Der Ausdruck gewinnt dadurch Oberhand über das Metrum – und das ist die beabsichtigte Wirkung: «Um nun wenigstens einen Ersatz für diese wundervolle Einheitlichkeit des Metrums innerhalb der Vielheit der Stimmungen zu erhalten, entschloß ich mich zu einem Verzicht auf die metrische Einheitlichkeit.»[17] Fast alle übrigen Verse, die zur Auszeichnung von Dialogpartien verwendet werden, sind deutsche Verse, die noch sichtbar mit einem germanischen Ursprung zusammenhängen. Ihr Kennzeichen ist die Tatsache, daß nur die Zahl der Hebungen, das heißt die Zahl der betonten Stellen, nicht aber die der Senkungen festliegt, so daß diese Versarten sich durch noch mehr Freiheit im Metrum als der Blankvers auszeichnen.

NORDEN verzichtet also weitgehend auf das Prinzip des regelmäßigen Wechsels, der Alternation von Hebung und Senkung, die beim Hexameter vorliegt. Er gibt damit nicht nur ein einengendes Regelsystem auf, sondern wertet durch seine metrischen Wechsel dieses Mittel zur Interpretation des Textes entscheidend auf. So wird der dramatische Blankvers Ausdruck für die bereits zitierte «Verschmelzung epischer Gedehntheit mit dramatischer Konzentrationskunst»,[18] die Episode vom goldenen Zweig, die NORDEN als «Märchenmotiv» bezeichnet, erhält mit der Übernahme der Nibelungenstrophe volksliedhaften Charakter. Die Beschreibung der rasenden Sybille trägt Kennzeichen von RICHARD WAGNERS affektrhetorischer Wirkungsästhetik, die dieser in seiner Schrift «Oper und Drama» ausführlich darlegt. Nach WAGNER hat die erregte Mitteilung im Deutschen mehr Affinität zur Alliteration der Wurzelsilben als zum Endreim. Wenn Poesie Mitteilung «höchster, gebärungskräftiger Gefühlserregung ist, also einen rein menschlichen, gefühlsnotwendigen Inhalt»[19] hat, dann bedeuten die traditionellen Versmöglichkeiten nur eine künstliche Einengung, die diese Mitteilung erschwert.

---

17 *VA* 3 (Vorwort).
18 *RL* 63.
19 In: DIETER BREUER, *Deutsche Metrik und Versgeschichte*, München 1981, 229.

Es ist auffällig, daß NORDEN bis auf die Verwendung der Nibelungenstrophe auf jeglichen Endreim verzichtet, obwohl dieser ein charakteristisches Element altdeutscher Verse darstellt und obwohl ein deutsches Werk mit vergleichbarer und überaus ähnlicher Polymetrie, GOETHES «Faust», fast nur gereimte Versmaße aufweist, darunter vor allem fünfhebige gereimte Jamben. War NORDEN hier vielleicht von der Verstheorie WILHELM JORDANS beeinflußt, die mit SIGMAR MEHRING Ende des neunzehnten Jahrhunderts verstärkte Verbreitung fand? Dieser stellte Endreim und Stabreim in einen Gegensatz, indem er den Endreim als semitische, den Stabreim als germanisch-deutsche Form deklarierte.[20] Deutsch sei der Stabreim, dessen Wirkung auf einer prästabilisierten Harmonie in der deutschen Sprache beruhe, insofern als jedem Laut ein gewisser Vorstellungs- und Gedankenwert verbunden sei. «Die sinnlich wahrnehmbaren Harmonien sind zugleich Harmonien der Wortseelen.»[21]

Oder fühlte sich NORDEN durch den Endreim, der ihm bei der Übersetzung weitaus festere Zügel angelegt hätte, überfordert? Seine Bemerkung im Vorwort der zweiten Auflage zum «unerreichbaren Vorbild Schillers», der Vergil in Stanzen (gereimt!) dichtete, könnte darauf hindeuten.[22]

Der Verzicht auf den Hexameter folgt den Standpunkten von SCHILLER und WILAMOWITZ. In seinen Übersetzungen zum ersten und vierten Buch der Aeneis hatte sich SCHILLER vor dem Problem der Wahl einer Versart gesehen, «bei welcher von den wesentlichen Vorzügen des Originals am wenigsten eingebüßt würde, und welche dasjenige, was schon allein der Sprachverschiedenheit wegen unvermeidlich verloren gehen mußte, von einer anderen Seite einigermaßen ersetzen könnte», und den Hexameter als geeignetes Versmaß abgelehnt;[23] dabei hatte HUMBOLDT noch bemerkt, daß die deutsche Sprache den Vorzug habe, seinen Rhythmus nachbilden zu können. Dieser Standpunkt wurde in WILAMOWITZ' Schrift «Was ist Übersetzen?»[24] präzisiert. NORDEN kannte diese bereits vor der Abfassung seiner Übersetzung, wie uns aus dem Briefwechsel von NORDEN mit WILAMOWITZ bekannt ist. WILAMOWITZ spricht dort von

---

20 Vgl. J.B. KÜHNEL, *Untersuchungen zum germanischen Stabreimvers*, Göppingen 1978, 10f.

21 KÜHNEL, ebd.

22 Es könnte sich aber gleichermaßen hier um einen Unfähigkeitstopos handeln. Wer wie er germanische Verse so durchkomponierte, sollte nicht das Talent gehabt haben, auch Endreime zu verfertigen?

23 *Schillers Sämmtliche Schriften 6*, hrsg. von KARL GOEDEKE, Stuttgart 1869, 343.

24 ULRICH VON WILAMOWITZ-MOELLENDORFF, *Reden und Vorträge 1*, Berlin ⁴1925, 1–36.

einem für die Übersetzung verhängnisvollen Schritt KLOPSTOCKS, da er
die antiken Versmaße auf die deutsche Sprache anwandte. Deutsche Di-
sticha hätten ein ganz anderes Ethos als griechische und selbst lateinische,
und er nennt die Treue zu den Versmaßen der Urschrift gar «Tochter der
Ignoranz».[25] Ausführlich legt WILAMOWITZ dabei seinen Standpunkt darüber dar, was ein Übersetzer berücksichtigen sollte.

> Es [d. h. das Übersetzen] ist kein freies Dichten (ποιεῖν); das dürften wir nicht,
> gesetzt, wir könnten es. Aber der Geist des Dichters muß über uns kommen und
> mit unseren Worten reden. Die neuen Verse sollen auf ihre Leser dieselbe
> Wirkung tun wie die alten zu ihrer Zeit auf ihr Volk und heute noch auf die,
> welche sich die nötige Mühe philologischer Arbeit gegeben haben. So hoch
> geht die Forderung. ... Wer ein Gedicht übersetzen will, muß es zunächst
> verstehen. Ist diese Bedingung erfüllt, so steht er vor der Aufgabe, etwas, das in
> bestimmter Sprache vorliegt, mit der Versmaß und Stil auch gegeben sind, in
> einer anderen bestimmten Sprache neu zu schaffen, mit der wieder Versmaß
> und Stil gegeben sind. [26]

Die Wirkungsgleichheit von Ausgangstext und Zieltext wird also auch auf
die Wirkung des Metrums bezogen, was einen entscheidenden Faktor für
die Interpretation von NORDENS Übersetzung darstellt. Mit dem unge-
wöhnlichen Darstellungsmittel der Polymetrie zeigt sich klar, daß
NORDEN die Übersetzungshaltung von WILAMOWITZ vollständig übernommen hat.

Wie fügt sich nun diese Übersetzungshaltung in NORDENS kulturge-
schichtliche Ideologie ein? Aufschlußreich ist hier ein Zitat aus der «Antiken Kunstprosa». NORDEN spricht darin von der «süßen aber doch kraft-
vollen Melodie der virgilischen Verse». Und weiter:

> Bei den germanischen Völkern fand dies formale Moment spät und nur un-
> vollkommen Widerhall, aber dafür erwarben sie sich – entsprechend ihrer auf
> das Innerliche gerichteten Naturanlage – das Verdienst, mehr in den tiefen
> Gehalt der neuentdeckten Literaturen einzudringen, ihn durch Reproduktionen
> ihrer größten Dichter von neuem zu beleben und der modernen Welt in seiner
> edlen Reinheit wie in einem Spiegel zu zeigen.[27]

Wir haben hier wiederum das wesentliche Moment der Reflexion, das
auch die modernen Deutschen den Griechen oder Hellenen zumindest
gleichstellt, wenn nicht gar über sie erhebt. Damit erhalten sie auch die
Berechtigung, gleichwertige Übersetzungen herstellen zu können, die das

25 Ebd., 19.
26 Ebd., 6–13.
27 *AK* 4.

antike Ideal der Nachwelt vermitteln. Es geht ab diesem Punkt nicht mehr allein um das übersetzungstechnische Problem, zwischen Zielsprache und Ausgangssprache zu vermitteln, sondern Anlagen und Fähigkeiten, Momente der von NORDEN stilisierten und idealisierten antiken Kultur der Hellenen zu vermitteln. Unübersehbar bleibt der pädagogische Charakter, der auch mit der Bemerkung zum Vorwort der zweiten Auflage angesprochen wird: «Die Übersetzung hat manche jungen Gemüter diesem Dichter gewonnen.»[28] Damit ist nicht allein die Wirkung in der Schule gemeint, sondern dahinter verbirgt sich mehr. Der freie und selbstbewußte Umgang mit dem Versmaß und dem Text der Ausgangssprache läßt darauf schließen, daß NORDEN die Eigenwertigkeit der deutschen Dichtung vertritt, die in seinem System mit der deutschen Kultur gleichzusetzen ist. Die hellenische Sprache und Kultur hat ihre Allmacht an dem Punkt verloren, an dem man nicht mehr in Ehrfurcht ihren Formen folgt und sie auf die eigene Sprache überträgt, sondern die Inhalte vermittelt, die für die Bildung der modernen Deutschen immer noch wesentlich sind.

3 Goethe, Schiller und Eduard Norden

Wozu aber SCHILLER? Der Brief von WILAMOWITZ an NORDEN vom 9. 12. 1900 gibt einige Informationen zum Verhältnis NORDENS zu WILAMOWITZ.[29] Daraus geht hervor, daß NORDEN sich von ihm Rat für die Übersetzung geholt hat. An seine Empfehlung der fünffüßigen Jamben hat er sich auch gehalten, doch bemerkt WILAMOWITZ in seinem Brief vom 11. 6. 1903: «Freilich wird die Differenz seiner Darstellung für mich zu stark, wenn Sie die Versmaße und den Ton so wechseln lassen. ... Die Vierhebungsverse hätten sich vielleicht zum Ganzen geeignet, so haben sie sehr oft etwas Wildgermanisches an sich, dem sich der gehaltenen Italiener nicht geneigt scheint.» Man hat den Eindruck einer Beziehung, bei der die Autorität von WILAMOWITZ klar durchbricht. Es ist entscheidend, daß er NORDEN gerade in dem Punkt kritisiert, in dem dieser die Eigenständigkeit der lateinischen Literatur und ihrer Kultur gegenüber der griechischen betont: dem Pathos und dem Grandiosen, das NORDEN entsprechend der Kraft des Deutschen und überdies entsprechend der Übersetzungsmaxime von WILAMOWITZ in germanischen Versen wiedergibt.

28 *VA* (Vorwort zur 2. Aufl. 1915), VI.
29 Siehe den Beitrag von WILLIAM M. CALDER III.

Dies erinnert unweigerlich an das Verhältnis GOETHE und SCHILLER. Auf der einen Seite das anerkannte Genie, dessen Verbundenheit mit der Antike und ihren Idealen aus dieser Naturanlage heraus unverkennbar war, auf der anderen Seite der «moderne» Dichter in seinem Schatten, der trotz vielfältiger gleichwertiger und eigenständiger Produktion ständig seine Eigenberechtigung suchte – gegenüber dem unerreichbaren Ideal der Antike und gegenüber dem übermächtigen Kollegen. Die Tatsache, daß NORDEN den Ratschlägen WILAMOWITZ' detailgetreu folgte, darf jedoch nicht dazu verleiten, daß NORDEN kein Selbstbewußtsein gehabt habe, daß er auf dem Gebiet der künstlerischen Produktion nicht Mut zur Innovation gehabt habe. Mit seiner wirkungsspezifischen Übersetzungen hat er einen Mut und eine selbstbewußte Interpretation der Texte vertreten, die in der Folgezeit in dieser Form für Übersetzungen antiker Texte nicht mehr gewagt wurde. Sein Konzept fand keine Nachahmer. Die heutige Übersetzungstradition ist ausgangssprachlich orientiert und folgt in Wortwahl und Syntax gewissenhaft dem Originaltext. Diese Form der sprachliche Objektivität bietenden «originalgetreuen» Übersetzungen wird jedoch zu nicht mehr als einer Übersetzungshilfe für den fremdsprachenunkundigen Leser. Die antike Literatur wird zur reinen Inhaltsvermittlung. Es ist NORDENS Verdienst, eigenständige kleine Kunstwerke geschaffen zu haben, deren sprachlicher Ausdruck in seiner Farbigkeit und Wirkung nicht mehr erreicht wurde. Und bei aller Subjektivität, die seine Übersetzerentscheidung mit sich bringt: Eine genußvolle Lektüre ist gesichert.

II. Religionsgeschichte

Eduard Nordens Bedeutung für die frühchristliche Religionsgeschichte, unter besonderer Berücksichtigung der «Religionsgeschichtlichen Schule»

von Kurt Rudolph

1 Frühchristliche Literatur bei Eduard Norden

Der geistesgeschichtliche Ausgangspunkt von EDUARD NORDEN ist die wilhelminische Epoche in Deutschland, deren echte und unechte Ideale von Religion (sprich Christentum), Humanität, Deutschtum und Macht-streben sich bei ihm mehr oder weniger durchgehalten haben, bis an das tragische Ende als ein Opfer nationalistisch-rassistischer Verblendung gerade der Geisteshaltung, der er sich als protestantischer deutscher Jude eigentlich verbunden glaubte. NORDEN hat bereits zu Beginn seiner Karriere deutlich gemacht, wie er seine Stellung als klassischer Philologe im Zusammenhang der zeitgenössischen Kultur sah, wobei er klar erkannte, daß dabei die Theologie als sichtbarer Repräsentant des Christentums eine Schlüsselstellung besaß. Anknüpfend an die Lösung der Philologie von der Theologie durch FRIEDRICH AUGUST WOLF 1777 in Göttingen und damit die Aufkündigung des jahrhundertalten Mutter-Tochter-Verhältnis-ses dieser Disziplinen, schreibt er 1893 in seinem Essay über «die Petrus-apokalypse und ihre antiken Vorbilder»:[1]

> Aber wenn sie nicht im Verhältnis von Mutter und Tochter stehen, so sind sie beide Schwestern einer und derselben Mutter, der Humanität, und in ge-meinsamen Wirken streben sie danach, der Mutter den Zoll kindlicher Dank-barkeit abzutragen. Christentum und Geistesbildung: welcher Vorurteilsfreie würde nicht in ihrer harmonischen Wechselwirkung die Fundamente unserer ganzen Kultur erblicken? Und darum gibt es auch für die ganze Kulturge-schichte keine bedeutungsvollere Periode als diejenige, in welcher sich der Kampf der heidnischen Ideen mit den christlichen abspielt, die großartigste Tragödie, welche die Welt gesehen hat, in der, wie es in der Natur der Dinge lag, das Heidentum unterlag, aber wie ein Held, den das Schicksal erhebt, wenn es ihn versenkt: Denn es zwang selbst dem rücksichtslosen Sieger Achtung vor der einstigen Größe ab, und statt es zu vernichten, vereinigte es sich zu ge-

---

[1] *Allgemeine Zeitung 1893*, Nr. 107, Beilage 98, 1–6; abgedruckt in: *KS* 218–233.

B. Kytzler / K. Rudolph / J. Rüpke, Hrsg.: Eduard Norden
(Palingenesia, Bd. 49). - © Franz Steiner Verlag Stuttgart 1994

meinsamem Wirken. Dies ist der tatsächliche Sachverhalt, unwiderleglich ver-
brieft in einer Großzahl von Urkunden, die nur eine vorgefaßte Meinung ignorieren oder umdeuten darf. So geht der große Zusammenhang der Ideen
ununterbrochen vom Anfang bis zum Ende, wie der Regenbogen trotz man-
nigfacher Brechungen des Lichts, beide einheitlich verknüpfend.[2]

Man versteht mit dieser frühen Äußerung mehr, warum sich NORDEN
immer wieder im Unterschied zu manchen anderen Philologen seiner Zeit
des alten Erbes besann und davon überzeugt war, daß sich Theologie
(gemeint ist die historisch-exegetische) und klassische Philologie gegenseitig bedingen.[3] Daher greift er auch gern auf die alten theologischen und
philologischen Werke des siebzehnten oder achtzehnten Jahrhunderts zurück, wie zum Beispiel auf JAKOB WETTSTEINS Kommentar im Neuen
Testament von 1752.[4] Sichtbar ist das natürlich in den zahlreichen Arbeiten, in denen er sich christlichen Literaturwerken zuwandte, und damit die
seit F. A. WOLF zunehmende Abgrenzung der beiden Disziplinen zu
überwinden trachtete. Daß ihm das über seine Person hinaus gelungen sei,
wird man nur in begrenztem Maße sagen können.

Mit dem geschilderten Ausgriff auf die frühchristliche Literatur kam
NORDEN allerdings fast zeitgleich einer auch von der historischen Theologie ausgehenden Tendenz entgegen, die die unnatürlichen Grenzen von
sich aus zu durchbrechen unternahm. Ich meine die sogenannte «Religionsgeschichtliche Schule», die sich gerade von Göttingen aus in den
neunziger Jahren des vorigen Jahrhunderts anschickte, die traditionellen
Bahnen protestantischer Theologie zu verlassen. Diese gleichzeitige Über-
einstimmung in der Wissenschaftsgeschichte hat verschiedene Gründe, die
noch näher zu erforschen sind. Abgesehen von gewissen, meines Erachtens nicht so deutlich greifbaren politisch-sozialen Unter- oder Hintergründen,[5] sind es in erster Linie zwei Tatsachen, die dabei zu nennen
sind: erstens die Entstehung der Vergleichenden Religionswissenschaft
beziehungsweise Religionsgeschichte als eigener Disziplin, und zweitens
die Ergebnisse der Entdeckungen und Entzifferungen vorderorientalischer
Sprachen, das heißt der Keilschrift und der Hieroglyphen, wozu die zunehmenden Papyrusfunde aus Ägypten traten. Beides begann die traditionellen Aufgabengebiete von historischer Theologie und Philologie zu

---

2 Ebd., 219.
3 Ebd., 218.
4 *ATh* 13, Anm. 2.
5 Vgl. dazu u. a. THOMAS NIPPERDEY, «Religion und Gesellschaft um 1900», *Historische Zeitschrift 246* (1988), 591–15; ders., *Religion im Umbruch. Deutschland 1870–
   1918*, München 1988.

verändern, insbesondere ihre gegenseitigen Abgrenzungen zu verwischen. NORDEN hat als Schüler H. USENERS und späterer Kollege R. REITZEN-STEINS in Breslau diesen Bruch, oder wie man heute sagen kann, «Paradigmenwechsel» in seiner Disziplin früh erkannt und Konsequenzen daraus gezogen, die andere seiner Kollegen nicht bereit waren, zu ziehen (wie zum Beispiel selbst ULRICH VON WILAMOWITZ-MOELLENDORFF). Er hat dazu gerade in seinen für die Religionsgeschichte in erster Linie relevanten Werken, dem «Agnostos Theos» (1913, [2]1923) und der «Geburt des Kindes» (1924), einen unauslöschlichen Beitrag geleistet. Da beide Werke wiederholt Thema anderer Beiträge sind, kann ich mich auf die für meine Sicht notwendigen Züge beschränken. Zuvor bedarf es aber eines Eingehens auf die «Religionsgeschichtliche Schule», deren Geschichte und Bedeutung gerade in jüngster Zeit wieder mehr Aufmerksamkeit geschenkt worden ist, nachdem sie zu Unrecht mehr an ihren verständlichen Radikalismen und Übertreibungen gemessen wurde als an ihren wirklich fruchtbaren neuen Einsichten.[6]

2 Die Religionsgeschichtliche Schule

Seit Anfang unseres Jahrhunderts (zuerst um 1903 belegt) wurde eine Gruppe protestantischer Theologen in Deutschland «religionsgeschichtliche Schule» genannt, die die «religionshistorische Methode» konsequent auf die Auslegung der biblischen Texte anwandten. Die Anfänge liegen in Göttingen, wo sich zwischen 1888 und 1893 einige junge Theologen habilitierten, die man auf Grund ihrer gemeinsamen Anliegen und kritischen Abgrenzung zu ALBRECHT RITSCHL (1822–1989), der zunächst ihrer aller Lehrer gewesen war, als die «kleine Göttinger Fakultät» bezeichnete.[7] Dazu gehörten: HERMANN GUNKEL (1862–1932), WILHELM

---

6 Im folgenden beziehe ich mich auf meinen Artikel über die Religionsgeschichtliche Schule in der *Encyclopedia of Religion 12*, ed. M. ELIADE et al., New York 1987, 293–296, mit Ergänzungen. Eine vollständige deutsche Fassung erschien in einer Sammlung meiner religionswissenschaftlichen Schriften *Geschichte und Probleme der Religionswissenschaft*, Leiden 1992, 412–419. Zur Literatur ist vor allem auf folgende Arbeiten zu verweisen: G. LÜDEMANN, M. SCHRÖDER, *Die Religionsgeschichtliche Schule in Göttingen. Eine Dokumentation*, Göttingen 1987; G. LÜDEMANN, «Die Religionsgeschichtliche Schule», in: B. MOELLER (Hg.), *Theologie in Göttingen*, (Gött. Universitätsschriften A I), Göttingen 1987, 325–361; ders., «Das Wissenschaftsverständnis der Religionsgeschichtlichen Schule im Rahmen des Kulturprotestantismus», in: H.M. MÜLLER (Hg.), *Kulturprotestantismus*, Gütersloh 1992, 78–107.

7 Vgl. ERNST TROELTSCH, «Die ‹Kleine Göttinger Fakultät› von 1890», in: *Die Christ-*

BOUSSET (1865–1920), JOHANNES WEISS (1963–1914), E. TROELTSCH (1865–1923), W. WREDE (1859–1906), HEINRICH HACKMANN (1864–1935) und ALFRED RAHLFS (1865–1935); später nach 1900 traten CARL CLEMEN (1865–1939), HUGO GRESSMANN (1877–1927), WILHELM HEITMÜLLER (1869–1926) und GUSTAV KRÜGER (1862–1940) hinzu, schließlich können auch (als dritte Generation) RUDOLF BULTMANN und OTTO EISSFELDT hinzugerechnet werden. Übereinstimmend wird von ihnen ALBERT EICHHORN (1856–1926) als entscheidender Anreger genannt.[8]

Von Bedeutung für Genese und Entwicklung der «Religionsgeschichtlichen Schule» waren ferner PAUL DE LAGARDE (1827–1891), BERNHARD DUHM (1847–1929), ADOLF VON HARNACK (1851–1930), JULIUS WELLHAUSEN (1844–1918), die Philologen ERWIN ROHDE, HERMANN USENER, ALBRECHT DIETERICH, RICHARD REITZENSTEIN, FRANZ CUMONT, PAUL WENDLAND, EDUARD NORDEN, EDUARD SCHWARTZ, JOHANNES GEFFCKEN, die Orientalisten ERICH SCHRADER, HEINRICH ZIMMERN und MARK LIDZBARSKI. Im Grunde genommen zieht die Religionsgeschichtliche Schule Folgerungen auf theologischem Gebiet, die aus der vorausgehenden Entwicklung in Geschichtswissenschaft, Orientalistik, Religionsgeschichte und Ethnologie resultierten. Angefangen vom Bemühen um das *Corpus Hellenisticum Novi Testamenti* (WETTSTEIN, GABLER) und von J. G. HERDERS undogmatischer, literarischer Betrachtung der Bibel, über die Entdeckungen und Entzifferungen auf vorderorientalischem Gebiet (Ägypten, Babylonien, Persien), die Entstehung des historischen Denkens (NIEBUHRS, RANKE, DROYSEN) und der Quellen- beziehungsweise Literarkritik, bis hin zu der entstehenden Religionswissenschaft (F. M. MÜLLER, C. P. THIELE, D. CHANTEPIE DE LA SAUSSAYE, J. G. FRAZER, N. SÖDERBLOM) und Völkerkunde (A. BASTIAN, F. RATZEL, E. B. TYLOR), nicht zu vergessen der antimetaphysische Zeitgeist des Neukantianismus in der zweiten Hälfte des neunzehnten Jahrhunderts in Deutschland, haben alle diese Ergebnisse die Religionsgeschichtliche Schule mit aus der Taufe gehoben. Auch die Diskussion um «Babel und Bibel» des Panbabylonismus (F. DELITZSCH, A. JEREMIAS, P. JENSEN), teilweise parallel zur Religionsgeschichtlichen Schule laufend, gehört dazu.

---

liche Welt 1920, Nr. 18, 281–283; H. RENZ, F. W. GRAF, *Troeltsch-Studien*, München 1982, 235–290. 296–305 (Abdruck der Habilitationsthesen).

8   Vgl. H. GRESSMANN, *Albert Eichhorn und die Religionsgeschichtliche Schule*, Göttingen 1914; LÜDEMANN/SCHRÖDER (Anm. 6), 62–66.

Hatte die historische Kritik in Gestalt der Quellenanalyse der biblischen Schriften (Pentateuchkritik, synoptische Zweiquellentheorie) bereits generelle Anerkennung gefunden und die traditionelle Dogmatik in Schwierigkeiten gebracht, so löste die Religionsgeschichtliche Schule mit ihren oft prononciert vorgetragenen Thesen eine neue Welle der theologischen Diskussion aus, die eigentlich nur E. TROELTSCH systematisch bearbeitete (wenn man nicht R. OTTO mithinzurechnen).[9] Mit der Religionsgeschichtlichen Schule setzte sich die historisch-kritische Methode endgültig durch, wurde aber gleichzeitig ergänzt durch tieferes Eindringen in den historischen Prozeß, der hinter den literarischen Quellen steht, und die Anwendung der vergleichenden Religionsgeschichte auf Bibel und Christentum. Daher sind die Vertreter der Religionsgeschichtlichen Schule in erster Linie Alttestamentler (GUNKEL, GRESSMANN) oder Neutestamentler (EICHHORN, BOUSSET, WREDE, HEITMÜLLER); zur allgemeinen Religionsgeschichte ist (abgesehen von C. CLEMEN) nur H. HACKMANN übergegangen (besonders durch seine Arbeiten zum chinesischen Buddhismus). Es handelt sich also streng genommen um eine Richtung in der protestantischen Exegese der Bibel. Theologisch gehört die Religionsgeschichtliche Schule natürlich in den Bereich des kulturprotestantischen Liberalismus.[10]

Soziologisch ist sie zunächst eine rein akademische Angelegenheit. Einige ihrer Vertreter, meist Pastorensöhne aus lutherischem Hause, studierten zunächst an streng lutherischen Fakultäten, wie Erlangen (so BOUSSET und TROELTSCH) oder Leipzig (WREDE und HACKMANN), ehe sie nach Göttingen gingen. Sie haben dann allerdings den Versuch ihre Auffassungen im großen Stil zu popularisieren unternommen, wie kaum

9 Vgl. bes. «Die Dogmatik der ‹religionsgeschichtlichen Schule›», in: *Gesammelte Schriften 2*, Tübingen 1922 (Reprint: Aalen 1962), 500–524; «Christentum und Religionsgeschichte», ebd., 328–363; *Die Absolutheit des Christentums und die Religionsgeschichte*, Tübingen 1902, [2]1929. Über TROELTSCH siehe jetzt die Monographie von H.-G. DRESCHER, *Ernst Troeltsch. Leben und Werk*, Göttingen 1991. R. OTTO gehört in die Anfänge der Religionsgeschichtlichen Schule (vgl. LÜDEMANN/SCHRÖDER [Anm. 6], 75 ff.) und hat theologisch-religionsphilosophisch durch den Neofriesianismus (vertreten durch L. NELSON in Göttingen) vor allem mit W. BOUSSET Gemeinsamkeiten (vgl. dessen Buch über das *Wesen der Religion* von 1903 u.ö., bes. 13 ff.), ging aber eigene Wege, die die geschichtliche Forschung im Sinne der Religionsgeschichtlichen Schule verließen und parallel zur BARTHschen Theologie gegen die kritische Theologie führten (siehe LÜDEMANN 1992 [Anm. 6], 82 f.). Zum Einfluß von H. J. FRIES auf BOUSSET siehe K. BERGER, *Exegese und Philosophie*, Stuttgart 1986, 114 ff.

10 Vgl. dazu LÜDEMANN 1992 (Anm. 6), 99 ff., der die Übereinstimmungen und Unterschiede der Religionsgeschichtlichen Schule zum theologischen Liberalismus kennzeichnet.

eine theologische Richtung vorher: Dazu gehören «Die Religionsgeschichtlichen Volksbücher»; «Die Religion in Geschichte und Gegenwart»
(erste Auflage 1913); «Theologische Rundschau», «Forschungen zur Religion und Literatur des Alten und Neuen Testaments»; «Die Schriften des
Alten und Neuen Testaments neu übersetzt und für die Gegenwart erklärt». Daher gerieten sie auch rasch in Konfrontation mit den konser-
vativ-orthodoxen Kreisen und den kirchlichen Autoritäten, die ihnen zer-
setzende, unkirchliche Absichten zuschrieben, was sie entschieden ablehn-
ten (besonders von BOUSSET und TROELTSCH). Politisch standen manche
(wie vor allem BOUSSET) den sozialen Ansichten F. NAUMANNS nahe,
zeigten aber keine Neigung ihre kritisch-revolutionäre Gesinnung auf
theologischem Gebiet in die Politik zu übertragen.[11]
Man hat den Beginn der öffentlichen Wirksamkeit der Religionsgeschichtlichen Schule auf 1895 festgelegt, dem Erscheinungsjahr von
GUNKELS «Schöpfung und Chaos in Urzeit und Endzeit», ein tatsächlich
maßgebliches Buch der neuen Richtung, gegen das sich besonders J.
WELLHAUSEN scharf wandte und damit, wie noch zu zeigen sein wird, die
Zäsur zwischen Literarkritik und Traditionsgeschichte deutlich machte.
Aber schon in GUNKELS «Die Wirkungen des Heiligen Geistes nach den
populären Anschauungen der apostolischen Zeit» (1888) sind die Grund-
gedanken nachweisbar, nämlich Aufdeckung fremdartiger irrationaler
Züge (Geisterglaube) im frühen Christentum und deren Erklärung aus den
populären Vorstellungen des sogenannten Spätjudentums, besonders der
Apokalyptik. Dies wurde dann bald aufgenommen von J. WEISS («Die
Predigt Jesu vom Reiche Gottes», 1892)[12] und von dem wohl produktiv-
sten Vertreter der «Schule», W. BOUSSET,[13] dem die Darstellung der
«Religion des Judentums im neutestamentlichen Zeitalter» als eigentlicher Mutterboden Jesu und der Urgemeinde zu verdanken ist (1903,
[2]1912, die dritte Auflage unter dem Titel «Die Religion des Judentums im
späthellenistischen Zeitalter» herausgegeben von H. GRESSMANN 1926),
ebenso wie die Einbeziehung der hellenistischen und spätantiken Religionsgeschichte (des sogenannten «Synkretismus») für die Darstellung
des Christentums im ersten und zweiten Jahrhundert («Hauptprobleme

11 Vgl. jetzt ebd., 100f.
12 Vgl. dazu B. LANNERT, *Die Wiederentdeckung der neutestamentlichen Eschatologie
    durch Joh. Weiß*, Tübingen 1989; LÜDEMANN 1992 (Anm. 6), 80f.
13 Vgl. die Monographie von A. F. VERHEULE, *Wilhelm Bousset. Leben und Werk*, Am-
    sterdam 1973; ferner die Einleitung zu den von ihm herausgegebenen *Religionsge-
    schichtlichen Studien* von W. BOUSSET, Leiden 1979, 1–27; LÜDEMANN 1987
    (Anm. 6), 342–350.

der Gnosis», 1907; «Kyrios Christos», 1913; zweite Auflage herausgegeben von G. KRÜGER 1921; fünfte Auflage herausgegeben von R. BULTMANN 1965). In diesen Bahnen liefen im großen und ganzen die weiteren Arbeiten der Religionsgeschichtlichen Schule, jeweils mit anderen Akzenten, wie besonders bei dem genialen, leider zu früh verstorbenen W. WREDE, der wohl die radikalsten Ansichten vertrat («Paulus», 1904; «Das Messiasgeheimnis», 1901; «Vorträge und Studien», 1907).[14] Im Bereich des Alten Testamentes waren die Arbeiten von GUNKEL bahnbrechend, nicht nur für die religionshistorische Erklärung des Alten Testamentes (besonders der Genesis, 1901, [2]1922, und der Psalmen, 1926, 1928/33), sondern auch für die literaturgeschichtliche, besonders die neu formulierte «traditionsgeschichtliche» Betrachtung, die eine neue Epoche in der alttestamentlichen Exegese einleiteten.[15] GRESSMANN folgte diesen Bahnen («Der Ursprung der israelitisch-jüdischen Eschatologie», 1905; «Der Messias, herausgegeben von H. SCHMIDT, 1929).

Das Ende der Religionsgeschichtlichen Schule bald nach dem Ersten Weltkrieg hat nicht nur die damit verbundenen gesellschaftlichen Umbrüche (K. BARTH und die dialektische Theologie) und sicher auch der frühe Tod der führenden Vertreter verursacht (WREDE schon 1906, J. WEISS 1914, BOUSSET 1920, TROELTSCH 1923, HEITMÜLLER 1926, GRESSMANN 1927). R. REITZENSTEIN (1861–1931) war einer der letzten Verfechter ihrer Ideen («Vorgeschichte der christlichen Taufe», 1929), abgesehen von der jüngeren (dritten) Generation, wie R. BULTMANN und seine Schule, die das Erbe der Religionsgeschichtlichen Schule verwandelt und mit neuen Methoden (Form-, Redaktions- und Traditionsgeschichte; existentiale Interpretation; Entmythologisierung) abzusichern suchten (besonders in der Frage der Gnosis).[16] Konsequent tritt der schwedische Re-

---

14 Über WREDE ist eine umfassende Monographie von HANS ROLLMANN (St. John's, Neufundland, Can.) zu erwarten; vgl. bereits seine PhD-Thesis: *The Historical Methodology of William Wrede*, Mac Master University (Hamilton, Can.) 1980. Einiges auch bei LÜDEMANN 1987 (Anm. 6), 354–356.

15 Vgl. WERNER KLATT, *Hermann Gunkel*, Göttingen 1969 (bedürfte einer Neubearbeitung); LÜDEMANN 1987 (Anm. 6), 350–354; LÜDEMANN 1992 (Anm. 6), 88 ff., 96 f.; H.-J. KRAUS, *Geschichte der historisch-kritischen Erforschung des Alten Testaments*, Neukirchen-Vluyn [3]1982, 341–367.

16 Zur Kritik an BULTMANN und seinem Programm, das einige Konzeptionen der Religionsgeschichtlichen Schule zwar weiterführte, aber auch durch Aufnahme der BARTHschen Theologie und HEIDEGGERS Terminologie sprengte und einen ahistorischen Zug einführte, siehe jetzt G. LÜDEMANN, «Die Religionsgeschichtliche Schule und ihre Konsequenzen für die Neutestamentliche Wissenschaft», in: MÜLLER (Hg.), *Kulturprotestantismus* (Anm. 6), 311–338, bes. 316–332.

ligionshistoriker G. WIDENGREN für ihre Ideen auf dem Gebiet der Gnosis (iranischer Ursprung) ein.[17]

Die besonders nach dem Zweiten Weltkrieg verstärkt einsetzende Kritik an der Religionsgeschichtlichen Schule und ihren Konzepten[18] kann nicht daran vorbeigehen, daß durch sie ein großer Fortschritt im Verständnis biblischer Schriften und ihrer Geschichte erfolgt ist; grundlegende Fragestellungen, die zuerst von ihr aufgeworfen worden sind, wie die Rolle der kanaanäischen Religion, der Apokalyptik, der Eschatologie, der Pneumatologie, der Gnosis, des hellenistischen Judentums, des Kultes, der Frömmigkeit und so weiter, sind bis heute lebendig und haben durch neue Funde (Ugarit, Qumrān, Nag Hammadi) erhöhte Aktualität gewonnen. Es gibt für die alt- und neutestamentliche Exegese kein Zurück vor die Zeit der Religionsgeschichtlichen Schule; die von ihr aufgezeigten Sachverhalte können nicht aus der Welt geschaffen werden, auch wenn man andere Erklärungen bevorzugt.[19] Das gleiche gilt für die aus ihrem streng historischen Ansatz folgenden theologischen, religionsphilosophischen und weltanschaulichen Grundfragen, die durch die «Dialektische Theologie» nur beiseite geschoben, aber nicht beantwortet wurden (es sei denn einfach dogmatisch), gegenwärtig aber wieder dringlich auf Antwort warten.

Die wichtigsten Problemkreise, die zugleich Profil und Leistung der Religionsgeschichtlichen Schule kennzeichnen, sind zusammengefaßt die folgenden:

1. Gegenüber A. RITSCHL wird die einseitige Auslegung des Neuen Testaments aus dem Alten abgelehnt; das Urchristentum ist keine bloße Fortsetzung der alttestamentlichen Geschichte, sondern hat andere Wurzeln.

---

17 Vgl. bes. seinen Aufsatz «Die Ursprünge des Gnostizismus und die Religionsgschichte», in: K. RUDOLPH (Hg.), Gnosis und Gnostizismus (WdF 262), Darmstadt 1975, 668–706. Der Beitrag erschien zuerst in Französisch in U. BIANCHI (Hg.), Le Origini dello Gnosticismo, Colloquio di Messina 13–18 April 1966, Leiden 1967, 28–60.

18 Vgl. bes. C. COLPE, Die religionsgeschichtliche Schule I. Darstellung und Kritik ihres Bildes vom Erlösermythos, Göttingen 1961; G. QUISPEL, «Der gnostische Anthropos und die jüdische Tradition», Eranos-Jahrbuch 22 (1953), Zürich 1954, 195–234; Gnostic Studies, 2 Bde., Leiden 1973. Die «Schwachstellen» der Religionsgeschichtlichen Schule hat auch LÜDEMANN 1992 (Anm. 6), 81 ff. passim, zur Sprache gebracht, allerdings im Verfolg einer konsequenten Anwendung des historisch-kritischen, wissenschaftlichen Ansatzes der Religionsgeschichtlichen Schule, auch gegenüber kirchlichen und konservativen Ambitionen gegenwärtiger Theologie (ebd., 102 ff.).

19 Vgl. z.B. LÜDEMANN (Anm. 16), 311 ff., 333 ff.

2. Zu diesen Wurzeln gehören weniger das rabbinische Judentum, das einer späteren Zeit angehört, als vielmehr das hellenistische Diaspora-Judentum (Repräsentant: Philo). Weiterhin sind die gräko-orientalische («hellenistische») Religiosität, wie sie uns in den Mysterien und anderen orientalischen Erlösungskulten, den gnostischen Gruppen, der Hermetik, dem Kaiserkult und der Magie entgegentreten, für die Ausbildung des Christentums ebenso bedeutsam gewesen. Schon GUNKEL («Zum religionsgeschichtlichen Verständnis des Neuen Testaments», 1903) hat vom «synkretistischen Charakter» des frühen Christentums gesprochen und damit zum Ausdruck bringen wollen, daß es historisch gesehen mit vielen Fasern der zeitgenössischen Religionsgeschichte verbunden ist. W. BOUSSET, der hier etwas vorsichtiger urteilte, hat sich immer wieder gegen die künstliche Abtrennung des Urchristentums von seiner Umwelt gewehrt und den Wandel von Jesus zur späteren Kirche gerade aus dem Einfluß dieser Umwelt zu erklären gesucht. Der «Kyrios Christos» verdrängte den Wanderpropheten Jesus: Dahinter steht der Übergang des Urchristentums in die hellenistisch-römische Welt, der bereits *vor* Paulus einsetzt, in Gestalt einer hellenistischen Christengemeinde (Antiochia). Es ging der Religionsgeschichtlichen Schule in erster Linie um die geistigen Zusammenhänge, nicht um einzelne Ableitungen oder eine «Parallelo-Manie». Das gleiche betrifft auch das Alte Testament, das aus seinem unterschiedlichen Milieu im Laufe seiner Geschichte zu verstehen ist, wozu Kanaan, Babylonien, Ägypten und Iran gehören.

3. Die Abtrennung des Neuen Testamentes von der frühen Kirchen- und Dogmengeschichte ist eine künstliche. Der Kanon des Neuen Testamentes ist ein historisches Produkt und sollte nur im Rahmen einer urchristlichen Literaturgeschichte studiert werden (A. EICHHORN, W. WREDE).

4.   An Stelle der alten Orientierung an den Lehrbegriffen hat die an Religion, Religiosität und Frömmigkeit zu treten. Theologie ist nur *eine* Seite der Religion, ihre rationale, begrifflich-systematische. Das Wesen der Religion liegt in einem irrationalen Erlebnis (besonders von W. BOUSSET und R. OTTO betont, beeinflußt vom Neofriesianismus, der von L. NELSON zu dieser Zeit in Göttingen propagiert wurde).[20] Dieser Religionsbegriff der Religionsgeschichtlichen Schule knüpft letztlich an SCHLEIERMACHER an und wurde für Theologie und Religionsphilosophie der Folgezeit ausschlaggebend (auch TROELTSCH, der die rationale Verankerung in einem religiösen a priori zu sichern suchte, setzt hier an).

---

20   Vgl. dazu LÜDEMANN 1992 (Anm. 6), 87 ff., 90 ff., 96 ff. (illustriert an H. GUNKEL und W. BOUSSET). Typisch dafür ist BOUSSETS Buch *Das Wesen der Religion* (Anm. 9), das stellenweise wie von R. OTTO geschrieben erscheint.

Die Religionsgeschichtliche Schule wollte eine wirkliche *Religions*
geschichte des Christentums schreiben, nicht nur die von Ideen, Dogmen
und Lehren.

5. Daher hat sie vor allem gewisse fremdartige Züge im Neuen Testament erstmalig in den Mittelpunkt ihrer Betrachtung gerückt, die die Distanz zu unserer Zeit deutlich machen. Es handelt sich um die apokalyp-
tischen, eschatologischen und pneumatologischen Vorstellungen. Weiterhin betonte man den Kult, vor allem die Sakramente, als ein zentrales
Element der Religion.[21] Hier ist die Religionsgeschichtliche Schule Teil
einer Strömung, die gegenüber der einseitigen Überschätzung der My-
thologie (Ideologie) den kultischen Bereich, die religiöse Praxis, in den
Mittelpunkt rückte und als wichtige Frömmigkeitsäußerung ansah
(EICHHORN, GUNKEL, BOUSSET, GRESSMANN; von TROELTSCH systematisch erfaßt; später von S. MOWINCKEL zielstrebig aufgenommen).
Dieses Interesse an der «Gemeindetheologie», an der Volks- und Mas-
senreligiosität (einschließlich der «Folktales» und Märchen),[22] also den
«Niederungen» der Religion gegenüber den «Höhen» elitärer Theologie,
beschreitet bereits den Weg zur soziologischen und psychologischen Interpretation (vergleiche besonders TROELTSCH).[23] Andererseits hat die
Religionsgeschichtliche Schule die innovative Kraft religiöser Personen
und Autoritäten hervorgehoben, die gestaltend in die Religionsgeschichte
eingreift (vor allem bei den alttestamentlichen Propheten und Jesus).[24]
6. Eine der wichtigsten Entdeckungen der Religionsgeschichtlichen Schule, die oft übersehen worden ist, ist die sogenannte Traditionsgeschichte,
zuerst von H. GUNKEL im Anschluß an Ideen EICHHORNS vorgetragen
(1895).[25] Man hat dies als das eigentlich historiographische Novum der
Religionsgeschichtlichen Schule bezeichnet: der Blick hinter die Literatur

---

21 Vgl. LÜDEMANN 1992 (Anm. 6), 98 f., mit Belegen.
22 Vgl. H. GUNKEL, *Das Märchen im Alten Testament*, Tübingen 1917; KLATT (Anm.
   15), 129 ff.
23 Wobei die Anregung von MAX WEBER entscheidend war. Vgl. DRESCHER (Anm. 9),
   209 ff., 371 ff. (*Die Soziallehren der christlichen Kirchen und Gruppen*, 1912).
24 Dabei spielt der Einfluß THOMAS CARLYLES eine nicht unbeträchtliche Rolle, wie bes.
   für BOUSSET nachweisbar ist, der über ihn mehrere Beiträge in der *Christlichen Welt
   1897* publizierte («Thomas Carlyle, ein Prophet des 19. Jh.s»). Vgl. dazu BERGER
   (Anm. 18), 85 ff., bes. 91 ff.
25 *Schöpfung und Chaos in Urzeit und Endzeit*, Göttingen 1895; dazu KLATT (Anm. 15),
   51 ff., 78 ff. GUNKEL hat diese Betrachtung dann bahnbrechend in seinem *Genesiskom-
   mentar* (1901, ³1917, ⁷1966) und den Psalmenstudien (*Ausgewählte Psalmen*, 1904;
   Die Psalmen übers. und erklärt, 1926; *Einleitung in die Psalmen* I, 1928, II postum
   1933) durchgeführt. Vgl. dazu KRAUS (Anm. 15), 347 ff.; 353 ff.

oder schriftliche Überlieferung (Texte), das heißt in ihre vorliterarische Geschichte, die sie erst historisch verständlich macht.[26] Die Auflösung der klassischen Literaturgeschichte und Literarkritik in einer Geschichte vorliterarischer «Formen», «Gattungen» oder «Stoffe» ist eine Konsequenz der historischen Fragestellung der Religionsgeschichtlichen Schule: Ein Text wird aus seiner Geschichte, seinem Werden, seinen Stoffen begriffen, das heißt aus seiner «Vorgeschichte». Diese Problematisierung der schriftlichen Tradition wurde sehr bald zu einem Mittel der Überlieferungskritik und führte manche vordergründigen literarkritischen Probleme ad absurdum (die alten Vertreter der Literarkritik, wie J. WELLHAUSEN, lehnten daher GUNKELS Arbeiten ab, obwohl auch sie nicht umhin kamen, traditionsgeschichtliche Fragen aufzuwerfen).[27] Auch diese Seite der Religionsgeschichtlichen Schule unterstreicht ihr Interesse an der «Gemeindereligiosität», dem «Sitz im Leben» (GUNKEL)[28] als einer sozialpsychologischen Kategorie. Verschiedentlich (bei BOUSSET, GUNKEL, WREDE) wird «Traditionsgeschichte» synonym mit «Religionsgeschichte» gebraucht, was deutlich macht, in welcher Weise für die Religionsgeschichtliche Schule beides zusammengehörte. Sie hat es leider unterlassen, hier klar zu scheiden und vor allem eine notwendige Methodenreflexion einzuleiten, was ihr manchen Ärger erspart hätte. Erst mit dem Entstehen der sogenannten «Formgeschichte» bei M. DIBELIUS (1919) und R. BULTMANN (1921) setzt die methodische Klärung ein.

7. Die Betrachtung des Alten und Neuen Testamentes als religionshistorische Dokumente, die mit den gleichen Mitteln wie jede anderen religiösen Texte zu untersuchen sind (bes. von WREDE gefordert), führte schnell zu der Auffassung, daß die traditionellen theologischen Fakultäten in religionsgeschichtliche aufzulösen sind (wie bereits in Holland seit 1877). Hier wurzelt der bekannte Konflikt, der sich zwischen A. HARNACK und der Religionsgeschichtlichen Schule auf hochschulpolitischen Gebiet um die Einrichtung religionshistorischer Lehrstühle um 1900 ent-

---

26 Vgl. H. PAULSEN, «Traditionsgeschichtliche Methode und religionsgeschichtliche Schule», *Zeitschrift für Theologie und Kirche* 75 (1978), 20–55.

27 Vgl. dazu KLATT (Anm. 15), 70 ff. Der Anlaß war die Rezension WELLHAUSENS von GUNKELS *Schöpfung und Chaos* in: *Skizzen und Vorarbeiten 6*, 1899, 225 ff., bes. 233 f.; abgedruckt bei K. KOCH, J.M. SCHMIDT (Hgg.), *Apokalyptik* (WdF 365), Darmstadt 1982, 58–66. Die Replik GUNKELS erschien in der *Zeitschrift für wissenschaftliche Theologie* 42 (1899), 581–611 (abgedruckt ebd., 67–90), und in: *Zum religionsgeschichtlichen Verständnis des NT*, Göttingen 1903, 10–12. Beachtenswert sind dazu die von H. ROLLMANN, *ZThK 78* (1981), 276–288, edierten zwei Briefe von GUNKEL an A. JÜLICHER.

28 Vgl. KLATT (Anm. 15), 144 ff.; KRAUS (Anm. 15), 342 ff.

spann;[29] er ist im Grunde genommen in Deutschland bis heute nicht gelöst
(die Religionsgeschichte hat bis heute keinen festen Platz im Aus-
bildungsprogramm der Theologie und nur die wenigstens geisteswissen-
schaftlichen Fakultäten haben eine religionsgeschichtliche Professur). Die
historischen Disziplinen der Theologie sind, wie WREDE klar erkannte,[30]
eigentlich keine theologischen mehr, sondern religionshistorische, da sie
mit den gleichen Mitteln arbeiten, wie alle anderen Philologien und Ge-
schichtswissenschaften.

8. Die «Einebnung» des Christentums in die allgemeine oder vergleichende Religionsgeschichte hat zu einem Relativismus geführt, was
besonders die theologisch-dogmatischen Systeme betraf. TROELTSCH hat
daraus, unter Beibehaltung eines romantischen (letztlich HEGELschen)
Entwicklungsbegriffs, geschichtsphilosophische Konsequenzen gezogen,
die auf eine zukünftige Weiterentwicklung des Christentums im Kontext
der allgemeinen Religionsgeschichte zielte.[31] Auch BOUSSET, mit weniger systematischer Begabung, hat unter Rückgriff auf die liberaltheolo-
gische Betonung des Ethisch-Moralischen und die unableitbare Persönlichkeit Jesu als Offenbarung Gottes das Christentum aus dem Strudel der
historischen Relativierung herausreissen wollen.[32] Mit den Mitteln der
Geschichte ist dies aber nicht durchführbar; hier stehen die Glaubensaus-
sagen allein gegen die Macht der Geschichte und der kritischen Reflexion.
Dies ist Aufgabe der Theologie, nicht mehr der Religionsgeschichte (Religionswissenschaft). Die Religionsgeschichtliche Schule hat als inner-
theologische Bewegung begonnen und endete außerhalb der traditionellen
Theologie durch die Radikalität ihrer Methode und Fragestellung.

29 Vgl. dazu K. RUDOLPH 1992 (Anm. 6), 6 ff.; LÜDEMANN 1992 (Anm. 6), 104 ff.
30 W. WREDE, *Vorträge und Studien*, Tübingen 1907, 64 ff.; *Über Aufgabe und Methode
    der sog. Neutestamentlichen Theologie*, Göttingen 1897, 79 f.
31 Bes. in seinem bekannten Buch *Die Absolutheit des Christentums und die Religions-
    geschichte* von 1902 (Tübingen ²1912). Vgl. dazu jetzt DRESCHER (Anm. 9), 269 ff.
32 «Das Wesen des Christentums», in *Theologische Revue 1901*, 89 ff.; *Jesus*, Halle 1904;
    Die Bedeutung der Person Jesu für den Glauben, Berlin 1910; *Das Wesen der Religion*,
    Tübingen ⁴1920 (Halle 1903), 158 ff; 195 ff. Vgl. dazu auch LÜDEMANN 1992
    (Anm. 6), 90.

3 Norden und die Religionsgeschichtliche Schule

EDUARD NORDEN gehört nicht zur Religionsgeschichtlichen Schule im engeren Sinne, aber seine Ambitionen liegen sehr in deren Nähe. Sein großes Interesse an religiösen Dokumenten und ihrer literarischen Geschichte geht zweifellos auf seinen Lehrer HERRMAN USENER, dem «Philologen der Religion» zurück.[33] Er selbst betrachtete sich der «Philologie der Religion» (A. D. NOCK) zugehörig und für ihn war die philologische Arbeit die Grundlage der Religionsgeschichte, eine Auffassung, die zu seiner Zeit auch die junge Religionswissenschaft weithin bestimmte (sichtbar zum Beispiel im «Archiv für Religionswissenschaft», das von Philologen beherrscht wurde). Inwieweit hierbei auch religiöse Überzeugungen mit dazu beitrugen, sich bestimmten Werken und Ideen der antiken Religionswelt zu widmen, wie der «prophetisch-religiösen Rede», der «Heilandserwartung», den Logia Jesu oder Paulusbriefen, bleibt noch zu untersuchen; die Selbstzeugnisse dazu sind rar, aber deutlich an verschiedenen eingestreuten Bekenntnissen in seinen Schriften. R. REITZENSTEIN sprach sogar im Hinblick auf NORDENS «Agnostos Theos» (1913) vom «tief religiösen Empfinden, das sich in dem ganzen Buch ausspricht».[34] Ein Schwanken zwischen der Hochschätzung von leidenschaftlicher Frömmigkeit, wie sie im Neuen Testament greifbar wird, und dem Bekenntnis zur rationalen, «kühlen, verstandesmäßigen Erwägung»,[35] wie sie den Griechen nach damaliger Sicht vor allem zu eignen schien, bleibt immer wieder zu beobachten. «Gefühlsargumente» und Mystik lehnte NORDEN entschieden ab,[36] auch wenn er sich gerade den spätantiken Wurzeln derselben in der Wissenschaft widmete.

Die Verbindung zur Religionsgeschichtlichen Schule beruhen nicht nur auf diesem Fundament, sondern vor allem auf gemeinsamen Zielen und Auffassungen, was natürlich dazu führte, daß man sich gegenseitig viel zitierte beziehungsweise die gegenseitigen Argumente übernahm oder sich durch sie bestätigt fühlte. Kein Wunder, wenn NORDEN in seinem

---

33 B. KYTZLER, «Eduard Norden», in: W. W. BRIGGS, W. M. CALDER III (eds.), *Classical Scholarship: A Biographical Encyclopedia*, New York 1990, 343.

34 *Neue Jahrbücher für das Klassische Altertum 3* (1913), 193 und 155.

35 *KS* 256.

36 Ebd. und 549 (aus der Rektoratsrede von 1928). Vgl. unten S. 99. NORDEN hatte eine ambivalente Auffassung von «Mystik»: Einerseits war er gegen «abstruse» Mystik (die er teilweise mit dem Orient verband), andererseits wußte er die «unio mystica», die «Sympathie» mit dem All (zum Beispiel bei Heraklit) zu schätzen und war ihr wohl auch zugetan (Hinweis von J. E. BAUER auf dem Kolloquium).

«Agnostos Theos» sich am meisten auf RICHARD REITZENSTEIN beruft, wenn es um Probleme geht, die dieser für NORDEN richtig gesehen hat; ja er will stellenweise dessen Gedanken weiter verfolgen.[37] Es folgen sein Berliner Kollege HUGO GRESSMANN, WILHELM BOUSSET, dessen Gnosisauffassung und «Magierthese» er übernimmt,[38] JOHANNES WEISS, dessen Exegese er viel verdankt[39] und dessen «Schriften des Neuen Testaments neu übersetzt und für die Gegenwart erklärt» (die sogenannte «Ketzerbibel» , wie sie von den Gegnern genannt wurde) er sehr empfielt,[40] und der «unvergeßliche W. Wrede».[41] Andererseits, ich habe schon darauf kurz verwiesen, erfreuten sich die Religionshistoriker dieser Schule des Mitstreiters NORDEN auf ihrem Felde. REITZENSTEIN schätzt NORDENS Eintreten für orientalische, speziell ägyptische Wurzeln spätantiker und christlicher Theologumena (besonders in «Die hellenistischen Mysterienreligionen» [3]1927), wie überhaupt diese beiden Philologen vieles gemeinsam haben, auch wenn NORDEN zurückhaltender ist, da er sich weniger direkt in das Arbeitsgebiet der Orientalisten eingemischt hat, wie es REITZENSTEIN ja vielfach, oft zu seinem Nachteil, getan hatte.[42] Die Orientierung an der Sprache als Vehiculum der Gedanken in geprägter Form verbindet beide sichtbar. W. BOUSSET, der wohl einflußreichste Vertreter der Religionsgeschichtlichen Schule, zollt NORDENS Arbeiten weithin positive Aufmerksamkeit, auch wenn er manchen Auffassungen nicht folgen kann, wie in seiner umfangreichen Rezension des «Agnostos Theos» in der «Theologischen Literaturzeitung» von 1913 zum Ausdruck gebracht (hier lehnt er vor allem die Fixierung auf Poseidonios als Beginn der «Theokrasie» ab). Schließlich hat auch J. WEISS diesem bahnbrechenden Werke eine positive Rezension gewidmet, und H. GUNKEL verweist ausdrücklich in seinen Psalmenstudien auf dieses Buch.[43]

Welche Züge sind es nun, die NORDEN so eng mit der Religionsgeschichtlichen Schule verbinden und die ihn in deren Nähe rücken, so daß er oft schon als einer der ihren angesehen worden ist (wie vor allem von

37 *ATh* 122, Anm.
38 Ebd., 65, 68f., 113.
39 Ebd., 304, Anm. 1.
40 Ebd., 271, Anm. 1.
41 Ebd., 301, Anm. 1; 139.
42 Beide wirkten zusammen in Breslau; beide hatten bei VAHLEN in Berlin doktoriert.
43 GUNKEL 1928 (Anm. 25), 45 (betr. die Gattung «Hymnus»). Rezensionen: *Theologische Literaturzeitung* 38 (1913), 193–198; J. WEISS, «Neues Testament», *Archiv für Religionswissenschaft* 17 (1914), 296–330, hier 305–308; ders., «Das Logion Mt. 11,25–30», in: *Neutestamentliche Studien, Georg Heinrici zu seinem 70. Geburtstag dargebracht*, Leipzig 1914, 120–129.

ADOLF VON HARNACK). Es sind vor allem folgende fünf Punkte, die dafür in Frage kommen:

1. Die konsequente Einordnung der frühchristlichen Literatur ohne Unterschiede ihrer theologisch-kirchlichen Bewertung als «kanonisch» oder «apokryph». NORDEN hat daher auch gegenüber F. OVERBECK[44] den literarischen Charakter der neutestamentlichen Schriften betont und eine nur an den kanonischen Texten des Neuen Testamentes orientierte Betrachtung abgelehnt.[45] Der von ihm immer wieder thematisierte Prozeß der Verschmelzung von Griechischem («Hellenischem») und Orientalischem in der hellenistischen Schriftstellerei verlangt eine neue, unverstellte Betrachtung. Dies war wegweisend.

2. Die Herausarbeitung spezieller religiöser Züge, zunächst durchaus aufgrund literarischer Formen und Stile, in der kaiserzeitlich-römischen Religionsgeschichte, die von NORDEN als «Mystik», «Theosophie», «Gnosis» bezeichnet wird und die ein Produkt hellenischer und orientalischer «Theokrasie» (so für «Synkretismus» bei NORDEN) ist, mit einer längeren Vorgeschichte und einer das Christentum mitbestimmenden Nachgeschichte. In diesem Punkt folgt NORDEN sehr entschieden BOUSSET und REITZENSTEIN, ohne allerdings eigene Forschungen anzustellen. Die vorchristliche Geschichte der «Gnosis» ist für ihn zweifelfreie Voraussetzung für das Verständnis christlicher Vorstellungen, wie etwa der Christologie (besonders im Evangelium nach Johannes).[46]

> Christologie ist religiös umgeprägte graeco-aegyptische Gnosis: so etwa ließe sich der Vorgang formulieren. «Gnosis» – wir könnten auch Theologie, Theosophie oder Mystik sagen; aber jener Begriff empfiehlt sich, um dem Vorurteile zu begegnen, als sei Gnosis erst nachchristlich: dadurch verbaut man sich den Weg zur Erkenntnis eines religionsgeschichtlichen Werdegangs von höchster Bedeutung.[47]

Ihre Vorgeschichte ist sowohl «hellenisch», das heißt vor allem platonisch und stoisch, aber schon bei Heraklit anzusetzen,[48] als eben auch «orientalisch», also ägyptisch oder jüdisch. Daß es sich dabei in erster Linie um «Ideensynkrasie» handelt, wenn auch «kontrolliert» durch literarische «Formelsprache», wird uns noch beschäftigen.[49]

---

44 *Historische Zeitschrift 12* (1882), 417–472.
45 *ATh* 306f., auch 113, Anm. 1.
46 Vgl. ebd., 66ff., mit Verweis auf W. KÖHLER und BOUSSET (66).
47 *GK* 98.
48 Ebd., 99.
49 Ebd., 167.

3. Die Thematisierung oder Akzentuierung des «Orientalischen» gehört
ebenfalls zum Credo der Religionsgeschichtlichen Schule und ist bei
NORDEN in einer geradezu dominierenden Weise festzustellen. Was er im
Einzelnen darunter versteht, ist in erster Linie bei ihm stilistisch-formal
auszumachen und läßt sich schnell aus den zitierten Belegen aus baby-
lonisch-assyrischer, persischer (achämenidischer) und vor allem ägypti-
scher Literatur entnehmen. Darüber hinaus hat er sich aber einen etwas
eigenartigen «idealtypischen» Begriff zurechtgelegt, der dem eurozentri-
schen, vom klassisch-griechischen genährten Zeitgeist entspricht. Einige
Blüten daraus: Dem Orientalen eignen «glutvolle überschwängliche
Phantasie».[50] Während der Hellene seine Weltanschauung auf spekulati-
vem Wege, mit Klarheit ausgezeichneten begrifflichem Denken (Logos!)
sucht, das heißt, «intellektuelles Begreifen auf verstandesmäßigem Wege»
sein Ziel sei und das «mystisch-ekstatische Element wenigstens im Prinzip ausgeschaltet ist»,

> erwirbt sich der Orientale seine Gotteserkenntnis nicht auf dem Wege der Spe-
> kulation, sondern ein in der Tiefe der Seele schlummerndes und durch ein
> religiöses Bedürfnis erwecktes Gefühlsleben läßt ihn zu einer Einigung mit
> Gott gelangen; diese wird eben dadurch zu einem völligen Aufgehen in Gott,
> daß die Erkenntnis mit Ausschaltung des Intellektes auf übernatürlichem Wege
> erworben wird, indem Gott in seiner Gnade sich dem nach ihm hinstrebenden
> Gemüte offenbart. So tritt Glauben und erleuchtetes Schauen an die Stelle der
> Reflexion; fromme Hingabe an das Unfaßbare ersetzt den stolzen, sich selbst
> die Grenzen vorschreibenden Forschersinn; erst durch die Gottesgemeinschaft
> wird ein Wissen von Welt und Menschen ermöglicht, und dieses wird daher nur
> als sekundärer Gewinn gewertet.[51]

NORDEN versteht darunter die «Gnosis», die wir oben erwähnten. Diese
typologische Bestimmung der beiden antithetischen religiösen Denkfor-
men sind für ihn der Schlüssel zum Verständnis der untersuchten stilistischen Formen, der Prädikationsweisen religiöser missionarischer Rede.[52]

> Dort Abstraktionsvermögen, Fähigkeit zum Ineinsdenken des göttlichen, Ten-
> denz zu seiner Hypostasierung – hier Verweilen im Konkreten, ein Sichgenü-
> genlassen an der Fülle göttlicher Aktionen, eine Neigung zu lebendiger Ver-
> anschaulichung des Göttlichen. Dort das Sein, hier die Erscheinung; dort Theo-
> rie, hier Deskription; dort die göttliche Welt als Vorstellung, hier als Wille und
> Tat. Ist es nicht der Geist des in Mystik und Meditation schwelgenden Orients

---

50 *KS* 227.
51 *ATh* 97 f.
52 Ebd., 22 f.

und des willenstarken und tatenfrohen Okzidents, die sich in diesen verschiedenen Konzeptionen des Göttlichen wiederspiegeln? Noch in den dogmatischen Streitigkeiten der alten Kirche könnte man diesen Gegensatz wiederfinden. Zwar hat er hier nicht gerade einen Ausdruck in verschiedenen Prädikationsformen gefunden noch auch finden können, da der Westen infolge seiner Abneigung gegen Abstraktion die von der Kirche des Ostens geprägten Formeln einfach übernahm. Aber es bleibt doch die Tatsache bestehen, daß der Orient sich durch die dogmatischen Definierungen des Seins, der Natur Christi vollauf befriedigt fühlte, während für die Religiosität des Okzidents stets mehr die menschlich-geschichtliche Persönlichkeit Jesu im Vordergrunde stand: ihm waren das Handeln, die Taten des Heilands die Hauptsache, nicht das Sein.[53]

Daß hinter diesen Antithesen eine Wertung steckt, die «unser erleuchtetes Jahrhundert»[54] vornimmt, läßt sich nicht bestreiten. NORDEN, der auch sonst Mystik ablehnt, wie wir sahen, hält an manchen Stellen auch nicht hinter dem Berg, so wenn er seine Abneigung gegen Philo Alexandrinus deutlich macht, da dieser «Grübler», «Mystiker», besessener Allegoriker», mit einem Hang zu «abstrusen Spekulationen» gewesen sei,[55] eine Eigenschaft, die ganz unjüdisch» sei – hier zeigt NORDEN sein verengtes Verständnis von Judentum, wie es der zeitgenössische Kulturprotestantismus, aber auch das aufgeklärte Judentum des neunzehnten Jahrhunderts, zu sehen beliebte, aber die Religionsgeschichtliche Schule zu durchbrechen suchte. Daß NORDEN Philo trotzdem gewisse positive Seiten abgewinnt, liegt an dessen Nahtstellung zwischen Orient und Okzident; für den Religionshistoriker ist er daher eine «interessante Erscheinung», nicht für den Philosophiehistoriker.[56]

---

53 Ebd., 222 f., mit Verweis auf K. MÜLLER, *Kirchengeschichte I*, Tübingen 1892, 248, und der Bemerkung, daß der Bruder WALTER NORDEN ihn nicht nur diesen Hinweis gegeben hat, sondern auch bei der Formulierung der «Antithesen» geholfen habe (Anm. 1).

54 *KS* 256; vgl. auch 550: «Wir alle sind beherrscht vom Gefühl einer Zeitenwende». NORDEN befindet sich durchaus im Banne des Zeitgeistes, denn der Dualismus von «orientalisch-jüdisch» und «griechisch-römisch» («okzidentalisch») ist Gemeingut des Denkens, auch der Religionsgeschichtlichen Schule; er setzt sich bis in unsere Tage fort, obwohl er in der NS-Zeit noch zusätzlich mit rassistischen Irrlehren versetzt wurde.

55 Ebd., 296.

56 Ebd. Dieses Urteil hat sich inzwischen grundsätzlich geändert, da Philo als eines der wenigen Bindeglieder zwischen alt- und neuplatonischer Schule erkannt worden ist. Vgl. zum Beispiel den Sammelband von C. ZINTZEN, *Die Mittelplatonismus* (WdF 70), Darmstadt 1981, bes. 33 ff., 52 ff.; JOHN DILLON, *The Middle Platonists*, London 1977, 139–183. Bahnbrechend war dafür meines Erachtens H. A. WOLFSON, *Philo*, Cambridge, MA 1947 ([5]1982).

Immerhin muß man NORDEN zugute halten, daß er bei seiner diesbezüglichen Sicht einen Schritt getan hat, der ihn von manchen seiner Zeitgenossen unterscheidet. Er stellt daher ohne Zögern fest, daß die Zusam-
menarbeit zwischen Philologen und Theologen daran krankt, daß erstere
weithin einem «Pangräzismus» huldigen und daher ihre Arbeit bei den
Theologen diskreditieren.[57] Er nimmt, wie er formuliert, den «Standpunkt
im Osten».[58] Konsequent ist daher auch, daß NORDEN im Neuen Testament kein Hellenentum wiederfindet: eine andere Auffassung ist für ihn
«unhistorisch».[59] Ein einseitiger Blick auf Hellas verstellt jedenfalls für
ihn den Gesichtspunkt.[60] Schade nur, daß er diesen «Blick auf Hellas»
nicht reflektiert hat und sich schon durch E. ROHDE und andere ältere und
jüngere Philologen seiner Zeit, eben gerade auch der Schule um A. DIE-
TERICH (auch er ein Schüler USENERS!) von diesem Griechenbild befreit
hat; es bestimmte auch den konstruierten Gegenpart, den sehr undifferen-
ziert betrachteten «Orient».[61]
4. Der wohl wichtigste und wirkungsvollste Beitrag ist die stilgeschicht-
liche Forschung NORDENS. Er wurde damit zum Initiator der Form- oder
Gattungsgeschichte, wie sie auch die Religionsgeschichtliche Schule begann und so gegenüber der älteren beherrschenden literarkritischen Arbeitsweise (die noch bei NORDEN stellenweise nachwirkt) einen neuen
Ansatz, die sogenannte Traditionsgeschichte schuf. Bekanntlich ging es
NORDEN dabei um den Nachweis von stilistischen Formen, wie «Gebets-
und Prädikationsformeln» aus dem religiösen Bereich, die über Jahrhunderte Träger von bestimmten «Ideen» gewesen sind. Mit Hilfe dieser
stilistischen Analysen suchte NORDEN einen Zugang nicht nur zur vorliterarischen Tradition zu finden,[62] sondern auch Einblick in die hellenistische «Theokrasie» zu gewinnen. Stilanalyse war für ihn zugleich ein

---

57 Vgl. *ATh* 83 (mit Verweis auf REITZENSTEIN), 201, 279.
58 Ebd., 113 (mit Verweis auf E. KORNEMANN, *Geschichte der römischen Kaiserzeit* [in:
     Einleitung in die Altertumswissenschaft 3] Leipzig 1912).
59 Ebd., 83.
60 Ebd., 279.
61 Verwiesen sei hier auf die kritische Analyse solcher «Wesens»-Bestimmungen von J.
     WEILER, «Von ‹Wesen›, ‹Geist› und ‹Eigenart› der Völker der Alten Welt», in: F.
     HAMPL, J. WEILER (Hgg.), *Kritische und Vergleichende Studien zur alten Geschichte
     und Universalgeschichte*, Innsbruck 1974, 243–291.
62 Diese Fragestellung hatte in der Klassischen Philologie natürlich schon eine längere
     Tradition: in der Homerforschung seit F. A. WOLF, in der Suche nach volks- und
     vorliterarischen Überlieferungen im Drama und in der Lyrik, auch in der Dialogliteratur
     (vgl. R. HIRZEL, *Der Dialog*, 2 Bde., Leipzig 1895). Ich verdanke diese Anregung
     HUBERT CANCIK auf dem Symposium (vgl. seinen Beitrag).

heuristisches Mittel die Komponenten von Verbindungen verschiedener Kulturen beziehungsweise religiöser Traditionen zu entdecken. Formgeschichte diente der Religionsgeschichte, nicht nur der Stilgeschichte. Das bedeutete allerdings, daß trotz des Schwerpunktes auf der äußeren (literarischen) Form zugleich auch auf Inhalte gezielt wurde. Die oben geschilderte typologische Antithese von Hellas und Orient, die sich in der Symbiose der hellenistischen Theokrasie verband, war so nicht nur ein Ergebnis der Stilgeschichte, sondern diktierte meines Erachtens schon den Eingang. Die Gegenüberstellung von «dynamischer Prädikation» griechischer Hymnenformen gegenüber der «essentiellen Prädikation» der orientalischen Lobpreisungen, ist nicht nur ein reines Stilprinzip gewesen, denn NORDEN verbinden sofort damit inhaltliche Bestimmungen, wie «Abstraktionsvermögen», «Theorie», «Wille, Tat und Handeln» auf der einen, griechischen Seite, auf der anderen, orientalischen, «Konkretisierung», «lebendige Veranschaulichung», «Mystik», «Meditation».[63] REITZENSTEIN hatte das bereits deutlich empfunden als er davon sprach, daß NORDEN bei der Erklärung «zu schnell in die höchsten Regionen der Völkerpsychologie entschwebt».[64] Heute ist man demgegenüber kritischer und unterläßt derartige Folgerungen aus der Stilgeschichte.

Was NORDEN allerdings bewiesen haben dürfte, ist nicht nur das Vorhandensein bestimmter «Sakralsprachen» und dem von ihm entdeckten «soteriologischen Redetypus», sondern ihre unterschiedliche, in einzelnen literarischen Provinzen oder Kulturen dominante Form. Die typische, in orientalischen Belegen auftretende Prädikationsform mit substantivierten Partizipium plus Artikel, die die Anfänge aufgereihter Aussagen (Kolae) bestimmt, ist eine unübersehbare Eigenart dieses «Redetyps», der sich vom griechischen prädikativen Partizipialstil ohne Artikel unterscheidet.[65] Der bekannte Satzparallelismus («Parallelismus membrorum») ist schon immer als typische semitische Poesieform erkannt worden.[66] Heute ist das Material weitaus reichlicher (zum Beispiel die Mandaica und Manichaica), und dank der Weiterarbeit sind NORDENS Feststellungen erweitert beziehungsweise auch korrigiert worden.[67] Ihre Vor- und Frühgeschichte

63 Vgl. *ATh* 222.
64 Anläßlich der Rezension von *ATh* (Anm. 34), 152.
65 Vgl. *ATh* 201 ff.
66 Ebd., 355 ff.
67 Verwiesen sei z. B. auf E. SCHWEIZER, *Ego Eimi*, Göttingen 1939, ²1965; H. BECKER, *Die Reden des Johannesevangeliums und der Stil der gnostischen Offenbarungsrede*, Göttingen 1956; D. MÜLLER, *Ägypten und die griechischen Isis-Aretalogien*, Berlin 1961 (Abh. Sächsische Akademie der Wissenschaften Leipzig, Philol.-hist. Kl. 53,9).

bleibt noch wenig erforscht, aber die Hinweise von NORDEN auf die
orientalische Hymnenliteratur und die prophetischen Kreise deuten in die
richtige Richtung.[68]

5. NORDEN war in erster Linie Literaturhistoriker, kein Religionshistoriker. Dies erklärt das Ausbleiben mancher Seiten, die den Religionsge-
schichtler beschäftigen. Dazu gehört heute die über die Beschäftigung mit
«Ideen» und «Lehrgehalten» hinausgehende soziologische Fragestellung.
Die Religionsgeschichtliche Schule hatte hier mit ihrer Suche nach dem
«Sitz im Leben» gerade auch von Literaturformen bereits einen entscheidenden Schritt zur Soziologie getan. Bei NORDEN vermißt man der-
artiges. Bis auf die schnell nachweisbaren Namen griechischer Literaten
und Philosophen (besonders Platon, Poseidonios, Cicero, Seneca, Vergil
etc.) und den christlichen Missionaren (Paulus, Petrus) und literarischen
Schulen (besonders Johannes), fühlt man sich bei der Frage nach den
historischen Hintergründen der Traditionsbildungen und Formgeschichte
verlassen. NORDEN übernimmt BOUSSETS These von den persisch-ba-
bylonischen Magiern als Betreiber des hellenistischen Synkretismus und
Verkünder des «unbekannten Gottes»;[69] damit sei der Beginn der «Gnosis»
als Weltanschauung der Spätantike gegeben. Für das Johannesevangelium
wird eine «theosophisch-gnostisch-mystische Bewegung» vorausgesetzt.[70]
Der «soteriologische Redetyp» wurde von «verschiedenen Religionsgrup-
pen» angeeignet, mündlich und schriftlich propagiert.[71] Sonst überwiegt
aber die «Ideen-Synkrasie», wie gut in der «Geburt des Kindes» zu beobachten ist.[72] Die Idee des Heilandes ist kein «Völkergedanke» im Sinne

---

Gerade die letzte Arbeit setzt sich mit Norden auseinander (15 f.), indem sie nachweist,
daß der orientalisch-ägyptische Hintergrund der memphitischen Isisaretalogien nicht
allein aufgrund stilistischer Eigentümlichkeiten beweisbar ist, sondern der gesamte Aufbau der Hymnen eine Umformung griechischer Götterlobpreisungen darstellt. Vorbild
sei der Stil der griechisch-orientalischen Königsinschriften (161 f.). Ein altägyptisches
Vorbild dafür fehle (17, mit Verweis auf A. D. NOCK). Trotzdem liegt in den Isishym-
nen natürlich ein griechisch-ägyptisches Produkt vor (18, 91). Die Form ist im Wesentlichen griechisch, der Inhalt zehrt vielfach von der ägyptischen Überlieferung. So ist der
Text von Memphis «ein geistiges Produkt des ungebundenen kulturellen Austauschs der
Völker des Hellenismus» (18). – Materialien zur Geschichte der antiken Hymnologie
hat jetzt MICHAEL LATTKE in seinem großen Werk *Hymnus* (NTOA 19), Freiburg/
Göttingen 1991, vorgelegt. W. BURKERT, F. STOLZ, *Hymnen der Alten Welt im
Kulturvergleich*, Freiburg i. U./Göttingen 1994 (OBO 131).

68 Vgl. *ATh* 207 ff.
69 Ebd., 114.
70 Ebd., 194.
71 Ebd., 306 f.
72 *GK* 98 f. und 162 ff.

ADOLF BASTIANS, obwohl auch außerhalb der «Kulturen des Altertums» nachweisbar, aber die Formen, die er dort annahm, sind «gänzlich verschieden sowohl voneinander wie von der hier behandelten Form».[73] «Der Vorgang, den wir hier beobachten», heißt es weiter,

> ließe sich etwa bezeichnen als ein durch Verwittern sich vollziehender Umsetzungsprozeß einer religiösen Idee. Bei der Erforschung solcher Vorgänge erweist die Formelsprache dem Religionshistoriker einen ähnlichen Dienst wie bei der Erforschung der Erdgeschichte dem Geologen das Leitfossil. Die Idee selbst paßt sich, und zwar um so stärker, je produktiver sie ihrem Wesen nach ist, den verschiedenen Zeiten und Völkern, Kulturen und Religionen an. Aber durch alle ihre Abwandlungen hindurch erhält sich manches Formelgut wie ein Petrefakt. Die Formel ist geprägte Form, sie stellt die Dauer im Wechsel dar. Bei der Ideengeschichte sind wir, wenn wir unser Augenmerk nur auf den Gehalt richten, leicht der Gefahr unterworfen uns durch Konvergenz des Gleichartigen geschichtlichen Zusammenhang nur vorzutäuschen, also Genealogie zu treiben, wo es sich nur um Analogie handelt. Daher bin ich seit langem für eine Kontrolle der Ideengeschichte durch die Formengeschichte eingetreten. Die Wiederkehr gleicher oder unbedeutend abgewandelter und angepaßter Formeln pflegt wirkliche Kontinuität zu verbürgen, da bei ihnen – vorausgesetzt, daß sie eigenartige Prägung, wirklich individuellen Typus zeigen – die Wahrscheinlichkeit einer sich wiederholenden Urzeugung, «spontanen» Entstehens ganz gering ist, und auch dieses Minimum wird aufgehoben, wenn der einen Formel innerhalb desselben Ideenkreises eine zweite oder gar mehrere zur Seite treten.[74]

Diese Kontrolle der Ideen durch Formen ist meines Erachtens nur ein Notbehelf, um den historisch-gesellschaftlichen Prozeß zu verstehen, erklären kann man ihn damit nicht. Schon HANS JONAS hatte in seinem bahnbrechenden Gnosisbuch von 1934 («Gnosis und spätantiker Geist I») die «Alchemie der Ideen» der Religionsgeschichtlichen Schule (besonders

---

73 Ebd., 164.
74 Ebd., 165. Dieser starke Bezug auf die Formgeschichte in diesem Buch hat mit NORDENS Beziehung zu F. SAXL und dem WARBURG-Kreis zu tun. Vgl. die Nachweise aus dem Briefnachlaß des Londoner Warburg-Archivs bei CANCIK in seinem Beitrag (S. 60f. 65–67). Die *Geburt des Kindes* erschien bekanntlich als 3. Band der «Studien der Bibliothek Warburg. Hrsg. von Fritz Saxl». ABY WARBURG (1866–1929) war selbst ein Schüler H. USENERS in Bonn gewesen. Vgl. dazu ROLAND KANY, *Die religionsgeschichtliche Forschung an der Kulturwissenschaftlichen Bibliothek Warburg* (Gratia. Schriften zur Renaissanceforschung 19), Bamberg 1989; hier wird (49, Anm. 121) an die Unterschätzung der politischen Rolle der 4. Ekloge Vergils bei NORDEN erinnert, die heute keine Frage mehr ist. Anders steht es mit dem aktuellpolitischen Ambitionen der 30er Jahre im Buch NORDENS, die von J. TAUBES und R. FABER thematisiert wurden.

BOUSSETS) als unzureichend kritisiert und den realgeschichtlichen Grund in einem neuen revolutionären «Existenzverständnis» gesehen, das die Gnosis hervorbrachte;[75] eine nähere Bestimmung mangelt allerdings auch dieser Hypothese.[76] Im übrigen hat bereits MARX die reine Ideengeschichte als eine bloße «Gespenstergeschichte» betrachtet[77] und W. WREDE zu seiner Zeit fast gleichlautende Einsichten formuliert ohne viel Resonanz bei seinen zeitgenössischen Kollegen zu finden.[78] Sicherlich ist die Formgeschichte ein wichtiges Mittel der historischen Forschung, da sie die Macht und Konstanz von literarischen Formtraditionen unter Beweis stellt (das hat auch HANS JONAS gerade an NORDENS Buch gewürdigt[79]), aber die oft damit verbundene «Pseudomorphose», die nur einer inhaltlichen, kontextuellen Betrachtung und Analyse zugänglich ist, wird vergessen oder zumindest nicht sofort erkannt.

Die Spannung zwischen Form- und Inhaltsgeschichte, die wir in NORDENS Arbeiten immer wieder beobachten können, ist sicherlich verwurzelt in der von ihm kaum reflektierten Arbeitsweise. Denn er hat sich wenig zu methodischen Fragen geäußert, eine Eigenart seiner Generation, die vordringlich an den Sachen selbst interessiert war. Sprachbeherrschung und eine umfassende Kenntnis des Arbeitsgebietes war erste und ausreichende Forderung. Kontextbezogenheit auf der einen Seite, aber auch ein sicheres, oft intuitives Gespür für das «Echte» oder «Unechte» waren wesentliche Seiten der Arbeit. «Als eins der Haupterfordernisse der Kritik» sagt NORDEN an einer Stelle, «ist uns von unseren Lehrern überliefert worden, keine Stelle aus ihrem Zusammenhang zu lösen, sondern am liebsten das ganze Werk, und sei es auch nur um eines Satzes willen, durchzulesen, oder, wenn diese Idealforderung unausführbar sei, doch möglichst weit nach rückwärts und vorwärts zu blicken.»[80] Der für

---

75 *Gnosis und spätantiker Geist 1*, Göttingen 1934, ³1964, «Einleitung. Zur Geschichte und Methodologie der Forschung», bes. 20 ff., 34 ff., 61 ff.

76 Vgl. dazu meinen Aufsatz «Randerscheinungen des Judentums und das Problem der Entstehung des Gnostizismus», in: *Kairos 9* (1967), 105–122; abgedruckt in: RUDOLPH (Anm. 17), 768–797; meine *Gnosis*, Göttingen ³1990, 294–315.

77 Klassisch formuliert in der mit ENGELS verfaßten «Deutschen Ideologie» von 1845/46, die erst 1932 publiziert wurde. MARX/ENGELS, *Werke 3*, Berlin 1958, 28 ff., bes. 38 f.

78 WREDE 1897 (Anm. 30), 56: «Die üblichen biblisch-theologischen Erörterungen erwecken meist den Eindruck, als seien die urchristlichen Anschauungen rein durch die Macht des Gedankens erzeugt, als schwebe die Welt der Ideen ganz als eine Welt für sich über der äußeren Geschichte. Mit dieser Meinung werden wir brechen müssen: die urchristliche Gedankenwelt ist sehr stark durch die äußere Geschichte bedingt, das muß kräftig zur Geltung kommen.»

79 JONAS (Anm. 75), 216.

80 *KS* 243

NORDEN typische direkte Zugriff auf die Quellen und die folgende Argumentation mit literarkritischen, quellenkritischen und traditionsgeschichtlichen Überlegungen, die die klassischen Bereiche der älteren Philologie überschreitet, geht eben in vielen Beziehungen über die überkommene Methodik hinaus und ebnete den Weg für einen neuen Zugang zur klassisch-christlichen Literatur. Ähnlich wie bei der Religionsgeschichtlichen Schule wird der Ausgangspunkt oft bei den späteren Quellenbelegen genommen, um dann durch die Analyse sich nach den älteren Vorbildern vorzutasten:[81] Dies war zwar für die klassische Philologie nicht völlig neu, aber der Vorstoß zur Traditionsgeschichte literarischer oder vorliterarischer «Kleinformen» in den von NORDEN bearbeiteten Bereichen der hellenistisch-spätantiken Literatur bedeutete einen gewichtigen Erkenntnisfortschritt, der eine bis heute reichende Wirkungsgeschichte hat, zu der auch das unverlierbare Erbe der Religionsgeschichtlichen Schule gehört, ohne das NORDEN nicht voll verständlich wird.

81 Vgl. *ATh* 178.

Eduard Norden und die frühchristliche Literatur

von Hans Dieter Betz

1 Das grundsätzliche Problem

EDUARD NORDEN, Sohn jüdischer Eltern, als Jugendlicher protestantisch getauft, hat als klassischer Philologe und Humanist eine ungewöhnliche Anzahl profunder Beiträge zur neutestamentlichen Wissenschaft geleistet. Er tat dies als Philologe, nicht etwa als Theologe, oder gar, weil er sich als Christ zu solchen Studien gedrängt fühlte.[1] Gleichwohl ist die intensive Beschäftigung NORDENS mit dem Neuen Testament Anlaß genug, die Frage nach seiner inneren Motivation zu stellen. Es lassen sich mehrere Momente eruieren.

1) Schon in seiner frühen Zeitungsbeilage von 1893 über die damals neuentdeckte Petrusapokalypse[2] schickte NORDEN eine Rechtfertigung für seine Beschäftigung mit einem für einen klassischen Philologen so ausgefallenen Text voraus.[3] Diese Rechtfertigung greift auf den legendären Schritt FRIEDRICH AUGUST WOLFS zurück, der sich 1777 als achtzehnjähriger Student nicht wie üblich in die Göttinger Theologische Fakultät einschreiben wollte, sondern sich als studiosus der Philologie immatrikulieren ließ. Als Grund habe er angegeben, die Philologie sei eine selbständige Disziplin *neben* der Theologie und nicht ein Zweig derselben. NORDENS Schlußfolgerung, natürlich bei grundsätzlicher Zustimmung zu WOLFS Schritt und dessen Konsequenzen, ist nun aber nicht die Trennung und feindselige Gegenüberstellung von Theologie und Philologie, sondern ihre bleibende Zuordnung:

> Aber wenn sie nicht im Verhältnis von Mutter und Tochter stehen, so sind sie beide Schwestern einer und derselben Mutter, der Humanität, und in gemeinsamem Wirken streben sie danach, der Mutter den Zoll kindlicher Dankbarkeit abzutragen.[4]

---

1 Über die persönlichen Glaubensüberzeugungen NORDENS ist nur wenig bekannt. Siehe hierzu WALTHER ABEL, «Studium Berolinense 1924–1931, II: Eduard Norden (21. 9. 1868–13. 7. 1941)», *Gymnasium 91* (1984), 449–484, besonders 454f.

2 «Die Petrus-Apokalypse und ihre antiken Vorbilder», nachgedruckt in: *KS* 218–233.

3 Ebd., 218f.

4 Ebd., 219.

B. Kytzler / K. Rudolph / J. Rüpke, Hrsg.: Eduard Norden
(Palingenesia, Bd. 49). - © Franz Steiner Verlag Stuttgart 1994

Mehr noch: NORDEN kommt sogleich auf das Periodenbewußtsein zu sprechen:

> Christentum und Geistesbildung: welcher Vorurteilsfreie würde nicht in ihrer harmonischen Wechselwirkung die Fundamente unserer ganzen Kultur erblik-ken? Und darum gibt es auch für die ganze Kulturgeschichte keine bedeutungs-vollere Periode als diejenige, in welcher sich der Kampf der heidnischen Ideen mit den christlichen abspielt, die großartigste Tragödie, welche die Welt gese-hen hat, in der, wie es in der Natur der Dinge lag, das Heidentum unterlag, aber wie ein Held, den das Schicksal erhebt, wenn es ihn versenkt: denn es zwang selbst dem rücksichtslosen Sieger Achtung vor der einstigen Größe ab, und statt es zu vernichten, vereinigte es sich mit ihm zu gemeinsamem Wirken.[5]

Diese Worte kennzeichnen nicht nur NORDENS Einstellung, sondern die vieler anderer Humanisten am Ausgang des neunzehnten Jahrhunderts. Er fügt hinzu: «Auch das haben wir erst in den letzten Dezennien unseres Jahrhunderts gelernt, daß Theologie und Philologie sich gegenseitig be-dingen.»[6] Man kann demnach davon ausgehen, daß an den Fakultäten, an denen NORDEN wirkte, in Greifswald, Bonn und Berlin, in diesem Sinne gearbeitet wurde. Im Blick auf Bonn braucht nur auf HERMANN USENER und seinen Kreis verwiesen zu werden; in Berlin waren es WILAMO-WITZ-MOELLENDORFF und HARNACK, die den Ton angaben.[7]

Der knappe Artikel über die Petrusapokalypse nennt denn auch ohne Umschweife das Interesse des klassischen Philologen an der urchristli-chen Literatur. Es geht um die Einflüsse des orientalischen Synkretismus auf die Literatur der Griechen und Römer. Norden wurde auf die neu-gefundene Petrusapokalypse aufmerksam, weil er sich zu dieser Zeit schon mit Vergils «Aeneis» beschäftigte, dessen große Nekyia in Buch VI eine Untersuchung ihrer Quellen notwendig machte.[8] Da kam die Ent-deckung der Petrusapokalypse gerade zur rechten Zeit.[9] Gleichgültig wie

5   Ebd.
6   Ebd., 218.
7   Siehe auch *AK* 479 f. Zitiert wird hier die 4. Aufl., die alle Nachträge enthält. Vgl. auch WILLIAM CALDER III, HELLMUTH FLASHAR, THEODOR LINDKEN (Hgg.), *Wilamo-witz nach 50 Jahren*, Darmstadt: Wissenschaftliche Buchgesellschaft, 1985, 392–394.
8   Diese Untersuchungen waren schon im Druck und erschienen noch im gleichen Jahr: «Vergilstudien, I. Die Nekyia, ihre Composition und Quellen», *Hermes* 28 (1893), 360–406; sowie «III. Zur Aeneis VI 621–624», ebd., 514–521.
9   Die Ausgabe von ALBRECHT DIETERICH, *Nekyia. Beiträge zur Erklärung der neuent-deckten Petrusapokalypse*, Leipzig: Teubner, 1893, erschien im gleichen Jahr 1893 (siehe 151 f., Anm. 2). Da DIETERICH sich kritisch gegen einige der Thesen NORDENS aussprach, von denen er noch Kenntnis erhielt, ließ NORDEN eine Replik folgen: «Zur Nekyia Vergils», *Hermes* 29 (1894), 313–316; außerdem besprach er DIETERICHS

man sie einordnen würde, auch diese Petrusapokalypse ist eine «Produktion des klassischen Altertums».[10] Sie bewirkte, daß NORDENS Aufmerksamkeit sich fortan auf die Religionsgeschichte richtete, ein Gebiet, auf dem er, wie wir noch sehen werden, Wichtiges geleistet hat.

2) Betreffen die eben genannten Sachverhalte die Seite der klassischen Philologie, so besteht immerhin die Möglichkeit, daß in seiner Beschäftigung mit dem Neuen Testament auch NORDENS jüdisches Erbe nachwirkte. NORDEN war ja nicht der erste und einzige klassische Philologe, der aus dem Judentum hervorging und der sich auch mit dem Neuen Testament befaßte. In Bonn insbesondere hatte vor ihm der bedeutende Philologe JACOB BERNAYS (1824–1881) gewirkt, der als orthodoxer Jude und klassischer Philologe zugleich als hervorragender Kenner des Neuen Testaments galt.[11] Diese seine Kenntnisse werden schon bei seiner Anstellung am Jüdisch-theologischen Seminar in Breslau im Jahre 1854 lobend erwähnt: «Mit dieser genauen Kenntnis der religiösen Urkunden und der älteren Literatur des jüdischen Volkes verband er aber eine lebendig vergegenwärtigende und in die Tiefe dringende Anschauung des klassischen Altertums, eine damals nicht gewöhnliche Vertrautheit mit dem Neuen Testament und den Vätern der christlichen Kirche ...»[12] Diese sachliche Grundeinstellung[13] gegenüber dem Neuen Testament scheint damals unter den klassischen Philologen jüdischer Herkunft weiter verbreitet gewesen zu sein, und so dürfte es weniger erstaunlich sein, wenn wir sie auch bei NORDEN wiederfinden.

Unsere Vermutungen lassen sich noch von einer anderen Seite her stützen. In Berlin wirkte seit 1912 der gelehrte Rabbiner LEO BAECK,[14] der

Buch – im ganzen sehr positiv – in den *Göttingischen Gelehrten Anzeigen 1894*, 249–255.

10 *KS* 218.

11 Siehe hierzu HANS I. BACH, *Jacob Bernays. Ein Beitrag zur Emanzipationsgeschichte der Juden und zur Geschichte des deutschen Geistes im neunzehnten Jahrhundert* (Schriftenreihe wissenschaftlicher Abhandlungen des Leo Baeck Instituts 30), Tübingen: J.C.B. Mohr [Paul Siebeck], 1974.

12 MARCUS BRAUN, *Geschichte des Jüdisch-Theologischen Seminars in Breslau*, Festschrift zum Fünfzigjährigen Jubiläum der Anstalt, Breslau: Schatzky, 1904, 55.

13 Das Ideal, dem auch BERNAYS huldigte, war, «die Bibel mit der griechisch-römischen Bildung zu vereinen». Siehe BACH (Anm. 11), 161.

14 Siehe dazu HANS LIEBESCHÜTZ, *Von Georg Simmel zu Franz Rosenzweig. Studien zum jüdischen Denken im deutschen Kulturbereich* (Schriftenreihe wissenschaftlicher Abhandlungen des Leo Baeck Instituts 23), Tübingen: J.C.B. Mohr [Paul Siebeck], 1970, 84–102, sowie HANS LIEBESCHÜTZ' Einführung in BAECKS Aufsatzsammlung, *Aus drei Jahrtausenden. Wissenschaftliche Untersuchungen und Abhandlungen zur Geschichte des jüdischen Glaubens*, Tübingen: J.C.B. Mohr [Paul Siebeck], 1958, 1–8.

auch aus der Breslauer Schule hervorgegangen war. Baeck teilte die allgemeine Richtung seiner Schule,[15] sah sich aber vor allem durch die programmatische Schrift von ADOLF VON HARNACK, «Das Wesen des Christentums»,[16] in dem das Judentum, vor allem im Anschluß an MOMMSEN und WELLHAUSEN,[17] eine sehr negative Darstellung erfuhr, in eine Verteidigungsstellung gedrängt.[18] BAECKS Position[19] war dadurch gekennzeichnet, daß er einerseits mit großem Mut und erstaunlicher Treue die wissenschaftlichen Ansätze der Breslauer Schule durchhielt, zumal er andererseits dem steigenden Druck des Antisemitismus standzuhalten hatte. Diese Sachlage traf ihn nicht nur als Wissenschaftler, sondern auch in seiner Eigenschaft als Oberrabbiner von Berlin, ein Amt, das er von 1924 bis 1942 bekleidete. So stand er fest auf dem Boden der Religionsgeschichtlichen Schule[20] und widmete sich unter anderem der Erforschung des Hellenismus.[21] Sein sachliches Interesse am Neuen Testament bekundete er auch noch im Jahre 1938, als er sein wichtiges Buch «Das Evangelium als Urkunde der jüdischen Glaubensgeschichte» erscheinen ließ.[22] Jedoch war sein Buch «Das Wesen des Judentums», das zuerst 1907

15 Die Breslauer Schule, insbesondere in der Gestalt des gelehrten MANUEL JOEL (1826–1890), stand von Anfang an auf dem Boden, aus dem die Religionsgeschichtliche Schule hervorging. Siehe besonders JOELS *Blicke in die Religionsgeschichte zu Anfang des zweiten christlichen Jahrhunderts mit Berücksichtigung der angrenzenden Zeiten*, 2 Bde., Breslau: Schottlaender, 1880, 1883. Es sei nicht vergessen, daß sein Neffe, KARL JOEL (1864–1934), der bekannte Philosoph und Philosophiehistoriker war; siehe dessen «Erinnerungen an Manuel Joel», *Monatsschrift für Geschichte und Wissenschaft des Judentums 70* (1926), 315–320.

16 1. Aufl., Leipzig: Hinrichs, 1900.

17 Siehe HANS LIEBESCHÜTZ, *Das Judentum im deutschen Geschichtsbild von Hegel bis Max Weber* (Schriftenreihe wissenschaftlicher Abhandlungen des Leo Baeck Instituts 17), Tübingen: J. C .B. Mohr [Paul Siebeck], 1967; ders. (Anm. 14), passim.

18 Siehe LEO BAECK, «Harnacks Vorlesungen über das Wesen des Christenthums,' *Monatsschrift für Geschichte und Wissenschaft des Judentums 45* (1901), 97–120. Wesentlich schärfer reagierten FELIX PERLES, *Was lehrt uns Harnack?* Frankfurt a.M.: Kaufmann, 1902; JOSEF ESCHELBACHER, *Das Judentum und das Wesen des Christentums. Vergleichende Studien*, Berlin: Poppelauer, 1905, 1908.

19 Siehe dazu REINHOLD MAYER, *Christentum und Judentum in der Schau Leo Baecks* (Studia Delitzschiana 6), Stuttgart: Kohlhammer, 1961.

20 So richtig LIEBESCHÜTZ 1958 (Anm. 14), 3f.

21 Das wird bereits aus seiner Berliner Antrittsrede deutlich (1912), die den Titel trägt: «Griechische und jüdische Predigt.» Der Vortrag ist abgedruckt in: BAECK (Anm. 14), 142–156; er ist durchaus als Parallele zu NORDENS *ATh* zu nehmen (so auch LIEBESCHÜTZ 1958 [Anm. 4], 4).

22 Berlin: Schocken, 1938, nachgedruckt in: *Aus drei Jahrtausenden. Wissenschaftliche Untersuchungen und Abhandlungen zur Geschichte des jüdischen Glaubens*, Berlin:

erschien,[23] ganz der Auseinandersetzung mit HARNACK[24] gewidmet, ohne daß er dabei den Weg einer offenen Polemik einschlug. Wichtig ist hier vor allem, daß er, mit Zustimmung zu HARNACK, einen tiefen Bruch zwischen Jesus und Paulus annimmt.[25] Die Lehre Jesu akzeptiert er als jüdisch, Paulus aber ordnet er der christlichen Theologie zu.[26]

Die Frage ist, ob die Gestalt und Wirkung von LEO BAECK in Berlin für NORDEN irgendeine Bedeutung gehabt hat. Beide wirkten ja in derselben Stadt Berlin im Milieu der Universitätsgelehrten über einen langen Zeitraum hinweg; beide waren die unmittelbaren Zeugen von «Glanz und Niedergang» des dortigen akademischen Lebens.[27] Als klassischer Philologe und Humanist stand NORDEN natürlich auf Seiten WILAMOWITZ-MOELLENDORFFS und HARNACKS.[28] Er hatte keinen Anlaß, sich an Auseinandersetzungen über das Verhältnis von Christentum und Judentum zu beteiligen. Eindeutige Stellung bezog er, wenn es um die Belange der humanistischen Bildungsideale ging.[29] Ohne Zweifel aber war er Zeuge des tragischen Untergangs der Wissenschaft vom Judentum, der sich ja vor seinen Augen abspielte und von dem er bis zuletzt zu hoffen schien, daß er ihn nichts anging. Wenn er sich zum Schluß in die Isolation und das Schweigen flüchtete, erinnert dies deutlich an JACOB BERNAYS,[30] der manches von dem ahnte, was NORDEN dann aus dem Lande vertrieb.[31]

Schocken, 1938, 236–312; die Arbeit wurde leider aus dem Nachdruck von 1958 ausgelassen (siehe oben, Anm. 14), aber eine amerikanische Übersetzung erschien in LEO BAECK, *Judaism and Christianity*. Translated with an introduction by WALTER KAUFMANN, New York: Harper & Row, 1966.

23 Frankfurt a. M.: Kaufmann, 1907. Eine revidierte Ausgabe erschien 1922, die dann in der Folgezeit mehrmals nachgedruckt wurde.

24 Siehe hierzu MAYER (Anm. 19), Kap. I; ferner HEINZ M. GRAUPE, *Die Entstehung des modernen Judentums. Geistesgeschichte der deutschen Juden 1650–1942* (Hamburger Beiträge zur Geschichte der deutschen Juden 1), Hamburg: Buske 1977, besonders 307 ff.

25 Vgl. MAYER (Anm. 19), 50–63; LIEBESCHÜTZ 1970 (Anm. 14), 84–102.

26 LIEBESCHÜTZ 1958 (Anm. 14), 4.

27 Zum Titel (und nicht nur zum Titel!) vgl. KURT ALAND, *Glanz und Niedergang der deutschen Universität: 50 Jahre deutscher Wissenschaftsgeschichte in Briefen an und von Hans Lietzmann (1892–1942)*, Berlin: de Gruyter, 1979.

28 NORDENS Verhältnis zur Berliner theologischen Fakultät kommt in deren Verleihung des Ehrendoktors an ihn und seiner dankbaren Widmung in *GK* zum Ausdruck; siehe unten, Anm. 49.

29 Vgl. die einschlägigen Veröffentlichungen in den *KS*, vor allem 583–607: «Die Bildungswerte der lateinischen Literatur und Sprache auf dem humanistischen Gymnasium» (1920), sowie 608–615: «Universität und Schule.» Als Krönung dieses Engagements muß die von ihm selber errichtete «Eduard-Norden-Stiftung für Studierende der klassischen Altertumswissenschaft an der Berliner Universität» genannt werden. Siehe *KS* 680 f.

30 Vgl. BACH (Anm. 11), 195–198, 200–202.

2 Abgrenzungsprobleme

Der frühe Aufsatz über die Petrusapokalypse wirft bereits ein Problem auf, das Norden in weiteren Untersuchungen weitergeführt hat. War diese neugefundene Apokalypse als Bestandteil der griechischen Literatur und Religion anzusehen, oder war sie dem Judentum zuzuweisen? Da die Petrusapokalypse zweifellos ein christlich-apokalyptischer Text ist, stellte sich mit ihr die grundsätzliche Frage, ob die urchristliche Literatur, vorab das Neue Testament in die griechische Literatur einzugliedern oder aus ihr fernzuhalten sei.[32] An dieser Frage hing dann auch die Aufteilung der wissenschaftliche Disziplinen, die noch weiter dadurch kompliziert gemacht wurde, daß inzwischen ein neues Fach Ansprüche anmeldete, die sogenannte «allgemeine Religionsgeschichte». Das Ergebnis war, um dies vorauszunehmen, daß die urchristliche von der griechischen Literatur abgetrennt und zu einem neuen Bereich der christlichen Literatur zugehörig erklärt wurde.[33] Die hellenistisch-jüdische Literatur, die mit einem Teil der neutestamentlichen Schriften eng zusammenhängt, wurde dagegen, ungeachtet ihres großen Umfanges, zu einem bloßen Anhang der sogenannten «alttestamentlich-jüdischen» Literatur. Daraus ergab sich dann die seither übliche Kennzeichnung der Periode als «Spätjudentum».[34] Diese Arbeitsteilung vereinigte sich ohne Schwierigkeit mit den damals festgelegten Universitätsdisziplinen, die ja bis heute gelten. Die christliche Literatur, beginnend mit dem Neuen Testament, wurde Sache der theologischen Fakultät, während die nichtchristliche Literatur der Griechen und Römer Aufgabenbereich der klassischen Altertumswissenschaft war.[35]

31 Siehe ECKART MENSCHING, *Nugae zur Philologie-Geschichte 1: Über Eduard Norden, Walther Kranz und andere*, Berlin: [Selbstverlag], 1987, besonders 44–46.

32 Vgl. meinen Beitrag «Neues Testament und griechisch-hellenistische Überlieferung», in: HANS DIETER BETZ, *Hellenismus und Urchristentum. Gesammelte Aufsätze 1*, Tübingen: J.C.B. Mohr [Paul Siebeck], 1990, 262–269.

33 So in dem von ALFRED GERCKE und EDUARD NORDEN herausgegebenen Standardwerk *Einleitung in die Altertumswissenschaft 1*, Leipzig & Berlin: Teubner, 1909, ^{2}1912, ^{3}1927. In Abschnitt 5 behandeln PAUL WENDLAND und HANS LIETZMANN die «Christliche Literatur», die analog der klassischen in griechische und römische unterteilt wurde. Vgl. auch ALAND (Anm. 27), 58.

34 Diese Beurteilung entspricht der Sicht von JULIUS WELLHAUSEN, dessen Auffassungen sich durchsetzten.

35 Siehe hierzu die programmatische Antrittsrede ADOLF HARNACKS, *Die Aufgabe der theologischen Fakultäten und die allgemeine Religionsgeschichte. Rede zur Gedächtnisfeier des Stifters der Berliner Universität König Friedrich Wilhelm III in der Aula derselben am 3. August 1901*, Berlin: Schade, 1901. Die Kontroverse heftete sich auch

Neben allem, was sich zugunsten dieser Arbeitsteilung vorbringen läßt, sollen die negativen Folgen nicht verschwiegen werden. Eine dieser Folgen war die zunehmende Isolierung der neutestamentlichen Forschung, die noch gefördert wurde durch die zunehmende Anlehnung an die sog. Dialektische Theologie und ihre Nachfahren nach dem Zweiten Weltkrieg. Die antike jüdische Literatur wurde überhaupt heimatlos. Da es keine ausgebildeten Fakultäten der «Wissenschaft des Judentums» gab und die Rabbiner-Seminare andere Aufgaben wahrzunehmen hatten, wurde die hellenistisch-jüdische Literatur zu einer Art «herrenlosen Gutes»,[36] das je nach Neigung und Interesse einzelnen Forschern aus anderen Fachgebieten, vor allem solchen des Neuen Testaments, zur Betreuung überlassen wurde. Die hier vorliegenden Spannungen ergaben sich aus dem Gegensatz von Kanonisierung der heiligen Schriften auf Seiten von Christentum und Judentum und den Forderungen der historischen Forschung nach Bearbeitung existierender literarischer und religionsgeschichtlicher Texte ohne Rücksicht auf deren kanonische Autorität. Diese Problematik lag, wie gesagt, schon in NORDENS frühem Aufsatz über die Petrusapokalypse offen zu Tage.

NORDEN stimmte zunächst dem Urteil HARNACKS zu,[37] daß die Unterweltsgemälde der Petrusapokalypse nicht, wie von den Theologen behauptet, aus dem Judentum abgeleitet werden können, sondern daß sie aus dem griechischen Erbe, das heißt aus dem orphisch-pythagoreischen Traditionsstrom zu erklären seien, der seit alters her auf die griechische und lateinische Katabasisliteratur eingewirkt hat.[38]

In seinem Aufsatz über die Petrusapokalypse hatte NORDEN bereits einen knappen Überblick über diese Katabasisliteratur von Homer bis zu

später noch an die Frage «Was ist das Wesen des Christentums?»; siehe KARL HOLL, «Urchristentum und Religionsgeschichte» [1924], in: *Gesammelte Aufsätze 2*, Tübingen: J.C.B. Mohr [Paul Siebeck], 1928, 1–32.

36 Die Verlegenheit ist offensichtlich, wenn in GERCKE, NORDEN (Anm. 33), 161–166, die jüdisch-hellenistische Literatur als Anhang der «Griechischen Literatur» von ERICH BETHE und MAX POHLENZ, die gerade keine Spezialisten dafür waren, abgehandelt wurde.

37 ADOLF HARNACK in der Erstveröffentlichung von «Bruchstücke des Evangeliums und der Apokalypse des Petrus», *Sitzungsberichte der Königlich-Preußischen Akademie der Wissenschaften zu Berlin 1892*, 954: «Der Ursprung dieser Phantasien ist nicht jüdisch, sondern griechisch-orphisch; jüdisch, bez. christlich ist der strenge sittliche Sinn, der in sie hineingetragen wird.»

38 Siehe NORDENS Besprechung des Buches von ALBRECHT DIETERICH, *Nekyia* (Anm. 9); ähnlich HEINRICH LEWY in einer Besprechung des gleichen Buches in *Berliner Philologische Wochenschrift 14* (1894), 946–950. Natürlich ist auch DIETERICH selbst dieser Meinung.

Vergils «Aeneis», Buch VI, an dessen Kommentierung er damals schon arbeitete, gegeben. Er leitete daraus die These ab, «daß die Unterwelts- beschreibung Virgils als Ganzes aus orphischen Quellen genommen ist».[39] Man würde nun als Schlußfolgerung erwarten, daß NORDEN eine direkte Linie von der griechischen zur christlichen Apokalyptik ziehen werde, aber statt dessen spricht er von einem nicht gering zu achtenden «Einfluß der orientalischen Religionen auf die Ausbildung des Christentums».[40] Ungeachtet der eben noch als phantasievoll geschilderten griechischen Katabasistradition lesen wir nun: «Die glutvolle überschwängliche Phan- tasie des Orientalen ist dem Griechen fremd. Wir werden uns daher nicht wundern, in den Vorstellungen und Schriften der ersten Christen oftmals hellenische Gedanken zu finden, verquickt mit orientalischen Phanta- stereien. Es wird sich zeigen, daß dies der Fall ist auch in der Apokalypse des Petrus.»[41] Wenn im folgenden dann von Aberglaube, Mystizismus, Synkretismus und Mission aus dem Osten die Rede ist, so wird deutlich, daß NORDEN ganz unter dem Eindruck des damals verbreiteten Orienta- lismus-Mythos stand.

Was ist nun als Ergebnis festzuhalten? Die Forschungen NORDENS endeten in einer Aporie, von der gesagt werden muß, daß sie bis heute nicht überwunden ist. So wenig der großartige Überblick über die griechi- sche und lateinische Apokalyptik in seinem Kommentar zu Vergils «Aene- is», Buch VI, auch heute zu entbehren ist, ganz gleich was man zu Ein- zelheiten vorzubringen hat,[42] so ist doch die schlechthinnige Trennung von der jüdischen und christlichen Apokalyptik, wie NORDEN sie für richtig hielt, ganz und gar nicht überzeugend.[43]

Die heutige Apokalyptikforschung hat gezeigt, daß der Strom der Überlieferung sehr viel weiter verzweigt ist, als NORDEN zu seiner Zeit anzunehmen bereit war.[44] Sein bleibender Beitrag[45] ist in diesem Punkte einmal der große Überblick über die griechische und lateinische apoka- lyptische Tradition von Homer und Orphik bis zum Mittelalter, der allzu oft von einer nur auf das Judentum blickenden neutestamentlichen For-

---

39 KS 226. Zur vollen Ausarbeitung dieser These siehe VA 3–48: «Die Eschatologie des sechsten Buches und ihre Quellen.»
40 KS 227.
41 Ebd.
42 Siehe oben, Anm. 39.
43 VA 6.
44 Siehe über den neuen Forschungsstand DAVID HELLHOLM (Hg.), Apocalypticism in the Mediterranean World and the Near East, Tübingen: J. C. B. Mohr [Paul Siebeck], 1989.
45 Siehe auch RICHARD GANSCHINIETZ, «Katabasis», Realencyclopädie 10,2 (1910), 2359–2449; ERNST WÜST, «Unterwelt», RE 7A,2 (1961), 672–683.

schung übersehen wird. Zum anderen sah NORDEN, auch wenn er es zu schnell abwies, das noch heute virulente Problem: Wie verhalten sich die christliche, die jüdische und die griechisch-römische Apokalyptik zueinander?

3 Motivforschung und Ideengeschichte

Probleme der Abgrenzung blieben für NORDEN auch weiterhin bestimmend, aber sie mündeten in weitergreifende Untersuchungen ein, deren nächstwichtige sich mit der Weihnachtsgeschichte befaßten. Diese Untersuchungen nahmen ihren Ausgang von NORDENS Arbeiten zur vierten Ekloge Vergils[46] einerseits und von Arbeiten zum gleichen Thema aus der Feder seines Lehrers HERMANN USENER[47] und des Berliner Kollegen KARL HOLL[48] andererseits. Eine Zusammenfassung seiner Studien erfolgte in NORDENS «Die Geburt des Kindes», veröffentlicht 1924.[49] Die Arbeit ist religionsgeschichtlich angelegt und stellt auch heute noch ein Standardwerk der vergleichenden Religions- und Literaturwissenschaft dar, eine Tatsache, die auch durch den Nachdruck des Buches durch die Wissenschaftliche Buchgesellschaft angezeigt ist.[50] Was haben ein ägyptisches Theologumenon, die Evangelien und die lateinische Literatur miteinander gemein? Dies war die Ausgangsfrage.[51]

---

46 Siehe auch «Die Geburt des Kindes. Eine geschichtliche Weihnachtsbetrachtung», *Wiener Blätter für die Freunde der Antike 6* (1929), 86–92; vorher schon in *Velhagen & Klasings Monatshefte 43* (1928/29), 422–426; nachgedruckt in *KS* 449–457.

47 «Geburt und Kindheit Christi», in dessen *Vorträge und Aufsätze*, Leipzig: Teubner, 1907, 159–187; zuerst erschienen in *Zeitschrift für Neutestamentliche Wissenschaft 4* (1903), 1–21.

48 «Der Ursprung des Epiphanienfestes», in: *Gesammelte Aufsätze 2*, 123–154; zuerst erschienen in den *Sitzungsberichten der Preußischen Akademie der Wissenschaften zu Berlin 1917*, 402–438.

49 *GK* Die Widmung ist ein Dank an die Evangelisch-theologische Fakultät in Bonn für die am 3. August 1919 verliehene Ehrendoktorwürde.

50 Darmstadt: Wissenschaftliche Buchgesellschaft, 1958. Vgl. RICHARD REITZENSTEIN in seiner Besprechung, *Litteris 1* (1924), 153–165, am Schluß: «Religionsgeschichte ist jetzt modern, wenn auch vielleicht noch nicht in Deutschland. Was wir für sie am dringendsten brauchen, wären mehr derartige Werke, die von einem festen Text aus historisch bekannter Zeit ausgehend und seinen Ideengehalt nach allen Seiten verfolgend rückwärts drängen in uns weniger bekannte Zeiten. Als Vorbild für solche Arbeit und als Muster der Methode möchte ich Nordens Buch hier begrüßen.»

51 *GK* 4.

NORDEN verfolgt den Weg dieses «Motivs von der Geburt des göttli-
chen Kindes» vom Alten Ägypten durch «eine graeco-aegyptische Gnosis
(Theosophie)»[52] bis zu den Kindheitserzählungen der Evangelien und zu
Vergil. Die Geschichte dieses Motivs stellt sich ihm dar «als ein durch
Verwittern sich vollziehender Umsetzungsprozeß einer religiösen Idee.»[53]
Religionsgeschichte ist demnach religiöse Ideengeschichte, die sich an den
fortlaufenden Wandlungen von Motiven ablesen läßt. In all diesen Um-
gestaltungen und Wandlungen spielt als Kontrollfaktor die Formelsprache
eine entscheidende Rolle: «Bei der Erforschung solcher Vorgänge erweist
die Formelsprache dem Religionshistoriker einen ähnlichen Dienst wie
bei der Erforschung der Erdgeschichte dem Geologen das Leitfossil.»[54]
Die Formelsprache ihrerseits weist auf den Kult und die Feste als Orte der
Tradition: «Durch das Datum eines Festes ist die Kirche ... mit dem
Aegypten des J. 2000 v. Chr. gradlinig verbunden.»[55]
    Mit diesem Ergebnis sind die Grundgedanken und die Methode
NORDENS umrissen. Für ihn hat sich auch hier wieder bestätigt:

> «Hellenisches» sei dem Evangelium wesensfremd: diese von mir in einer
> früheren religionsgeschichtlichen Arbeit so formulierte Ansicht bestätigt sich
> mir bei jeder neuen Untersuchung. Aber auch mit dem Gebrauch des Ausdrucks
> «hellenistisch» kann man in dieser Hinsicht nicht behutsam genug sein: in dem
> Komplexbegriff tritt das griechische Merkmal reichlich stark hervor und ge-
> fährdet das andere, das orientalische, in seiner primären Bedeutung. Wenn wir
> jedoch, den Begriff auseinanderlegend, von Einflüssen graeco-aegyptischer
> Mystik auf das Evangelium reden, so urteilen wir, die Stichhaltigkeit obiger
> Beweisführung vorausgesetzt, richtig.[56]

Es ist demnach der Latinist, der sich religionsgeschichtlich mit dem Neuen
Testament beschäftigt; die Literatur und Religion des klassischen
Griechentums hat damit nichts zu tun. Orientalismus und Romanismus

---

52 Ebd., 167.
53 Ebd., 165.
54 Ebd.
55 Ebd., 168.
56 Ebd., 82. Es sei bemerkt, daß NORDEN wegen seines Begriffs von Hellenismus Kritik
    erfuhr. FRANZ BOLL, *Deutsche Literatur-Zeitung 45* (1924), 768–782, bemängelte
    NORDENS Unterbewertung griechischer Züge; RICHARD REITZENSTEIN (Anm. 50)
    kritisiert NORDENS Substituierung von «graeco-aegyptisch» für «hellenistisch»: Es
    gehe nicht mehr an, wie NORDEN «das Hellenentum (bis Alexander) als ganz aus sich
    selbst erwachsene, einheitliche Größe zu betrachten» (160). RUDOLF BULTMANN,
    Theologische Literaturzeitung 49 (1924), 319–323, bezweifelt den Einfluß philonischer
    Mystik auf *Lk* 1,35 und die von NORDEN postulierte Herkunft des Jungfrauenmotivs
    aus dem Griechentum (322 f.).

gehen die Synthese ein, die dann im Mittelalter den Vergil zum *profeta Domini* erhebt.[57]

4 Agnostos Theos und der Streit über die Areopagrede des Paulus

Das Hauptwerk NORDENS, betitelt «Agnostos Theos. Untersuchungen zur Formengeschichte religiöser Rede», zuerst erschienen 1913,[58] nahm seinen Ausgang in der Berliner Graeca des Wintersemesters 1910/11, als man dort gemeinsam die Apostelgeschichte las und diskutierte:

> ... eine besonders lebhafte Debatte knüpfte sich, wie zu erwarten, an die Deutung des 17. Kapitels, da wir Philologen entschlossen waren, bei einer in Athen spielenden Szene uns nicht, wie sonst bei der Lektüre dieser Schrift, unseren theologischen «Mitgriechen» zu unterwerfen. In dem Chaos der Meinungen formulierte Diels das philologische und religionsgeschichtliche Problem schärfer, als es in den vorliegenden Kommentaren und Abhandlungen geschehen war, und schloß etwa mit den Worten: was dieser ἄγνωστος θεός bedeute, sei ἄγνωστον, also ζητητέον.»[59]

Warum war es gerade NORDEN, der sich dieser Herausforderung stellte? NORDEN versichert zwar, «dieses Buch verdankt seine Entstehung einem zufälligen Zusammentreffen zweier [sc. der oben genannten] Umstände», stelle ein beträchtliches Risiko dar und habe ihn auf ein Forschungsgebiet gelockt, auf dem er sich «schwerlich wieder betätigen» werde.[60] Mit dem letzten Zitat sollte er Unrecht behalten, wie sich aus späteren Arbeiten erweist. Die in «Agnostos Theos» vereinigten Untersuchungen betreffen zwei Hauptinteressen, beide in Titel und Untertitel angezeigt, wobei dem Untertitel der größere Umfang zufällt. Stil- und formgeschichtliche Studien füllen den weitaus größeren Teil des Buches, jedoch zeigt der Titel «Agnostos Theos» die Hauptthese an.

Um welche These geht es? Wenn, wie die Mitglieder der Berliner Graeca wohl überwiegend meinten, das Neue Testament dem hellenistisch-orientalischen Synkretismus zuzuweisen, das heißt von der hellenistisch-griechischen Literatur abzutrennen sei, so müßte sich diese Zuordnung gerade an dem neutestamentlichen Text bewahrheiten lassen, der

---

57 *GK* 170f.
58 Zitiert wird die 2. Aufl. mit den Nachträgen (Leipzig: Teubner, 1923). Vgl. die wichtige Besprechung von WILHELM BOUSSET, *Theologische Literaturzeitung 38* (1913), 193–198.
59 Vorwort, V.
60 Ebd., VI.

dem Griechentum am nächsten zu stehen scheint: der Rede des Apostels
Paulus auf dem Areopag von Athen (*Apg* 17). In dieser Rede versucht
Paulus ja, durch weitgehende Annäherung an die Gedanken der griechischen Religionsphilosophie sein Evangelium den versammelten Philosophen von Athen einsichtig und annehmbar zu machen. Als Kernvorstel-
lung griechischer Gotteslehre wird die Altaraufschrift Ἀγνώστῳ θεῷ
genannt, um sodann vom Evangelium her diesen «unbekannten Gott» als
den nahen und bekannten, das heißt geoffenbarten, zu erweisen.

Gab es einen solchen Altar des «unbekannten Gottes» auf dem Athener
Stadtgebiet? Stellt die besagte Inschrift den Kernbestand griechischer Got-
tesauffassung zutreffend dar? Trifft die Rede des Apostels mit dem Ziel
griechischen Denkens zusammen? Wenn dies der Fall sein sollte, müßte
dann das Neue Testament nicht doch näher an die griechische Überlieferung herangerückt werden?

Oder handelt es sich bei der Inschrift um eine literarische Erfindung des
lukanischen Paulus, um ein Wunschbild des christlichen Verfassers der
Apostelgeschichte, das den Athenern untergeschoben wurde, um ihm dann
die Offenbarung des Evangeliums gegenüberstellen zu können? – Eine
Antwort war nur zu erheben aus (1) einer sorgfältigen literarischen Analyse der Areopagrede und (2) den konkreten archäologischen Daten hinsichtlich der Altarinschrift, die ja bekanntlich bis zum heutigen Tage nicht
aufgefunden worden ist.[61]

Welches war NORDENS Hauptthese? Es sei, meinte NORDEN, alles
andere als ein Zufall, wenn eine Altaraufschrift mit dem singularischen
Ἀγνώστῳ θεῷ sich nicht gefunden hat.

> Die Existenz einer Prädikation Gottes als ἄγνωστος ist in Urkunden, die ein-
> wandfrei reinhellenisch sind, nicht nachweisbar ... Aber sie hat auch gar nicht
> existieren können, denn sie wäre für hellenische Spekulation inkommensurabel
> gewesen: hätte sie doch einen Verzicht auf die Forschung überhaupt einge-
> schlossen.[62]

Dem hellenistischen Polytheismus entspreche allein der Plural, und solche
Inschriften mit dem Plural Ἀγνώστοις θεοῖς sind ja auch gefunden worden. Der Singular ἄγνωστος θεός setze einen aus dem Orient stammen-
den Offenbarungsbegriff voraus, der sich freilich im spätantiken Syn-

---

61　Zum gegenwärtigen Forschungsstand siehe PIETER W. VAN DER HORST, «The Altar of
　　the ‹Unknown God› in Athens (Acts 17:23) and the Cults of the ‹Unknown Gods› in the
　　Hellenistic and Roman Periods», *Aufstieg und Niedergang der römischen Welt II, 18/2*
　　(1989), 1426–1456, besonders 1428–1443.
62　*ATh* 84.

kretismus reichlich findet, der aber seinem religionsgeschichtlichen Ursprung und seiner Struktur nach ganz und gar ungriechisch ist.

Diese These «erlaubt nur eine Schlußfolgerung: der Verfasser der Areopagrede hat die polytheistische Altaraufschrift durch Umwandlung des Numerus monotheisiert».[63] Solche Praxis sei im Hellenismus ohnehin üblich gewesen.[64] Die Altaraufschrift in *Apg* 17,23 sei somit «eine religionsgeschichtliche Abstraktion».[65]

NORDENS Buch rief sofort zahlreiche und zum Teil sehr umfangreiche Stellungnahmen hervor. Anfängliche positive Rezensionen schlugen jedoch in eine Welle negativer Polemiken um, in den mit großer Schärfe geführten «Streit über die Areopagrede»,[66] als ADOLF VON HARNACK, der NORDENS Buch richtig als einen grundsätzlichen Angriff auf die neutestamentliche Exegese ansah, noch im gleichen Jahr eine Widerlegung unter dem Titel erscheinen ließ: «Ist die Rede des Paulus in Athen ein ursprünglicher Bestandteil der Apostelgeschichte?»[67] HARNACKS Titel erklärt sich zunächst daraus, daß er sich in früheren Arbeiten bereits auf die literarische Einheit der Apostelgeschichte festgelegt hatte und diese nun durch NORDENS Thesen in Frage gestellt sah, nach denen ja die Areopagrede von einem Interpolator des zweiten Jahrhunderts nachträglich eingeschoben worden sein sollte. HARNACK konnte nachweisen, daß die Areopagrede ihrer Sprache und Gedankenwelt nach als Lukanisch zu gelten habe und daß NORDENS weitreichende Spekulationen von einer sekundären Interpolation der Areopagrede und deren Abhängigkeit von der Überlieferung von Apollonius von Tyana unnötig und unbegründbar sei.

Wie dem auch sei, die scharfen Worte HARNACKS gegen NORDENS Methode und die feindselige Gegenüberstellung der theologischen und der philosophischen Fakultäten[68] riefen Gegner auf den Plan, die sich sonst kaum in eine exegetische Debatte eingemischt hätten. HARNACK hatte am Schluß, wie in einem Nachwort, NORDEN mit dessen Lehrer HERMANN USENER und den Religionswissenschaftlern JOHANNES GEFFCKEN und RICHARD REITZENSTEIN zusammengestellt und ihnen

---

63 Ebd., 121.
64 Ebd., 122–124.
65 Ebd., 124.
66 So RICHARD REITZENSTEIN, «Die Areopagrede des Paulus», *Neue Jahrbücher für das klassische Altertum, Geschichte und deutsche Literatur und für Pädagogik 31* (1913), 393–422, 422.
67 Texte und Untersuchungen 39/1, Leipzig: Hinrichs, 1913, 1–46.
68 Ebd., 44.

allen, um die Religionsgeschichtliche Schule insgesamt zu treffen, vorge-worfen, «die Gefahr zu unterschätzen, die in der kritisch nicht genügend gezügelten Methode liegt, überall literarische τόποι zu wittern und hier-nach literarische Abhängigkeiten zu construieren». Wie schon bei USENER, so werde auch bei NORDEN und seinesgleichen «auch die si-cherste Chronologie über den Haufen geworfen» und ersetzt durch «Com-binationen, denen die sichere Unterlage fehlt».[69]

HARNACKS Frontalangriff rief sogleich die Vertreter der Religionsge-schichtlichen Schule auf den Plan, um NORDENS These durch weitere Untersuchungen abzustützen.[70] Dabei ist zu bemerken, daß die Neute-stamentler WILHELM BOUSSET,[71] HANS LIETZMANN[72] und JOHANNES WEISS[73] auf die Seite NORDENS traten, während der Philologe THEODOR BIRT gegen ihn Stellung bezog.[74] Wenig überraschte, daß REITZENSTEINS Entgegnung am schärfsten ausfiel; er sah richtig, daß sich in der ganzen Kontroverse die grundsätzliche Auseinandersetzung zwischen Theologie und Religionswissenschaft abspielte. Wenn REITZENSTEIN dem Gegner mangelhafte Beherrschung der Methoden vorwarf, so schoß er freilich über das Ziel hinaus, denn in der Befürwortung und Handhabung der historisch-kritischen Methoden gibt es keinen Unterschied zwischen HARNACK und seinen Gegnern. Andererseits war HARNACKS Versuch, das Territorium des Neuen Testaments für die Theologen zu reservieren, verfehlt, und zwar gerade auch in der Konsequenz von HARNACKS ei-gener Theologie. So bleibt die ganze Kontroverse letztlich ein Schar-mützel. War es mehr als fakultätspolitische Eifersüchtelei?

69 Ebd., 46.
70 Siehe besonders RICHARD REITZENSTEIN, «Agnostos Theos», *Neue Jahrbücher für das klassische Altertum, Geschichte und deutsche Literatur und für Pädagogik 31* (1913), 146–155; ders. (Anm. 66); OTTO WEINREICH, «Agnostos Theos», *Deutsche Literatur-Zeitung 34* (1913), 2949–2964, Nachdruck in seinen *Ausgewählten Schriften 1*, Amsterdam: Grüner, 1969, 221–236; ders., «De dis ignotis quaestiones selectae», *Archiv für Religionswissenschaft 18* (1915), 1–52; WERNER JAEGER, Rezension zu Norden, Agnostos Theos, *Göttingische Gelehrte Anzeigen 1913*, 569–610; Nachdruck in seinen *Scripta Minora I*, Roma: Edizioni di storia e letteratura, 1960, 115–161; RICHARD WÜNSCH, Rezension von NORDEN und HARNACK, *Berliner Philologische Wochenschrift 34* (1914), 1065–1077. Zusammenfassend ist der Artikel von WILLI GRÖBER, «Theoi agnostoi», *Realencyclopädie 5A* (1934), 1988–1994.
71 Rezension von NORDEN, *Theologische Literaturzeitung 38* (1913), 193–198.
72 «Zu Nordens Agnostos Theos», *Rheinisches Museum 71* (1916), 280–281.
73 Rezension von NORDEN, *Archiv für Religionswissenschaft 17* (1914), 305–308.
74 «ΑΓΝΩΣΤΟΙ ΘΕΟΙ und die Areopagrede des Apostels Paulus», *Rheinisches Museum 69* (1914), 342–392.

Obwohl solche trivialen Aspekte nicht ausgeschlossen werden können, ging es doch um mehr. Die Spannungen zwischen neutestamentlichen Exegeten und klassischen Philologen führten zu grundsätzlichen Lösungen der von NORDEN aufgeworfenen Probleme und zu einer Verfeinerung der wissenschaftlichen Methoden. Ohne daß wir hier auf weitere Einzelheiten einzugehen brauchen, sei hervorgehoben, daß die Erörterungen über den religionsgeschichtlichen Vergleich, den Wert der Quellenforschung und die Vorstellungen über Tradition und Redaktion auch heute noch lehrreich sind. Diese Auseinandersetzungen hervorgerufen zu haben, gehört letztlich auch zu den Verdiensten NORDENS, die beiden Fachbereichen, der klassischen Altertumswissenschaft und der neutestamentlichen Forschung, zugute kamen.

Die heutige Wissenschaft gibt HARNACK Recht, wenn sie die Areopagrede als originalen Bestandteil der Apostelgeschichte ansieht und nicht als eine auf Apollonius von Tyana beruhende Interpolation eines späteren Redaktors. Die Einbettung der Areopagrede in die hellenistische Religionsgeschichte und Philosophiegeschichte blieb jedoch späteren Untersuchungen und Kommentaren vorbehalten. Auf diesem Gebiete, das hatten HARNACKS Gegner richtig gesehen, waren seine abwehrenden Versuche ungenügend. Daß die Probleme heute als im wesentlichen gelöst gelten können, ist demnach ein positives Resultat der Auseinandersetzungen gewesen. Ohne sie, das kann man aus den «konservativen» und erbaulichen Kommentaren zur Apostelgeschichte sehen, wären die Probleme auch heute kaum einer Lösung nähergekommen.

Welches waren nun die Hauptergebnisse der Arbeiten NORDENS? Sie lagen vor allem auf den Gebieten der Gattungsforschung und der Stilistik. In seinem Buche «Agnostos Theos» entsprachen sie den beiden grundsätzlichen Beweisgängen im ersten und zweiten Teil.

1 Der Nachweis einer literarischen Gattung der Missionspredigt
NORDEN hat nachgewiesen, daß die Predigt *Apg* 17,22–31 zu einem Typus von Rede gehört, mit der die im Hellenismus tätigen Missionare verschiedener Religionen Mission trieben. Der Gedanke eines solchen Redetypus war an sich nicht neu,[75] aber den ausführlichen literarischen Nachweis geliefert zu haben war und ist NORDENS Verdienst. Die literarische Gattung entsprach seiner religionsgeschichtlichen Hauptthese:

Eine Missionspredigt von herkömmlichem Typus, aber der Topos περὶ τοῦ θείου stoisch umgebogen, die Situation und das Ausgangsmotiv mit Hilfe eines

---

75 *ATh* 3–4 nennt WEIZSÄCKER, HARNACK, DIETERICH und REITZENSTEIN als die hauptsächlichen Vorläufer.

altbewährten redaktionellen Kunstgriffs, einer Änderung des Numerus, angepaßt an eine berühmte Dialexis eines Zeitgenossen und ungefähren Landsman-
nes des Paulus, in der gleichfalls Propaganda gemacht worden war für die
rechte Gotteserkenntnis: das ist es, was die Analyse der Rede ergeben hat; von
bemerkenswerten selbständigen Gedanken ist nichts in ihr zu finden.[76]

Beeindruckte diese Rede auch nicht durch ihre Originalität, so übte sie
doch ihre große Wirkung aus durch die Tradition, die sie fortsetzte: «Nicht
ihrem Verfasser als schriftstellerischer Persönlichkeit gebührt der Ruhm
dieser Wirkung, sondern der großen Tradition, deren mäßiger Vermittler
er gewesen ist.»[77] Diese Tradition aber, so NORDEN, hat ganz allgemein
ihre Kontinuität und Geschichte in literarischen und liturgischen Formen
und Formeln. Diese These erklärt, warum der zweite, längere Teil des
NORDENschen Werkes aus «Untersuchungen zur Stilgeschichte der Ge-
bets- und Prädikationsformeln» besteht,[78] wobei zuzüglich im dritten Teil
noch Anhänge geliefert werden.[79]

2 Der Nachweis einer religionsgeschichtlichen Formelsprache

Es ist nur konsequent, wenn NORDEN auf die Untersuchung der großen
Gattung die der kleineren Formen folgen läßt. So detailliert wie die Untersuchungen der Gebets- und Prädikationsformeln sind, ihr vorgeordneter
Zweck liegt am Tage: «ob und inwieweit die Formelsprache der altchristlichen Liturgie durch die der hellenischen beeinflußt worden ist».[80] Es
geht darum, «Kriterien zu finden, die uns eine Sonderung des Hellenischen und des Orientalischen ermöglichen».[81] Diese Kriterien findet
NORDEN in den Gebetsprädikationen σὺ εἶ, ἐγώ εἰμι und οὗτός ἐστιν,
die sich reichlich in der altorientalischen, jüdischen, gnostischen und
christlichen Gebetssprache finden, nicht aber in der griechischen und von
ihr abhängigen lateinischen, wo die «dynamische Prädikationsart»[82] mit
ihren Apellationen «‹du kannst (tust) das und das›, ‹er kann (tut) das und
das›, ‹dir (ihm) danken wir das und das›» vorherrschen.[83] Auf diese Weise
glaubt NORDEN, zwischen einem «reinhellenischen» und einem vom
Orient beeinflußten «hellenistischen» Prädikationsstil unterscheiden zu
können.

76 Ebd., 125.
77 Ebd.
78 Ebd., 141–308.
79 Ebd., 309–387.
80 Ebd., 177.
81 Ebd., 178.
82 Ebd., 221.
83 Ebd.

Daß sich «Reinhellenisches» von «Orientalisch-Hellenistischem» so
sauber trennen läßt, wie es NORDEN vorschwebte, ist zweifellos ein Irr-
glaube. Nicht nur, daß er mit einer Idealvorstellung des Hellenischen
arbeitet; er gerät auch an einigen Stellen mit seiner These in Schwierigkeiten. So sei der Versuch Plutarchs, das berühmte delphische Epsilon als
εἶ ἔν zu erklären, diesem selbst zuzuschreiben, das heißt orientalisch-
hellenistischen Einflüssen.[84] NORDEN sieht richtig: «Wenn das bedeuten
würde, daß die παλαιοί eine Anaklese des höchsten Gottes als ‹Du bist
Eins› gekannt hätten, so würde das gegen meine obige Beweisführung
sprechen.»[85]

Die Detailuntersuchungen zwangen NORDEN zu Konzessionen, wie
zum Beispiel die Annahme orientalisierender Einflüsse schon in Plato und
der Stoa[86] oder der Gedanke, zwischen griechischem Sprachgewand und
ungriechischen Inhalten unterscheiden zu wollen.[87] Als Paradebeispiele[88]
für seine These, daß das orientalisch-hellenistische Traditionsgut direkt in
die neutestamentliche Literatur übergeht, dient die Schlußbetrachtung
über «Das Logion Ev. Matth. 11,25–30».[89] Hier sieht NORDEN seine These allgemein bewiesen, daß die neutestamentlichen Schriften zur «my-
stisch-theosophischen Literatur des Orients» gehören.[90] Diese These sei
dann durch weitere Spezialforschungen zu untermauern:

Eine typologische Analyse des gesamten Materials, auch der nt. Schriften, wird
jedenfalls vorzunehmen sein. ... Propaganda im Dienste der γνῶσις θεοῦ ist
das einigende Band gewesen, an dem die Missionare der verschiedensten Re-

---

84 Ebd., 231 f.
85 Ebd., 232. Plutarch, *De E apud Delphos 20*, p. 393 A–B, erklärt den rätselhaften
    Buchstaben Epsilon, der am Eingang des Apollotempels in Delphi eingemeißelt war, als
    einen liturgischen Gruß des Eintretenden an den Gott, als den Zuruf «Du bist Eins!» So
    hätten es schon einige der Alten aufgefaßt: εἶ ἔν: NORDEN aber schreibt den Zuruf dem
    Plutarch zu, um seine These zu retten.
86 *ATh* 98–100, unter Hervorhebung des Poseidonios, der das Orientalische in die griechi-
    sche Philosophie eingebracht habe (99, Anm. 2).
87 Ebd., 276.
88 OTTO WEINREICH hat in seiner Besprechung die Bedeutung von *Mt* 11,25–30 für
    NORDENS Beweisführung insgesamt unterstrichen (Anm. 70), 2963: «Das ist in Wahr-
    heit die σφραγίς des Buches, ein mächtiger Schlußstein. Begreiflich, daß er den Theo-
    logen zum Stein des Anstoßes werden mag – spricht doch Harnack gerade im Blick auf
    dieses Kapitel sein ... Mahnwort aus ...» Diese Bemerkung richtet sich gegen eine
    knappe Polemik gegen NORDEN am Schluß seiner Besprechung, «Ist die Rede des
    Paulus in Athen ein ursprünglicher Bestandteil der Apostelgeschichte?» (Anm. 67),
    besonders 44–46.
89 *ATh* 277–308.
90 Ebd., 303.

ligionen, der christlichen, der jüdisch-samaritanisch-gnostischen, der hermetischen, der pythagoreischen und neuplatonischen, schließlich (durch Vermittlung halbchristlicher Sekten) der mohammedanischen immer wieder dieselben Formen- und Gedankentypen in entsprechenden Transformationen aufgereiht haben.[91]

Welches sind nun die Konsequenzen? Man beachte, daß die griechische und lateinische Literatur, soweit sie nicht orientalisch-hellenistische Mischprodukte sind, aus der eben genannten Traditionskette ausgenommen ist. Ausgenommen ist auch der historische Jesus, auf den *Mt* 11,25–30 nicht zurückgeführt werden kann.[92]

Im Blick auf die Evangelien insgesamt meint NORDEN, der These von FRANZ OVERBECK zustimmen zu müssen, nach der «die neutestamentlichen Schriften, vor allem die Evangelien, als nicht zur Literatur im eigentlichen Wortsinne» gehören.[93] Freilich machte OVERBECK den Fehler, den Begriff «Literatur» aus dem Kanon der hellenischen Schriftgattungen abzuleiten. «Aber es ist klar, daß wir zu einer solchen Ableitung keineswegs berechtigt sind.»[94] Es geht nicht zuerst um «Literatur», sondern um mündliche Propaganda. Die Evangelien sind aus «mystisch-theosophischer» Propagandarede hervorgegangen. Der Verfasser der Spruchquelle Q und dann die der Evangelien haben daraus eine neue schriftliche Literaturgattung geschaffen, eben die der Evangelien als christlicher Propagandaliteratur.[95]

5 Ergebnisse

Angesichts der Arbeiten von NORDEN empfiehlt es sich, zwischen seinen stilistischen und formgeschichtlichen Einzeluntersuchungen und seinen übergeordneten wissenschaftstheoretischen Ansichten zu unterscheiden. Während die ersteren unverändert ihren Wert behalten haben und von der Wissenschaft noch heute zu den betreffenden Schriftstellen zu Rate ge-

---

91 Ebd.
92 Ebd., 303 f.
93 Ebd., 306 f.
94 Ebd., 307.
95 Ebd., 307 f. Hieran schließt sich dann die spätere These an, die Evangelien seien eine neue literarische Gattung *sui generis*, die auch heute wieder vertreten wird. Siehe HUBERT FRANKEMÖLLE, *Evangelium – Begriff und Gattung: Ein Forschungsbericht* (Stuttgarter Biblische Beiträge 15), Stuttgart; Katholisches Bibelwerk, 1988, 4–16: HELMUT KOESTER, *Ancient Christian Gospels: Their History and Development*, Philadelphia: Trinity International Press/London: SCM Press, 1990, 24–29.

zogen werden, sind die letzteren, die wissenschaftstheoretischen, heute veraltet. Die These, daß die Vorstellung vom ἄγνωστος θεός als solche ungriechisch ist, das heißt aus orientalischen Einflüssen zu erklären ist, wird heute überwiegend abgelehnt.[96] Die ganze Betrachtungsweise eines «rein griechischen» Kulturbereiches, in dem es keinerlei außergriechische Einflüsse gegeben habe, entsprang den Ideen über Kulturabgrenzungen im neunzehnten Jahrhundert. Dem Ideal des «rein Griechischen» wurde dabei der Hellenismus als depravierte Kulturmischung gegenübergestellt und damit *a priori* als minderwertig eingestuft. Heute wissen wir, daß alle Kulturen aus Mischungen hervorgehen und Mischungen darstellen, in denen sich dann das für eine Zeit oder Gegend Kulturtypische herausbilden kann, um dann wiederum in neue Mischungen einzugehen.

Die Rede vom unbekannten Gott, obwohl mehrdeutig, ist ohne Zweifel ein Ergebnis religionsphilosophischen Denkens angesichts der praktizierten polytheistischen Götterverehrung. Diese Rede vom unbekannten Gott gehört somit hinein in die allgemeine Entwicklung hin zum Monotheismus. Als Postulat einer Kulttheologie kann es denn auch, grundsätzlich gesehen, in einer Kultinschrift festgehalten worden sein, wie es ja auch bei anderen derartigen Inschriften der Fall gewesen ist. So kann es sich sehr wohl bei der Inschrift *Apg* 17,23 verhalten haben. Daß eine solche Inschrift bisher nicht gefunden worden ist, ist zwar auffällig, schließt aber nicht aus, daß es sie in Athen oder sonstwo gegeben haben kann.[97]

NORDENS Eingliederung der christlichen Evangelien und der Apostelgeschichte in die antike Missionspropaganda ist ohne Zweifel richtig. Auch daß aus dem Missionsstreben hellenistischer Religionen neue literarische Gattungen hervorgegangen sind, scheint richtig gesehen zu sein. Es fragt sich dann, wie es mit den anderen Gattungen, etwa den der neutestamentlichen Briefe und der Offenbarung des Johannes steht. Sind auch sie, was ihre besondere Ausprägung angeht, aus der Missionspropaganda hervorgegangen?

Methodisch richtig ist weiterhin, daß NORDEN traditionsgeschichtliche Zusammenhänge an Hand von liturgischen und rhetorischen Formeln verfolgte. Jedoch gab BOUSSET[98] mit Recht zu bedenken, daß die Tradierung von Formeln nicht einfach mit der Kontinuität von Inhalten gleichgesetzt werden kann, sondern daß solche Tradierung ebenso gut zur Einführung und Legitimation neuer Inhalte benutzt werden kann.

---

96 Siehe hierzu VAN DER HORST (Anm. 61), 1452.
97 Sie ist aber nicht als christliche Altarinschrift zu denken.
98 *Theologische Literaturzeitung 38* (1913), 196.

Schließlich ist die Ausklammerung der jüdisch-hellenistischen und der christlichen Literatur griechischer und lateinischer Sprache aus der klassischen Altertumswissenschaft und ihre Zuweisung an die Theologie, so wie NORDEN und seinesgleichen es erstrebten, heute nicht mehr zu empfehlen. Diese Aufteilung hat sich freilich durchgesetzt und wurde in der Universitätsstruktur verankert, ein Sachverhalt, an dem auch heute kaum etwas geändert werden kann.

NORDENS erst postum veröffentlichte Arbeit über «Das Genesiszitat in der Schrift vom Erhabenen»[99] zeigt, daß er selber von der Problematik nicht loskam. Diese Arbeit wurde bereits 1921 und 1923 vorgetragen, aber ihre Veröffentlichung wurde verschoben, vielleicht wegen der Einwände von WILAMOWITZ, vielleicht auch aus anderen Gründen.[100] Ein Bibelzitat neben solchen aus Homer, Aischylos, Platon und Demosthenes in einer ausgesprochen griechischen Schrift schien die Abgrenzungen doch wieder in Frage zu stellen:

> Möglicherweise wird es für manche kein besonders behagliches Gefühl sein, sich diese «freie Griechenseele», wie v. WILAMOWITZ den Anonymus nannte, im persönlichen Verkehr zu denken mit dem Hauptrepräsentanten [sc. Philo von Alexandrien] des hellenisierten, also denaturierten Judentums, eines nicht eben erfreulichen Erscheinungstyps. Aber hat man sich einmal auf den Gedanken eingestellt, so erscheint er doch gar nicht so befremdlich. Der Unbekannte fällt aus dem Rahmen des nachklassischen griechischen Literatentums eigentlich heraus, er gehörte nicht zur rhetorischen Zunft und war sich des Gegensatzes, wie es einige polemische Äußerungen gegen die zeitgenössischen Rhetoren zeigen ... bewußt.[101]

NORDEN versuchte, seine These zu retten, indem er Philo aus dem allgemeinen «Durchschnittsmaß» und der «Orientalisierungswoge» heraushob und als einen Nachzügler hellenischer Klassik behandelte.[102] Eine historische Begegnung des unbekannten Autors der Schrift «Vom Erhabenen» mit dem jüdischen Philosophen Philo, wie sie NORDEN vorschwebte, soll nicht nur zur Zitierung des «Fremdkörpers» der Genesis geführt haben, sondern geradezu ein Idealbeispiel der Verbindung von Hellenentum und Judentum darstellen. So stand es ja auch den klassischen Philologen jüdischer Herkunft seit dem Anfang des neunzehnten Jahrhunderts vor Augen. WILAMOWITZ' Mißfallen enthüllt nichts als die Fragwürdigkeit der ganzen Konstruktion.

99 *KS* 286–313.
100 Ebd., VIII-IX.
101 Ebd., 307.
102 Ebd., 307–309.

Andererseits ist zu sagen, daß der Grund, weshalb sich die Theologen nicht nur mit der frühchristlichen, sondern auch mit der hellenistisch-jüdischen Literatur, einschließlich der Qumrantexte, so intensiv befassen, vor allem auf dem Gebiet der Ausbildungspraxis liegt. Die theologischen Fakultäten sind mit der Ausbildung von Pfarrern und Religionslehrern betraut, und zu ihr gehört in eminentem Maße die Kenntnis der biblischen Literatur im weiteren Sinne. Hierbei geschieht nichts anderes als das, was auf anderen Gebieten der Altertumswissenschaft auch geschieht, die ihren jeweiligen Literaturkanon besitzen. Humanisten konzentrieren sich auf die klassische Literatur des Altertums und der Renaissance, jüdische Wissenschaftler auf die hebräische Bibel, Mischna und Talmud, Islamisten auf den Koran. Solche Konzentration erfolgt doch in erster Linie aus praktischen Notwendigkeiten, nicht aus ideologischen Werturteilen oder Programmen. In Gesamtdarstellungen der antiken Literatur- und Religionsgeschichte dürfen darum weder die christliche noch auch die jüdische Literatur fehlen;[103] umgekehrt müssen sich diese im Rahmen der Gesamtantike begreifen lernen.

Wissenschaftlich gesehen sind die Fachgebiete innerhalb der Altertumswissenschaft aufeinander angewiesen. Die im Verlaufe des zwanzigsten Jahrhunderts eingetretene Isolierung einzelner Fachgebiete hat sich aufs Ganze gesehen als nachteilig erwiesen. Isolierung bedeutet immer, wie NORDEN schon richtig gesehen hat, fortschreitende intellektuelle Atrophie. Tiefere Einsichten und die Kunst der Interpretation von Texten und Artifakten lassen sich auch bei aller methodischen Strenge nicht in Fachkompetenzen einsperren. Die von NORDEN und anderen geforderte und praktizierte gegenseitige Anregung und Befruchtung, die durch den Austausch unter den Fachgebieten innerhalb der Altertumswissenschaft gewährleistet ist, steht nach wie vor als Aufgabe vor uns.

103 Siehe nunmehr ALBRECHT DIHLE, *Die griechische und lateinische Literatur der Kaiserzeit. Von Augustus bis Justinian*, München: Beck, 1989, der die «Christliche Literatur» zwar einbezieht, aber doch die traditionellen Abgrenzungen überwiegend beibehält. Die Briefe des Paulus haben nach DIHLE in der antiken Briefliteratur «keine genaue Parallele» (217), die Evangelien sind «spezifisch christlich» (224), alles andere gehört in die jüdische Tradition (224). So bleibt die Einbeziehung der christlichen und der jüdischen Literatur auch hier ein ungelöstes Problem.

Der späte Norden (1925–1941):
Die Entstehung der «Altrömischen Priesterbücher»
als biographischer Schlüssel[1]

von Jörg Rüpke

0 Das Problem

Drei Jahrzehnte hindurch, seit seiner Dissertation im Jahre 1891, hat EDUARD NORDEN in dichter Reihenfolge und mit großer Resonanz wissenschaftliche Bücher publiziert, zuletzt «Die Geburt des Kindes», das zum Jahreswechsel 1923/24 erschien.[2] Doch dann folgt, auf dem Höhepunkt seiner Laufbahn, eine Lücke von zehn Jahren, erst 1934 erscheint wieder ein Buch eher geringer Ausstrahlungskraft: «Alt-Germanien». Den Abschluß bildet 1939, eineinhalb Jahre vor seinem Tod, das Werk «Aus altrömischen Priesterbüchern». Natürlich gibt es einige Aufsätze in dieser Zeit, auch Neuauflagen, natürlich erklärt sich die verringerte Produktion aus persönlichen und politischen Umständen: das Rektorat der Berliner Universität in den Jahren 1927/28, Inflation und Wirtschaftskrise, seit 1933 die zunehmende Einschränkung von Publikationsmöglichkeiten durch das nationalsozialistische Regime (doch zugleich die gestiegene Belastung durch die Arbeit in der Akademie der Wissenschaften) und schließlich die Emigration 1939.

Diese Gründe mögen an sich schon hinreichend sein, etwa um zu erklären, warum die Projekte, die NORDEN in seiner Antrittsrede bei der Akademie der Wissenschaften skizziert hatte, nie zur Ausführung kamen.[3]

1   Für zahlreiche Hinweise danke ich neben den Herausgebern insbesondere Herrn Prof. ECKART MENSCHING, Dr. CHRISTOPH AUFFARTH, DANIEL RAMSEIER, ANDREAS BENDLIN und meiner Frau ULRIKE. Für Archivmaterial und Auskünfte danke ich der Universitätsbibliothek Lund (Briefe N. im Nachlaß Nilsson, No. 26), der Houghton Library Harvard (Briefe N. im Nachlaß Jaeger), den Harvard University Archives (Briefe N. in den Papers E.K. Rand, corr. box 6, HUG 4730.5), dem Archiv des Corpus Christi College Oxford (Briefe N. im Nachlaß Ed. Fraenkel) dem Zentralarchiv des Deutschen Archäologischen Instituts Berlin, dem Archiv der Humboldt-Universität Berlin, dem Landesarchiv Berlin und der Bayerischen Staatsbibliothek München. Herrn Prof. KYTZLER danke ich auch für Hinweise aus den *Erinnerungen Marie Nordens* (EMN; jetzt: *Latein und Griechisch in Berlin 36* [1992], 122–194).
2   Siehe die Bibliographie in den *Kleinen Schriften*.
3   «Antrittsrede in der Berliner Akademie der Wissenschaften», KS 674–678. Zur Arbeit

B. Kytzler / K. Rudolph / J. Rüpke, Hrsg.: Eduard Norden
(Palingenesia, Bd. 49). - © Franz Steiner Verlag Stuttgart 1994

Und doch bietet gerade die Entstehungsgeschichte der «Altrömischen Priesterbücher» Hinweise darauf, daß es auch wissenschaftliche und persönliche Gründe gab, Gründe, die mit NORDENS fachlicher Position, mit dem Verhältnis von Latinistik und Graezistik zusammenhingen und sich mit den Namen der größten philologischen Zeitgenossen NORDENS, mit ULRICH VON WILAMOWITZ-MOELLENDORFF, WERNER JAEGER und EDUARD FRAENKEL verbinden.

1 Entstehungsgeschichte

NORDEN hat die Entstehungsgeschichte seiner «altrömischen Priesterbücher» im Vorwort bis in die eigene Bonner Studienzeit zurückverfolgt, namentlich auf zwei Veranstaltungen seines Lehres FRANZ BÜCHELERS, dem die Abhandlung gewidmet ist: eine Vorlesung über «Römische Literaturgeschichte», in der das Lied der Arvalbrüder – *Enos Lases iuvate* ...[4] - behandelt wurde, sowie ein Privatissimum über das siebte Buch von Varros «De lingua latina», in dem man auch die Auguralformel streifte, jene Formel, mit der ein Augur seinen Beobachtungshorizont für die Vogelschau definiert: *Ullaber arbos quiquis est* ...[5] Im Wintersemester 1912/13 veranstaltete NORDEN selbst ein Seminar über «Varro, De lingua latina 7», auch hier stand die Auguralformel im Mittelpunkt. Daß er das Thema einer eigenen Bearbeitung unterzog, erhellt aus dem Akademievortrag vom Dezember 1925 mit dem Titel: «Die bei Varro erhaltene Auguralformel und das carmen Arvale». Ein Vortrag, der dem Titel nach schon jene beiden Texte umspannte, die die beiden Hälften des späteren Buches ausmachen sollten. Die nächsten Publikationen zu diesem Thema gehören aber erst den Jahren 1936 und 1937 an, mit zwei Akademievorträgen über das Arvallied und die Auguralformel sowie dem einschlägigen Vortrag über «das älteste Gedicht der lateinischen Literatur» auf der Dreihundertjahrfeier der Harvard University. 1939 erscheint das Buch: NORDENS Alterswerk, begonnen nach dem 1934 erschienenen «Altgermanien», geschrieben unter sich ständig verschlechternden äußeren Umständen, eine Hommage an seine Lehrer und Reprise frühster Arbeiten – so die opinio communis.

---

in der Akademie siehe ECKART MENSCHING, *Nugae zur Philologiegeschichte 5: Eduard Norden zum 50. Todestag*, Berlin: UB-TU Berlin, 1992, 121–123.
4 *CIL* 1²,1; 6,2104; BÜCHELER, *Carmina Latina Epigraphica* 1.
5 Varro, *De lingua latina* 7,8. *AP* IX.

Dieser Chronologie widerspricht ein Zeugnis KURT LATTES, der 1926 wahrscheinlich Zuhörer eines von NORDEN in Weimar gehaltenen Vortrages war, in dem die Grundlinien der späteren «Priesterbücher» gezogen wurden. In der ersten Fußnote seines 1948 als Auseinandersetzung mit EDUARD NORDEN publizierten Aufsatzes «Augur und templum in der Varronischen Auguralformel» schreibt er über seinen 1927 im «Religionsgeschichtlichen Lesebuch» von ALFRED BERTHOLET erschienenen Beitrag: «Meine Behandlung deutet meine abweichende Auffassung mit Rücksicht auf das *damals bevorstehende Erscheinen seine Buches* nur an und vermeidet auch, seine Resultate, die mir aus einem Vortrag 1926 bekannt waren, vorwegzunehmen.»[6]

Wenn auch jedes direkte Zeugnis von EDUARD NORDEN selbst fehlt, so bestätigt doch der Text der «Priesterbücher» die Angabe LATTES. Wenn man anhand des Datums der zitierten Literatur auf die Abfassungszeit des zugehörigen Textes schließt, ergibt sich, daß achtzig Prozent des Textes mit Literatur von 1925 und früher auskommen. Spätere Textpassagen sind zumeist eindeutig zu identifizieren. Insgesamt lassen sich ein Grundtext, der 1925/26 geschrieben worden sein könnte, eine Erweiterungsstufe von 1934/37, die vor allem Literatur aus den Jahren seit 1926 in einem Durchgang verarbeitet, sowie einzelne Nachträge aus den Jahren 1938/39 unterscheiden.[7] Die entscheidende inhaltliche Richtungsänderung, die sich in den späteren Textstufen abzeichnet, betrifft den bereits in einem so frühen Text wie dem *carmen Arvale* spürbaren griechischen Einfluß. Als zentrales Zeugnis einer urrömischen, das heißt vorgriechischen italisch-römischen Literaturgeschichte – so hatte es NORDEN auch in seiner römischen Literaturgeschichte formuliert[8] – fällt es damit aus. Geführt hatte den diesbezüglichen Einwand vermutlich Eduard FRAENKEL in der Diskussion des Weimarer Vortrags Mitte 1926; ein Jahr darauf publizierte FRAENKEL seine schon im Plautus-Buch angebahnte Position in einem Aufsatz der Zeitschrift *Hermes*.[9]

So interessant die forschungsgeschichtliche Seite dieses Problem ist, soll hier die persönliche im Vordergrund stehen. Gerade ein Eduard

---

6   *Philologus 97* (1948), 143, Anm. 1, meine Auszeichnung.

7   Für den genauen Nachweis und Details der Untersuchung siehe RÜPKE, *Römische Religion bei Eduard Norden: Die altrömischen Priesterbücher im wissenschaftlichen Kontext der dreißiger Jahre*, Marburg: diagonal, 1993.

8   *RL* ³1923, 3.

9   «Die Vorgeschichte des versus quadratus», *Hermes 62* (1927), 357–370. Siehe auch *Plautinisches im Plautus* (Philologische Untersuchungen 28), Berlin: Weidmann, 1922. Meine Rekonstruktion hat MENSCHING 1992 (Anm. 3), 84f. und 141, jetzt voll übernommen.

NORDEN, der in seiner Rhetorik, den Vergilbüchern, dem «Agnostos Theos» und zuletzt der «Geburt des Kindes» mit großem Gewinn den Kreis über lateinische und griechische Literaturgeschichte hinein bis in den «Orient» gezogen hatte, hätte sich in diesem Ansatz durch FRAEN- KELS Entdeckung doch nur bestätigt sehen können. Das Problem lag aber tiefer: Der FRAENKELsche Einwand übertrug nicht eine ohnehin bekannte Abhängigkeit einfach auf einen weiteren Text, sondern auf die letzten, die römische Literaturgeschichte als eine eigenständige, nicht nur vom Griechischen abgeleitete Literatur konstituierten. Es ging «ans Einge- machte».

2 Norden und die Latinistik

Auf der Dreihundertjahr-Jubelfeier der 1636 von dem puritanischen Geistlichen JOHN HARVARD gegründeten Universität begrüßte JAMES B. CONANT EDUARD NORDEN als «the most famous Latinist of the world».[10] Die Kennzeichnung als Latinist war zweifellos richtig, ehren- voll, aber sie übersah ein von NORDEN als tief empfundenes Problem. Trotz der längst auch institutionell sich anbahnenden Differenzierung von Griechisch und Latein, galt noch in den zwanziger Jahren das Ideal der Zweisprachigkeit; das höhere Ansehen des Griechischen hatte einen Man- gel an Latinisten zur Folge.[11] NORDEN war bewußt Latinist;[12] er stand zu der Wahl, aber er sah sie noch als ein Problem an, als andere, etwa RICHARD HEINZE mit seinen «römischen Wertbegriffen», schon längst aus der Not eine Tugend gemacht hatten. Latein war nur eine «second- best-Lösung»; in Briefen bezeichnete NORDEN seine eigenen Arbeitsge- biete mehrfach als βάρβαροι.

10 WALTHER ABEL, «Studium Berolinense 1924–1931. II: Eduard Norden (21. 9. 1868– 13. 7. 1941)», *Gymnasium 91* (1984), 449–484, hier 477, ohne Beleg (wahrscheinlich aus EMN [Anm. 1]).

11 MENSCHING, *Nugae zur Philologiegeschichte 4: Über U. von Wilamowitz-Moellen- dorff, W. Kranz, W. Jaeger und andere*, Berlin: UB-TU Berlin, 1991, 46; zum Problem insgesamt 45–49.

12 Schon in Greifswald überwiegend als Latinist tätig (EMN [Anm. 1], 9), war er 1899 in Breslau Ordinarius für Klassische Philologie unter besonderer Berücksichtigung des Lateinischen geworden (BERNHARD KYTZLER, «Eduard Norden», in: MICHAEL ERBE [Hg.], *Berlinische Lebensbilder: Geisteswissenschaftler*, Einzelveröffentlichungen der Historischen Kommission zu Berlin 60, Berlin: Colloquium, 1989, 327–342, hier 329). 1906 ging er als Klassischer Philologe nach Berlin ««für Mitwirkung im Institut für Altertumskunde (Proseminar) und zur Stärkung der Vertretung lateinischer Philologie»» (ABEL 1984 [Anm. 10], 450, Anm. 6, in einem Zitat von Johannes Vahlen).

NORDEN hat sich verschiedentlich zur Rechtfertigung des Lateinischen geäußert. Neben der pragmatisch argumentierenden Antrittsrede vor der Preußischen Akademie der Wissenschaften hat der Latinist seine umfassendste Darstellung in einer Rede über «die Bildungswerte der lateinischen Literatur und Sprache auf dem humanistischen Gymnasium» am 25. November 1919 vorgelegt.[13] Schon gleich den Ausgangspunkt bildet die schwächere Position gegenüber dem Griechischen (584). Die Vergleiche klingen teilweise drastisch: Quellwasser und Brunnenwasser; Wein und Schnaps (584); Königin und Bürgerfrau (586); Purpur und Kittel (587); reich besetzte Tafel und Schwarzbrot mit Zwiebel und Knoblauch (593). Trotz der überragenden Bedeutung des Lateinischen für die Überlieferungsgeschichte (585) steht das Griechische als Sprache dem Deutschen näher: Der pädagogische Wert ergibt sich gerade aus der Exotik, die beim Übersetzen vom Lateinischen ins Deutsche zu überwinden ist (587–9). NORDEN preist dann auf etwa vier Seiten (589–593) die Monumentalität der lateinischen Sprache. Zeitgeschichtlich interessant, aber in unserem Zusammenhang weniger relevant ist die folgenden Erläuterung des ethischen,[14] patriotischen und historischen Wertes lateinischer Lektüre (593–606). Der Schluß ist wichtig für NORDENS Geschichtskonzeption: «... wenn ihr euern Sinn ganz mit dem Gedanken an Roms nationale Kraft und Größe gefüllt habt, dann sagt euch: dieses gewaltige Reich, das gewaltigste, von dem die Geschichte des Altertums berichtet, ist von den Germanen gestürzt worden. Das war die Großtat des Germanentums in der Vergangenheit, so beispiellos, daß wieder die Geschichte nichts Vergleichbares zu melden weiß. Ein solches Heldentum trägt aber auch eine Verpflichtung in sich ...» (606).[15]

---

13 *KS* 583–607. Einige kurze Bemerkungen dazu bei ABEL 1984 (Anm. 10), 459–461. Zur Antrittsrede ausführlich MENSCHING 1992 (Anm. 3), 84–96.

14 Vgl. NORDEN, «Antike Menschen im Ringen um ihre Berufsbestimmung», *Sitzungsberichte der Königlich Preussischen Akademie der Wissenschaften* 1932 = *KS* 571 f.: eine Unterscheidung von Griechen und Römern entlang der Linie Lehre–Leben.

15 Diese und die folgenden Sätze beziehen sich auf den Vortragsbeginn zurück. Wichtig ist die geschichtstheologische Konstruktion, die mit der Gleichsetzung von Deutschen und den verfolgten ersten Christen als *odium generis humani* auf der ersten Seite und mit dem Hinweis auf den Sieg der Germanen alias Deutschen über das römische Reich Deutschland in eine «Weltreiche»-Lehre hineinstellt (übersehen in der Analyse von ENRICO FLORES, «Norden a Berlino e Leo a Gottinga [Documenti su forme e ideologie del classicismo]», *Quaderni di storia 3* [1976], 101–114, hier 101). Zur zeitgeschichtlichen Situation im November 1919 siehe WALTER SCHWENGLER, *Völkerrecht, Versailler Vertrag und Auslieferungsfrage: Die Strafverfolgung wegen Kriegsverbrechen als Problem des Friedensschlusses 1919/20*, Beiträge zur Militär- und Kriegsgeschichte 24, Stuttgart: Deutsche Verlags-Anstalt, 1982, 250–300: Die alliierte Auslieferungs-

Die Skizze zeigt, wie prekär die Rechtfertigung des Lateinischen gegenüber dem Griechischen war.[16] Angesichts des umfassenden griechischen Einflusses auf die lateinische Sprache und Literatur kommt, wie
schon angedeutet, der Tatsache große Bedeutung zu, daß NORDEN zunächst davon ausging, es habe eine Phase gegeben, die diesem Einfluß
vorauslag und dennoch manche Charakteristika der römischen Literatur
bereits besaß. Auf solche altrömischen Charakteristika wird in frühen
Passagen der «Priesterbücher» immer wieder hingewiesen;[17] im zweiten,
stärker überarbeiteten Teil werden die Urteile allerdings differenzierter.
Die literaturgeschichtliche Konstruktion, die hier in den «Altlateinischen
Studien», wie das spätere «Priesterbuch» zunächst hieß, unterstellt wird,
kann eindeutig aus NORDENS Abriß der römischen Literaturgeschichte
entnommen werden. Auguralformel wie Arvallied werden im ersten Abschnitt «Vorgeschichte» behandelt. NORDEN definiert gleich im ersten
Satz dieses Werkes: «Da das besondere Kriterium der römischen Literatur
ihr Verhältnis zur griechischen ist, so fassen wir die der Aufnahme dieser
Literatur vorausliegende Epoche als Vorgeschichte auf.»[18] Auch die Bedeutung dieser Periode wird charakterisiert: «Das wenige uns aus der
vorliterarischen Periode Überlieferte ist für die Erkenntnis der ältesten
Sprache und Religion wichtiger als für die Literatur, die diese Fäden nicht
weitergesponnen hat.»[19] Diese Aussage ist auf dem Hintergrund der
«formgeschichtlichen Schule» zu lesen: Literaturgeschichte ist Gattungs-

forderung deutscher Kriegsverbrecher innerhalb des Versailler Vertrages beherrschte die
öffentliche Diskussion; mit einer Note vom 1. November hatten die Alliierten die Einlösung des Vertrages gefordert; sein (schließlich in der ersten Januarhälfte erfolgtes)
Inkrafttreten drohte für den 1. Dezember. WILAMOWITZ hatte zwei Tage vor NORDENS
Vortrag auf einer Gefallenenfeier der Deutschnationalen Volkspartei zusammen mit
LUDENDORFF gesprochen (LUCIANO CANFORA, «Wilamowitz e Meyer tra la sconfitta
e la ‹Repubblica di Novembre› [Appendice: Due articoli e un comizio di Ulrich von
Wilamowitz-Moellendorff]», *Quaderni di storia* 3 [1976], 69–87. 89–94, hier 92f.,
nach «Die Post» vom 24. 11. 1919).

16 Hier ist auf eine Beobachtung von ABEL hinzuweisen, die er zwar als allgemeingültig
    hinstellt, die aber nach seiner eigenen Biographie erst aus der Zeit nach 1926 stammen
    dürfte: «Jedem Hörer, jedem Seminarmitglied fiel immer wieder auf, wie sich Norden
    auch bei einem scheinbar nebensächlichen Latinum stets um Rückführung auf die
    griechische Quelle oder wenigstens um die Beantwortung der Frage ‹Wie würde dies
    griechisch gedacht lauten?› bemühte» (1984 [Anm. 10], 475; siehe auch 469). Anhand
    von Kollegmanuskripten oder -nachschriften wäre zu überprüfen, ob es sich hier um
    einen durchgehenden Zug handelt – das wäre möglich – oder um eine Reaktion auf
    seine Erfahrung von 1926.
17 *AP* 83. 86. 94; siehe auch 106. 146f.
18 NORDEN 1923 (Anm. 8), 1.
19 Ebd., 2.

geschichte, und Gattungsgeschichte ist griechische Literaturgeschichte. Da bleibt für Römisches im engen Sinne, treibt man eine Philologie, wie sie NORDEN bisher vorgelegt hat, nicht viel übrig – außer eben dieser «Vorgeschichte». So ist es nur konsequent, wenn NORDEN nach der Fertigstellung seines letzten Buches sich in eigener Arbeit und Lektüre überwiegend auf Griechisches geworfen zu haben scheint.[20]

3 Die Zäsur: 1925/26

Weit über die bisher genannten wissenschaftlichen Gründe hinaus, tragen biographische Umstände dazu bei, den Abbruch der «Altlateinischen Studien» zu einer Zäsur in der wissenschaflichen Biographie EDUARD NORDENS werden zu lassen. Mehr als eine Hypothese läßt sich aus den Beobachtungen an Briefen, Œuvre und der Berliner Situation nicht gewinnen. Sie mag aber dazu beitragen, das Spätwerk nach der «Geburt des Kindes», statt es aus wissenschaftlichen Gründen zu vernachlässigen, als persönliches Zeugnis der Suche einer genialen Methode nach ihrem Gegenstand zu lesen.[21]

Der Abschluß der «Geburt des Kindes», die NORDEN noch in den letzten Tagen des Jahres 1923 verschicken kann,[22] findet NORDEN in depressiver Stimmung. Schon für das Sommersemester 1923 war NORDEN laut Vorlesungsverzeichnis, vermutlich aus gesundheitlichen Gründen, beurlaubt. Die große Linie und das Bekenntnishafte des Eklogenbuches ließ sich nicht einfach wiederholen. Die Arbeit über die «Schrift vom Erhabenen», ein Modethema und durch ein Seminar im Sommersemester 1921 vorbereitet, wurde am 25. Oktober 1923 in der Akademie vorgetragen, ihr Erscheinen aber nach heftiger Kritik, angeblich von WILAMOWITZ,[23] nicht weiter betrieben. ULRICH VON WILAMO-

---

20 Dahingehend äußert er sich z. B. in Briefen an JAEGER (Harvard University Archives, am 12. 5. 39: Demosthenes, 3. Philippica) und GEORG ROHDE (zit. nach MENSCHING, *Nugae zur Philologie-Geschichte 2: Über Ed. Norden, F. Jacoby, W. Jaeger, R. Pfeiffer, G. Rhode u. a. Mit einem Text von Werner Jaeger*, Berlin: UB TU Berlin, 1989, 14, am 14. 7. 40: Demosthenes, *or. Phil.* 3; *Ilias* 24; *Verg. Aen.*).

21 Die folgenden Ausführungen sind zugleich als Kritik an FRIEDRICH WALTER LENZ' holistischem Nordenbild zu sehen («Eduard Nordens Leistung für die Altertumswissenschaft», *Altertum 6* [1960], 245–254).

22 Das Werk wurde von ihm bereits am 28. 12. 23 an H. LIETZMANN verschickt, siehe den Brief in: KURT ALAND (Hg.), *Glanz und Niedergang der deutschen Universität: 50 Jahre deutscher Wissenschaftsgeschichte in Briefen an und von Hans Lietzmann (1892–1942). Mit einer einführenden Darstellung*, Berlin: de Gruyter, 1979, Nr. 505.

23 So JOHANNES STROUX im Vorwort der postumen Edition; siehe *KS* viii–ix.

WITZ-MOELLENDORFF rät, die Depression durch eine große Arbeit zu überwinden und schlägt in einem Brief vom 24. November 1923 «Varro, de[n] ganze[n] Kerl» vor.[24]

Das dürfte die Geburtsstunde der «Altlateinischen Studien» sein. Der ganze Varro ist es allerdings nicht. Vielmehr greift NORDEN ein Varronisches Thema auf, das ihn seit seiner Studienzeit beschäftigt hat, die Auguralformel im siebten Buch der *Lingua latina*. Außer der genannten Veranstaltung im Wintersemester 1912/13 hatte er auch in einem Seminar 1920/21 das Thema behandelt. Zeugnisse für Vertiefungspläne sind mir nicht bekannt. Einen möglichen Hinweis gibt ein Brief an LIETZMANN vom 15. August 1916, in dem NORDEN in bezug auf eine Veröffentlichung des Adressaten schreibt: «Auch die Miszelle über carmen war mir interessant, ich finde vielleicht bald Gelegenheit, mich auf sie zu berufen.»[25] Im form-, religions- und literaturgeschichtlichen Verständnis des Verfassers lag nun das Arvallied näher als eine Varromonographie; seit 1924 dürfte er an einer Monographie über beide Texte gearbeitet haben.[26] Immerhin, als ihn Ende 1925 sein inzwischen in Marburg sitzender Schüler[27] GEORG ROHDE um Rat hinsichtlich eines Habilitationsthemas angeht, nennt er ihm unter anderem die Sammlung der Auguralfragmente.[28] ROHDE kommt schließlich auf das Thema «Kultsatzungen der Pontifices», er bemüht sich um die Rekonstruktion von Anlage und Form der alten pontifikalen *libri commentarii*. Im Vorwort seines Buches wird er später NORDEN als Urheber der Idee bezeichnen.[29]

---

24   Siehe den Beitrag von CALDER. Nach EMN (Anm. 1) hatte NORDEN in diesen Jahren nur gelegentliche gesundheitliche Probleme (MENSCHING [Anm. 3], 44).

25   ALAND (Anm. 22), Nr. 362. Es handelt sich um den Aufsatz «carmen = Taufsymbol», *RhM 71* (1916), 281–282. Einen Hinweis darauf habe ich bei NORDEN *AP* nicht gefunden. Mögliche Verbindungen bieten die Assoziationen *carmen – verba concepta* oder der Wechsel von Frage und Antwort in dem von LIETZMANN als Taufsymbol identifizierten *carmen*.

26   Aufschlußreich sind die Veranstaltungen seit dem Wintersemester 24/25: Hier ein Seminar über Varro, Lingua latina; SS 25: Vorlesung «Lateinische Prosa der Republik»; WS 25/26: Seminar «Inschriftliche lateinische Gedichte»; SS 26: Vorlesung «Geschichte der römischen Literatur der Republik». Die Veranstaltungen dürfen für die Chronologie nicht überbewertet werden; fast alle tauchen in sechs- bis achtsemestrigen Zyklen mehrfach auf.

27   Siehe KYTZLER 1989 (Anm. 12), 341, Anm. 17f.

28   Brief vom 27. 11. 25, briefliche Mitteilung von Prof. MENSCHING.

29   GEORG ROHDE, *Die Kultsatzungen der römischen Pontifices*, Religionsgeschichtliche Versuche und Vorarbeiten 25, Gießen: Töpelmann, 1936, v: «Eduard Norden war es, der meine Aufmerksamkeit auf das hier bearbeitete Gebiet lenkte.»

Drei Wochen nach dem Brief an ROHDE, am 17. Dezember 1925, hält NORDEN einen Vortrag in der Akademie, der erkennen läßt, daß das Buch in Umrissen fertig sein muß. Auf einem weiteren Vortrag am 25. Mai 1926, diesmal in Weimar,[30] spricht er auf Einladung von WERNER JAE-GER erneut über seine Altlateinische Studien, deutet – nur so ist das zitierte Zeugnis von KURT LATTE zu verstehen – auch die bevorstehende Publikation an. Im Anschluß kommt es zu Diskussionen und Briefwechseln, die sich vor allem in Nachträgen und einigen Neuinterpretationen niederschlagen. Ein Hinweis FRAENKELS geht darüber weit hinaus. Schlagende griechische Parallelen im Formalen wie Inhaltlichen durchkreuzen das Gesamtkonzept der Altlateinischen Studien, ja NORDENS Entwurf der frühen römischen Literaturgeschichte überhaupt. NORDEN bricht die Arbeit ab.

Ein Unglück kommt selten allein. Auf der Suche nach Alternativen nimmt NORDEN einen Akademievortrag wieder in die Hand, den er am 27. November 1924 gehalten hatte: «Über ein Komödienfragment des Naevius».[31] Auch hier hatte es Kritik gegeben, FRAENKEL hatte sie in Briefen zum Ausdruck gebracht. Die Durchsicht der Kritik überzeugte NORDEN, daß der Vermerk in den Sitzungsberichten «ersch(eint) später» besser nicht einzulösen war. Er schreibt am 16. August 1926 an FRAEN-KEL:

Ich nahm mir nach langer Distanz jenes Naevianum wieder vor, das ich nun als ein fast kühler Beobachter ins Auge faßte, samt Ihren Briefen. Sie sind nicht bloß ein scharfer Kritiker, sondern auch ein richtiger Prognostiker gewesen, als Sie mir prophezeiten, es werde ein Zeitpunkt eintreten, an dem ich mich zu Ihnen bekennen werde.[32] Es ist eingetreten. Ich muß Ihnen aufrichtig dankbar sein, daß Sie mich vor einer Entgleisung bewahrten. Sie wäre um so fataler gewesen, als die Allermeisten, wie Sie selbst schreiben, begeistert zugestimmt haben würden; der Katzenjammer wäre dann nach dem Rausch um so stärker gewesen. Sie schlugen damals vor, ich solle als weiteren Gutachter etwa Jachmann consultieren. Ich hatte ihm – vor vielen Monaten – das bereits angekündigt, habe ihm aber vorgestern geschrieben, ich brauche ihn nicht zu bemühen, da sich Ihre Kritik bestätigt habe. Was nun etwa noch übrig bliebe, lohnt kaum die Publikation. Anlehnung des N.[33] an jenes Motiv der ἀρχαία (die νεα-

---

30 Ankündigung und kurzer Bericht in der von JAEGER gegründeten Zeitschrift *Gnomon*: 2 (1926), 304. 429 f.

31 *Sitzungsberichte der Preussischen Akademie der Wissenschaften*, phil.-hist. Kl. 1924, 229.

32 Könnte das im Zusammenhang mit der Diskussion über die «Altlateinischen Studien» gewesen sein?

33 Naevius.

νίσκοι ῥήτορες, die den Staat verdarben) bleibt ja, wie Sie bemerken, bestehen; aber er muß es deben doch ganz anders verwendet haben (daß die senes amissam rem p. restituerunt, davon steht nie etwas bei Aristophanes, u. eben dies muß nach dem andeutenden Referat Ciceros bei Naev. entscheidend gewesen sein. von diesem Punkt gehen Sie mit Recht aus, und wenn die Änderung von LVDVS in LVPVS richtig ist, läßt sich Ihr Hinweis auf die beiden alten reges gut hören). Also ich glaube, ich lege den [...] nicht ad acta oder ad agenda sondern in das πῦρ καθάρσιον. Gelernt habe ich allerlei dabei, auch dieses, daß Alter nicht vor Thorheit schützt, u. daß adulescentes, wenn sie so prudentes et doch sind sind wie Sie, den senes vielmehr ein Schnippchen schlagen. Ich sehe aber wieder auch einmal, wie Recht Sie haben, wenn Sie vor Fragmenten warnen, u. will versuchen mir das hinter meine aures obtusas zu schreiben. Obwohl schließlich fast alles für uns Fragment ist; ὅλα σώματα sind gar rar, und wo man sie etwa hat (zum Beispiel Platon u. Plautus), tappt man auf der Linie, die zu ihnen führt (zum Beispiel Sokrates u. Naevius), im Dunkeln oder ist auf Kombinationen angewiesen ... Die Briefe über das Naevianum werden Sie gern wieder haben wollen; Sie schrieben, glaub ich, mal in dem Sinne.[34]

In keinem Brief hat sich NORDEN zu der so entstandenen Situation geäußert, auch später wird der gewaltige Rückschlag den die «Altlateinischen Studien» 1926 erlitten, nie als solcher dargelegt.[35] Es bleibt unklar, welche Themen er noch durchleuchtete, bevor wir ihn Ende des Jahres[36] mit den Vorarbeiten zu Altgermanien beginnen sehen.[37] Für die Situation und Themenwahl darf aber das persönliche Umfeld nicht außer Acht gelassen werden. An offizieller Wertschätzung fehlte es nicht. NORDEN er-

---

34 Für die Abschrift des Briefes danke ich Herrn BENDLIN.

35 Vgl. etwa den Brief an Dr. H. Cram (Verlag de Gruyter) vom 14. 6. 36 (zitiert bei MENSCHING 1989 [Anm. 20], 9): «... auch unter so schwierigen Umständen, in denen ich mich befinde, möchte ich an dem Grundsatz festhalten, nichts drucken zu lassen, solange ich noch nicht den Eindruck eines wirklichen Abschlusses gewonnen habe. Das ist jedoch mit den ‹Altlateinischen Studien› ... noch nicht der Fall, obwohl ich darüber schon vor 11 Jahren auf einer der von Werner Jaeger in Weimar geleiteten Tagungen und dann im April dieses Jahres in der Akademie d. Wiss. gesprochen habe.»

36 Zur Datierung siehe RÜPKE (Anm. 7).

37 Noch lieber als ABEL «wüßte» ich «etwas über den Inhalt eines Vortrags mit dem Titel ‹Geist der lateinischen Sprache›, den Norden am 15. 10. 26 anläßlich der Promotion seines früheren Schweizer Schülers André Oltramare an der Universität Genf in deutscher Sprache gehalten hat. Ein Manuskript hat sich weder in Nordens Nachlaß noch nach Mitteilung der Genfer Universität im dortigen Archiv gefunden» (1984 [Anm. 10], 471). Unklar die Stoßrichtung der Selbstbewertung, die in einem Brief an HANS LIETZMANN vom 20. 7. 26 (ALAND [Anm. 22, Nr. 555]) vorgenommen wird: «Sie arbeiten genau: diejenigen, die dieses so Selbstverständliche tun, sind jetzt ganz rar. Ich bemühe mich um das Gleiche: daher unsere συμπάθεια.»

hielt 1926 von der Turiner Akademie der Wissenschaften als eine der zwei
besten Arbeiten der Jahre 1919–1922 für sein Tacitus-Buch den Preis der
Fondazione Vallauri, zusammen mit LINDSAY, der für seine glossogra-
phischen Arbeiten ausgezeichnet wurde.[38] Im Jahr darauf wurde NORDEN
Rektor der Berliner Universität (für 1927/28). Dennoch, das Verhältnis zu
den am wissenschaftlichen Diskurs beteiligten Personen war nicht so un-
problematisch, wie es der freundliche Ton der Briefe zu unterstellen
scheint. Für WILAMOWITZ muß das hier nicht ausgeführt werden.[39] Das
persönliche Verhältnis NORDENS zu dem ehemaligen Berliner Extraordinarius (von 1920–23) EDUARD FRAENKEL war nicht unproblema-
tisch; NORDEN scheint in ihm bald den allzu jungen Konkurrenten gesehen zu haben; möglicherweise bestanden auch bei FRAENKEL Vorbe-
halte.[40] FRAENKEL galt als präsumptiver Nachfolger für NORDENS Berliner Lehrstuhl.[41] Inwieweit WERNER JAEGER, immerhin der Veranstalter
der Weimarer Tagung und kurzzeitig Kollege des jungen FRAENKELS, der
den freigewordenen Kieler Lehrstuhl JAEGERS 1923 besetzte, direkt in
die Auseinandersetzung einbezogen war, läßt sich nicht klären. Wichtiger
dürfte die allgemeine Rivalität zwischen ihm und NORDEN im Berliner
Institut wie in der deutschen Philologie überhaupt gewesen sein. Bereits
in dem entscheidenden Jahr 1926 war klar, daß der weiter im Schatten des
noch lebenden und lebendigen WILAMOWITZ stehende NORDEN von dessen deutlich jüngerem Nachfolger auf den zweiten Rang verwiesen wurde.
In der Folgezeit ist es JAEGER, der die Besetzungen von Assistentenpo-
sten und ähnliches bestimmt.[42]

38 *Gnomon 2* (1926), 688.
39 Siehe den Beitrag von CALDER.
40 Siehe NORDEN an JAEGER am 7. 4. 25: «Fraenkel hat mich durchaus enttäuscht, d. h.
    <u>was</u> er sagte, unterschreibe ich, aber es ist doch nur eine einzige Seite, und wie un-
    tragbar breit hat er sie beschrieben. Wenn ich ihn noch sehe, werde ich ihm ernst ins
    Gewissen reden, zumal ihn der spontane Beifall – ein trügerisches Kriterium, wie wir
    aus Platon wissen – noch selbstbewußter zu machen droht, als er ohnehin ist. Ich
    spreche zumal zu jedem, mit dem ich es gut meine, stets mit düsterer Offenheit.» Zu
    FRAENKELS Haltung siehe NICHOLAS HORSFALL, «Eduard Fraenkel», in: WARD W.
    BRIGGS, WILLIAM M. CALDER (edd.), *Classical Scholarship: A Biographical Ency-
    clopedia*, New York: Garland, 1990, 61.
41 Ebd., 62. Ab wann das der Fall war, sagt HORSFALL nicht. Die rasche Folge der
    Berufungen nach Kiel, Göttingen und Freiburg (1923, 1928, 1931) legt aber nahe, daß
    ein derartiger Gedanke schon früh denkbar war.
42 Siehe MENSCHING 1991 (Anm. 11), 27. 42; 1992 (Anm. 3), 110; siehe auch WIL-
    LIAM M. CALDER (ed.), *Werner Jaeger Reconsidered* (ICS Suppl. 3), Atlanta: Scholars
    Press, 1992. Es ist bezeichnend für die Verhältnisse am Berliner Seminar, daß
    FRIEDRICH SOLMSEN in seiner Darstellung von «Wilamowitz in his Last Ten Years»

Jörg Rüpke

4 Altgermanien

Der von FRAENKEL eingeleitete «Paradigmenwechsel» beanspruchte Zeit. Moment gewann er erst Anfang der dreißiger Jahre, unter anderen mit den Arbeiten von ALTHEIM zum griechischen Substrat der frühsten römischen Religion.[43] Unter all den genannten Rahmenbedingungen war an die großen Pläne, die NORDEN im Jahre 1913 vor der Akademie der Wissenschaften skizziert hatte – eine nach Regionen geordnete Literaturübersicht sowie eine Sammlung aller überlieferten Titel und Fragmente unter gattungsgeschichtlicher Perspektive – nicht zu denken, dafür gab es weder genug eigene Zeit noch fremdes Interesse. Mindestens ein innerer Arbeits- und Publikationsdruck war aber gegeben. Sieht man vom Bericht der Thesauruskommission ab und der noch ganz auf der Linie der «Altlateinischen Studien» gehaltenen dritten, kaum veränderten Auflage des Kommentars zum sechsten Buch der Aeneis, hat NORDEN in diesem Jahr zum erstenmal seit 1912 nichts publiziert.

Einen weiteren «Flop» durfte es nicht geben. Der Latinist warf sich wieder auf ein Gebiet, dem er zwar dem Graezisten WILAMOWITZ gegenüber abgesagt hatte,[44] das aber eine Quelle fortlaufender Erfolge bildete. Im Jahre 1923 war bereits die dritte, ergänzte Auflage der «Urgeschichte in Tacitus' Germania» erschienen. Ebenfalls seit 1923 war NORDEN zusammen mit dem Direktor der vorgeschichtlichen Abteilung im Märkischen Museum, ALBERT KIEKEBUSCH, Herausgeber der Reihe «Deutsche Urzeit», die es im folgenden Jahrzehnt auf drei schmale Bände brachte,

---

(*Greek, Roman and Byzantine Studies* 20 [1979],89–122) ohne jede Erwähnung NORDENS auskommt.

43 FRANZ ALTHEIM, *Griechische Götter im alten Rom* (Religionsgeschichtliche Versuche und Vorarbeiten 22,1); *Terra Mater: Untersuchungen zur altitalischen Religionsgeschichte* (RVV 22,2), Gießen: Töpelmann, 1931. Vgl. die Bewertung von HARALD FUCHS, «Rückschau und Ausblick im Arbeitsbereich der lateinischen Philologie», *MH 4* (1947), 147–198, hier 153. Wenn dieser Autor davon spricht, daß seit Beginn der zwanziger Jahre die Tendenz weg von den griechischen Einflüssen hin zur Eigenart der Römer unter dem griechischen Kleid sich verschoben habe, so trifft diese Beurteilung nicht auf die römische Frühgeschichte zu. Die von ihm konstatierte Entwicklung mag etwas mit NORDENS Popularität zu tun haben, aber nichts mit dem Problem der «Priesterbücher».

44 ABEL 1984 (Anm. 10), 474, der die Reihe der «Deutschen Urgeschichte» überhaupt nicht berücksichtigt, zitiert einen Brief an ULRICH VON WILAMOWITZ-MOELLENDORFF vom 21. 8. 21, den er als ernstgemeinte Absage versteht: «‹Die eigene Arbeit [gemeint ist der zweite Abdruck der ‹Urgeschichte›, ABEL] geht weiter und führt mich in unwirtliche Gegenden, aus denen ich gern heraus möchte; was zum Teufel gehen mich die βάρβαροι an, τὰ τῶν Ἑλλήνων καλὰ πολὺ κρείττω.›»

die sich mit archäologischen und geologischen Problemen beschäftigten. Der geplante Charakter der Reihe geht aus den weitgespannten Buchankündigungen hervor, die am Ende des ersten Titels abgedruckt sind.[45] Danach sollte das «klassische Altertum» durchaus seinen Platz in der Reihe haben. EDUARD NORDEN kündigt hier ein Buch über «Germanisches bei Tacitus und Plinius» an. Diese Planungen dürften sehr vage gewesen sein. Nur das erste angekündigte Buch erschien überhaupt, und zwar in zwei Titeln der Jahre 1931 und 1935.[46] NORDENS Werk stand an dritter Stelle. Hier gab es also Pläne. Allerdings spielt in «Altgermanien» Plinius fast kein Rolle,[47] man wird es kaum so verstehen dürfen, als sei damit die Ankündigung eingelöst. Tacitus' Germania und die germanische Frühgeschichte lagen aber in jedem Fall nahe,[48] ein Feld, das für den Autor ohnehin emotional sehr positiv besetzt war.[49] Gerade im Sommer 1926 war die Verbindung zu KIEKEBUSCH noch aus einem anderen

---

45 ALBERT KIEKEBUSCH, *Die Ausgrabung des bronzezeitlichen Dorfes Buch bei Berlin* (Deutsche Urzeit 1), Berlin: Reimer, 1923.

46 FRIEDRICH SOLGER, *Der Boden Niederdeutschlands nach seiner letzten Vereisung* (Dt. Urzeit 2) und ders., *Die Entstehung der norddeutschen Bodenformen während der Eiszeit* (Dt. Urzeit 3). Daß die Reihe nicht so «ging» wie geplant, zeigt der Zusatz der Titelblätter: «Die Herausgabe des vorliegenden Bandes erfolgte unter Mitwirkung des Deutschen Lehrervereins für Naturkunde, Zweigverein Groß-Berlin ...»

47 Siehe etwa *AG* 19, Anm. 1.

48 Die Tacitus-Vorlesung des Wintersemesters 1926/27 war ein weiterer Grund; sie könnte aber auch einfach von den Veranstaltungszyklen her «fällig» gewesen sein.

49 Siehe das Geleitwort zum ersten Band der «Deutschen Urzeit» mit seiner ausführlichen Reflexion über die nationale Rolle deutscher Wissenschaftler nach dem Ersten Weltkrieg (KIEKEBUSCH [Anm. 45]). Die Bedeutung dieses Vorwortes darf nicht auf das Adjektiv «national» eingeschränkt werde. Es berührt sich im Anliegen mit dem gemeinsam mit ALFRED GIESECKE-TEUBNER herausgegebenen, bewußt für ein breites Publikum konzipierten Band *Vom Altertum zur Gegenwart: Die Kulturzusammenhänge in den Hauptepochen und auf den Hauptgebieten* (Leipzig: Teubner, 1919: keine Fußnoten; kürzere Literaturhinweise erst in der 2. Aufl. 1921). Hier werden zwei Grundzüge in NORDENS wissenschaftlichem Selbstverständnis sichtbar: Die direkte Wendung an das breite Publikum (man denke an den Schulunterricht 1917) und die Einbettung des historischen Gegenstandes in eine geschichtliche Linie, an deren Ende er sich und seine Zeit stehen sah. Der erste Punkt kommt auch in seinem *Friedrich-Wilhelms-Universität: Bericht über das Amtsjahr 1927/28 erstattet bei der Rektoratsübergabe am 15. 10. 28* (Berlin 1928), 13, zum Ausdruck: «Unsere Zeit, vor allem wir in Deutschland, kranken, wie mir scheinen will, an einer Hypertrophie des akademischen Intellektualismus». Die Ablehnung einer zu intellektualistischen Bildung entspricht dem Anliegen der «Richtertschen Schulreform» 1924/25 (siehe W. ABEL, «Lateinisch und Griechisch an Berliner Schulen: Ein Epilog», in: W. ARENHÖVEL, C. SCHREIBER (Hgg.); Berlin und die Antike [2]: Aufsätze, Berlin: Deutsches Archäologisches Institut, 1979), 193–213, hier 211).

Grund aktuell: NORDEN versuchte ihn im Juni als Mitglied einer Berufungskommission als Nachfolger GUSTAF KOSSINNAS auf den Lehrstuhl für Vorgeschichte zu lancieren.[50]

NORDEN begab sich nun daran – krass formuliert –, aus Abfall ein Buch zu machen, dessen Zusammenhang nur mit Mühe zu erkennen ist.[51] Die Entstehungsgeschichte der fünf Buchteile, 1927/28 durch das Rektorat, ab 1933/34 durch das politische Umfeld, den sich schnell etablierenden NS-Staat behindert, läßt sich dem Text und den Akademievorträgen entnehmen. Vermutlich begann NORDEN mit dem aus der Germania her noch offenen Problem der *decumates agri*, das durch zwei Aufsätze von ELLIS HESSELMEYER[52] einer Klärung erheblich näher ge-

50 Zeugnis dafür ist ein Brief an Theodor WIEGAND (1864–1936), den Direktor der Antikenabteilung der Preußischen Museen in Berlin und späteren Präsidenten des DAI und Kollegen in der Akademie (siehe ausführlich C. WATZINGER, *Theodor Wiegand, ein deutscher Archäologe 1864–1936*, München: Beck, 1944), vom 12. 6. 26, der im DAI-Zentralarchiv aufbewahrt wird: «Sehr verehrter, lieber Herr Wiegand! Darf ich in folg. Angelegenheit Ihre Hilfe erbitten? Demnächst tritt Kossinna in den Ruhestand; es ist bereits eine Kommission ernannt zur Beratung von Ersatzvorschlägen. Ich beabsichtige, die Aufmerksamkeit der Kommission, der ich selbst angehöre, auf Kiekebusch zu lenken. Da wäre es mir nun von größtem Werte, mich auf Ihr Urteil berufen zu können. Würden Sie geneigt sein, mir ein solches zur Verfügung zu stellen, das ich dann der Kommission vorlegen dürfte? Es wird sich vor allem darum handeln, die Stellung von K. als Gelehrten zu charakterisieren. Ich könnte Ihnen, falls Sie darauf Gewicht legen, die Arbeiten K.'s, die er mir auf meinen Wunsch eingeliefert hat, zugänglich machen. Es wird aber vielleicht nicht unbedingt nötig sein, da mir das Wesentliche scheint, wenn der Kommission eindrucksvolle Worte über seine Gesamtstruktur als Forscher zu Gehör gebracht werden; sollte Ihnen etwas über seine paedagogische Begabung bekannt sein (er hält ja eine Art von Seminar ab), so würde auch deren Erwähnung erwünscht sein. Mein Stand wird nicht ganz leicht sein: denn Kossinna, der in der Kommission (leider) das erste Wort führt, wird bestrebt sein alles aufzubieten, um die Kandidatur seines ehemaligen Schülers zu Fall zu bringen, da dieser nicht zu seinen bedingungslosen Adoranten u. Proskyneten gehört. Um so wichtiger würde mir Ihre Unterstützung sein: ich brauch ja kein Wort darüber zu verlieren, wie entscheidend grade Ihr Urteil für die Kommission sein würde. Der Termin, an dem die Komm. tagen wird, ist noch nicht festgesetzt. Aber es ist Ihnen vielleicht möglich, mir bis etwa Mitte oder Ende nächster Woche (ca. 16–18. Juni) Bescheid zu geben. Adressieren Sie dann, bitte, an meine Privatadresse (Lichterfelde, Karlstr. 26). Mit vielem Dank schon jetzt und schönsten Grüßen Ihr E. Norden.» Das Manöver mißlang. KIEKEBUSCH wurde erst am 15. 6. 32 zum Honorarprofessor ernannt (*Chronik der Friedrich-Wilhelms-Universität ... 1932/ 1935*, 22); er starb bereits am 27. 6. 35 (*Chronik 1935/36*, 7) und mit ihm wohl auch endgültig die «Deutsche Urzeit».

51 Dieser Mühe unterzieht sich ABEL 1984 (Anm. 10), 472–4; das Ergebnis spricht für sich. Die Entschuldigung mit dem erzwungenen schnellen Buchabschluß 1933/34 (LENZ [Anm. 21], 252) halte ich nicht für ausschlaggebend.

52 «Die Rechtslage im Dekumatland vor seiner Einverleibung ins römische Reich und die

bracht worden war.[53] Als nächstes folgte die Behandlung einer Perikope aus dem Geschichtswerk des Ammianus Marcellinus (18,2,15). Auch dieser Satz war im Zusammenhang mit Tacitus' Germania bereits bedacht worden,[54] ein Teilproblem hatte NORDEN schon 1921 in einem Akademievortrag behandelt. Über «Römer und Burgunder» trug er auch 1929 vor.

Sicher ist, daß ihm das Material auch im Zusammenhang mit den «Altlateinischen Studien», namentlich bei *fines* und *limen*, begegnet war. Dafür sprechen die Hinweise auf Augurenwesen und Termination.[55] Allein *nach* der Interpretation der Auguralformel ist auch das Kapitel über den Toutonenstein (4) und den hier geschilderten Anfangsirrtum verständlich. NORDEN ging von einer – bei der Autopsie falsifizierten[56] – Lesung *F* aus, das er zu *f(ines)* ergänzte, wie bei Varro das *ME* zu *MF* und *m(eae) f(ines)* korrigiert wurde.[57] Der fünfte Teil faßt zusammen; er bezieht sich stark auf das «Germania»-Buch zurück.[58]

Vor diesem Hintergrund kann man NORDENS Selbstzweifel, die er im Herbst 1934 LIETZMANN gegenüber äußert, verstehen. In gewissem Sinne stellt das Buch tatsächlich Stückwerk dar.[59] Wichtig für die weiteren Pläne ist die Bemerkung NORDENS am Ende der Vorrede: «Mit diesem Buch beschließe ich meine Arbeiten über Γερμανικά.»[60]

populäre Vorstellung vom ‹Zehntland›», *Klio 19* (1925), 253–276, und «Decumates agri und agri decumani», *Klio 20* (1926), 344–353.

53 NORDEN, *AG* 140; den frühen Abschluß dieses Teils zeigt der Nachtrag 187–190; der nochmalige Tacitus-Vortrag in der Akademie am 18. 1. 34 dürfte mit diesem Nachtrag und dem dahinter ausgefallenen Teil (191–194) zu tun haben (zu diesen fehlenden Seiten siehe ABEL 1984 [Anm. 10], 472 f.). Die kurze Nachricht in den Sitzungsberichten sagt explizit: «Im Anschluß an Mommsen und besonders Ellis Hesselmeyer suchte er den gallorömischen Ursprung der Bezeichnung zu erweisen.» Der Akademievortrag von 1927, «Bemerkungen zu Tacitus», beschäftigte sich mit der Überlieferungsgeschichte des Agricola und der Germania sowie mit der Abfassungszeit der Annalen *(Sitzungsberichte der Preussischen Akademie der Wissenschaften, phil.-hist. Kl.* 1927, 19).

54 *AG* 12.

55 Ebd., 15–17. 65–70; siehe auch 83, Anm. 2; auf diese Seiten beziehen sich auch später Rückverweise in den «Priesterbüchern»: *AP* 164 (auf 16, Anm. 2); 41, Anm. 2 (auf 17); 38, Anm. 3 (auf 60, Anm. 2).

56 *AG* 206.

57 Ebd., 203.

58 Ebd., 217. 293. 300, Anm. 1.

59 ALAND (Anm. 22), Nr. 878 vom 21. 10. 34: «Manchmal kam mir inter scribendum ... der Gedanke, die Kiste mit ‹Romanorum-Alamannorum› hättest du ja eigentlich auch in Form eines kleinen Aufsatzes schieben können.» Und etwas später: «Ich scheitere hier wie sonst an der Unfähigkeit, über τὰ καθ' ἕν zu den καθόλου vorzudringen.»

60 *AG* xi. Der publizierten Aussage wird man einen anderen Stellenwert zubilligen dürfen

5 Aus altrömischen Priesterbüchern

Das Jahr 1934 bedeutet einen zweiten Einschnitt, vor allem in den äußeren Umständen. Sie kristallisierten sich in der Entfernung NORDENS aus der Zentraldirektion des Deutschen Archäologischen Instituts und der Emeritierung am Ende des Wintersemesters 1934/35.[61] In welchem Umfang NORDEN wieder an seinen «Altlateinischen Studien» arbeitete, ist ungewiß; gegen Ende des Jahres erschien unter dem Titel «Orpheus und Eurydike» ein «nachträgliches Gedenkblatt für Vergil», die Ausarbeitung eines Akademievortrages des Jahres 1930, die letzte Publikation, die nicht unmittelbar mit den «Altlateinischen Studien» zusammenhing.[62]

> Schwierig einzuordnen ist das Zeugnis von Friedrich Walter LENZ über ein Gespräch «nach Ostern 1933»: «Er arbeitete damals intensiv an den ‹Altlateinischen Studien› und entwickelte mir den Plan des Buches. Ursprünglich bestand die Absicht, daß Weidmann das Werk verlegen und sein Freund Felix Jacoby es in die ‹Problemata› aufnehmen sollte. Wenn dieser Plan nicht durchzuführen war, sollte es bei Teubner erscheinen ...»[63] Die Chronologie ist in den hier abgedruckten Erinnerungen oft sehr unklar und verwirrend. Zuverlässiger ist die Bemerkung NORDENS in einem Brief an FRAENKEL vom 31. 8. 34: «... was die altlat. Studien betrifft – Sie überschlugen also nicht einmal beiläufige Anmerkungen –, so werde ich meine alten Mühlsteine drehen.» Der Abschluß des Altgermanienbuches und eine erneute Durchsicht des alten Manuskripts scheint NORDEN somit im Sommer 1934 zum festen Entschluß gebracht zu haben, das Vorhandene zum Ausgangspunkt einer Überarbeitung zu machen.[64]

Nachdem sich NORDEN zur Richtigkeit von FRAENKELS Einwänden durchgerungen hatte, war das Manuskript im Grunde genommen relativ schnell abzuschließen.[65] Was nun an Verzögerungen auftrat, geschah im wesentlichen auf Rechnung des Publikationsverfahrens, hing aber auch

als vergleichbaren Aussagen in Briefen. Zum möglichen zeitgeschichtlichen Hintergrund der Absage siehe MENSCHING, *Nugae zur Philologie-Geschichte [1]: Über Eduard Norden, Walther Kranz und andere*, Berlin: [Selbstverlag], 1987, 54.

61   ABEL 1984 (Anm. 10), 471; siehe dazu den Brief an JAEGER vom 29. 12. 34.

62   Die Komposition des 3. Buches von Vergils Georgica hat NORDEN erstmalig im Sommersemester 1914 behandelt (LENZ [Anm. 21], 251). Der in den Sitzungsberichten von 1934 (626–684) abgedruckte Aufsatz erklärt, die Abhandlung sei «für den Druck erst in diesem Jahr ausgearbeitet» worden (626).

63   «Erinnerungen an Eduard Norden», *Antike und Abendland 7* (1958), 159–171, hier 169 f.

64   Zu weiteren Zeugnissen siehe unten.

65   Daß der Text weitestgehend fertig war, zeigt auch die Beobachtung ABELS (1984 [Anm. 10], 479), daß sich NORDEN stilistisch von dem «Altersstil» in «Altgermanien» wieder abkehre.

mit der Unfähigkeit zusammen, wichtige von unwichtigen Nachträgen zu trennen und das Buch endgültig aus der Hand zu geben. Die Publikationsgeschichte ist ausführlich von Eckart MENSCHING dargestellt worden.[66] Sie soll hier nur kurz zusammengefaßt und um einige – allerdings wichtige – Zeugnisse bereichert werden.

Den politischen Rahmen der Publikation bildete die sich schubweise verschärfende Judenverfolgung des nationalsozialistischen Regimes. Bei der Behinderung der Publikationen von «Nichtariern», unter die auch der als Jude geborene EDUARD NORDEN subsumiert wurde,[67] muß deutlich zwischen freien Schriftstellern und wissenschaftlichen Veröffentlichungen unterschieden werden. Für die erste Gruppe ergaben sich die Schikanen durch den Ausschluß aus der Reichskulturkammer beziehungsweise Reichsschrifttumskammer und dem Reichsverband des deutschen Schrifttums, für die Zwangsmitgliedschaft bestand.[68] Dieser Vorgang ist durch VOLKER DAHM eingehend untersucht worden; er setzt massiv Anfang 1935 ein, zieht sich aber bis Kriegsbeginn hin.[69] Demgegenüber ist die Situation für die zweite Gruppe weit weniger klar. Zuständig war der «Reichsminister für Wissenschaft, Erziehung und Volksbildung», BERNHARD RUST.[70] Ein vermutlich einschlägiger Erlaß aus dem Jahr 1935 ist nicht nachweisbar,[71] ein Totalverbot für Neuerscheinungen wissenschaftlicher Werke «jüdischer» Autoren wurde erst als «Amtliche Bekanntmachung Nr. 70» (vom 15. 4. 40) am 21. Mai dieses Jahres im «Völkischen Beobachter» publiziert, doch auch hier gab es wieder Sonderregelungen.[72]

---

66 MENSCHING 1987 (Anm. 60), 59–83; nochmals 1992 (Anm. 3), 132–135.

67 Zur Problematik des Gesetzgebers, zu einer «rassischen» und nicht religiösen Definition des Judenbegriffs zu kommen («Nichtarier») – und dem Scheitern dieses Versuches – siehe UWE DIETRICH ADAM, *Judenpolitik im Dritten Reich*, Tübinger Schriften zur Sozial- und Zeitgeschichte 1, Düsseldorf: Droste, 1972, 132–144.

68 Grundlage: Reichskulturkammergesetz vom 22. 9. 33 *(Reichsgesetzblatt* 1933 I, 661) mit den beiden Durchführungsverordnungen vom 1. und 9. 11. 33 *(RGBl* 1933 I, 797 und 969).

69 «Das jüdische Buch im Dritten Reich I: Die Ausschaltung der jüdischen Autoren, Verleger und Buchhändler», *Archiv für Geschichte des Buchwesens 20* (1979), 1–300; zum wissenschaftlichen Bereich: 216–224.

70 Zur Person: PETER D. STACHURA, «Das Dritte Reich und die Jugenderziehung: Die Rolle der Hitlerjugend 1933–1939»; in: KARL DIETRICH BRACHER, MANFRED FUNKE, HANS-ADOLF JACOBSEN (Hgg.), *Nationalsozialistische Diktatur 1933–1945: Eine Bilanz* (Schriftenreihe der Bundeszentrale für politische Bildung 192), ND Bonn 1986, 239–241.

71 Siehe DIETRICH STROTHMANN, *Nationalsozialistische Literaturpolitik: Ein Beitrag zur Publizistik im Dritten Reich*, 2. verb. Aufl., Bonn: Bouvier, 1963, 209; dazu DAHM (Anm. 69), 217.

72 DAHM (Anm. 69), 212 f.

Kompetenzwirrwarr, Improvisationen und Widersprüche kennzeichnen auch diesen Bereich des nationalsozialistischen Staates.

Im Hinblick auf EDUARD NORDEN ist festzuhalten, daß sein Name in den «Listen des schädlichen und unerwünschten Schrifttums» oder im «Verzeichnis der Schriften, die 1939 bis 1945 nicht angezeigt werden durften»[73] nicht auftaucht. Ein Import- oder Verbreitungsverbot für die im neutralen Schweden verlegten «Priesterbücher» ist auszuschließen. Was die deutschen Verlage angeht, so stand ihnen, wenigstens bis 1940, eine Publikation gesetzlich offen. Die entscheidende Rolle spielt hier das Stichwort «Selbstzensur». Zuschüsse der Deutschen Forschungsgemeinschaft, ja die Erlaubnis verlegerischer Tätigkeit überhaupt war auch von der «Zuverlässigkeit und Eignung» des Verlages insgesamt abhängig – und hier stellte ein jüdischer Autor, zumal ab 1935, eine Belastung dar.[74] Immerhin hatte am 4. Februar dieses Jahres das Oberlandesgericht München erklärt, daß trotz gegenteiliger Vertragslage «einem Verleger aus wirtschaftlichen Gründen nicht zugemutet werden kann, daß Werk eines nichtarischen Urhebers weiterhin zu verlegen.»

Wie sah es nun im Falle der «Altlateinischen Studien» aus? Die frühesten von LENZ genannten Versuche (Problemata-Heft bei Weidmann; Teubner) lassen sich nicht datieren. In der von mir ausgewerteten Korrespondenz findet sich der erste Hinweis auf eine tatsächliche Arbeit am Manuskript erst am 10. 9. 35 (an EDUARD FRAENKEL). Der Brief spricht von Auguren und Arvalbrüdern: ein sicheres Indiz, daß er am Gesamtmanuskript arbeitete, dessen Fertigstellung er für den Winter ins Auge faßte. Am 1. 3. 36 ist dann erstmals von Publikation die Rede, die Einstellung der Problemata wird vermerkt. Zum Zeitpunkt des Akademievortrags im April 1936 scheint eine Publikation in den Abhandlungen der Akademie geplant, die auch noch am 3. Juni (an FRAENKEL) als Möglichkeit erscheint; doch schon Mitte des Monats gibt es Kontakte mit dem Verlag de Gruyter,[75] die NORDEN aber im Folgejahr zugunsten der Philologus-Supplemente aufgibt. Spätestens im September 1937 hat sich auch das zerschlagen.[76] Was nun allein bleibt, ist das Ausland. Noch im Herbst 1937 wendet er sich an die Wissenschaftliche Gesellschaft im

---

73 Deutsche Nationalbibliographie, Ergbd. 1, Leipzig: Börsenverein, 1949; die Listen nachgedruckt Vaduz: Topos, 1979. Dazu DIETRICH AIGNER, «Die Indizierung ‹schädlichen und unerwünschten Schrifttums› im Dritten Reich», *Archiv für die Geschichte des Buchwesens 11* (1971), 933–1034.
74 Siehe DAHM (Anm. 69), 205, das folgende zitiert nach 201.
75 Siehe oben und MENSCHING 1987 (Anm. 66), 63 f.
76 Ebd., 59–61.

schwedischen Lund, deren Mitglied er seit den zwanziger Jahren ist.[77]
Hier reagiert man schnell. Schon am 2. Dezember kann sich NORDEN in
einem Brief an MARTIN P. NILSSON, Sekretär der Gesellschaft seit 1918
und Akademiekollege seit 1924, für die Zusage bedanken. Anfang 1938
gehen die ersten Manuskriptteile der «Altlateinischen Studien» nach
Schweden.[78]

Am 25. August 1938 bittet NORDEN NILSSON um eine Änderung des
Titels. Das Buch soll nun «Aus altrömischen Priesterbüchern» heißen. Das
stellt nur eine Oberflächenkorrektur dar, aber es produziert einen Zusammenhang, der im Grunde genommen mit der unveränderten Übernahme
des Augurenspruches als uritalisches Produkt und der Analyse des Ar-
valliedes als *carmen graecanicum* zerrissen war.[79] Die Genese des Titels
ist aufschlußreich – zumal sie aus dem Sprachgeschichtler einen Reli-
gionsgeschichtler macht. Einblick gewährt der Briefwechsel mit JAEGER.
Ihm teilt NORDEN am 2. Februar 1939 mit:

> Ich kann noch arbeiten: wie viel Glücksgefühl strömt aus diesem einen Satze.
> Das Manuscript des Buches «Aus altrömischen Priesterbüchern» (dieser Titel
> bezeichnet praecis den Inhalt u(nd) ist nicht so farblos wie «Altlateinische
> Studien») ist fertig; die officina in Lund hat nach monatelangem Pausieren ihre
> Tätigkeit wieder aufgenommen; ich hoffe, daß ich Ihnen das Buch gegen Mitte
> des Jahres, vielleicht etwas früher, werde senden können. Durch eine Art von
> Hintertür kommen wirklich auch die Musen herein, da ich griechische Kultlie-
> der analysieren muß, um das Arvallied verständlich zu machen; ob mit Erfolg,
> werden Sie prüfen müssen. Beim Erscheinen werden wir wohl nicht mehr im
> Vaterland weilen ...

An diesem Brief ist nicht nur der äußerst versteckte Hinweis auf den fast
«dramatisch» zu nennenden Entstehungsprozeß des Buches – «Hintertür»
– auffällig, sondern auch, daß die Hauptsache verschwiegen wird. Wir –

---

77 Wenn das *Amtliche Personalverzeichnis der Friedrich-Wilhelms-Universität zu Berlin
für das 121. Rektoratsjahr 1930/31* (Berlin, 7) erstmalig den Ehrendoktor (Cambridge)
und die Akademiemitgliedschaften in Göttingen, Wien, Leningard, Neapel, Göteborg
und Lund nennt, so beruht das lediglich darauf, daß das Verzeichnis mit diesem Jahr-
gang viel ausführlicher geworden ist.

78 Die Briefe an NILSSON bei RÜPKE (Anm. 7), 62–86.

79 Die Titeländerung erwähnt NORDEN auch in einem Brief vom 28. 10. 38 an ALBERT
REHM (Bayerische Staatsbibliothek, Rehmiana IV A, zit. nach MENSCHING 1987
[Anm. 66], 72): «Ich habe ihm statt des etwas zu farblos und allgemein gewählten Titels
‹Altlateinische Studien› nun einen den Inhalt genau bezeichnenden gegeben: ‹Aus alt-
römischen Priesterbüchern.› Der Druck hat sich durch einen fast vierteljährlichen Set-
zerstreik verzögert; ich rechne mit dem Erscheinen etwa im Frühjahr 39 – freilich unter
Ausschluß der Öffentlichkeit bei uns.»

und JAEGER – erfahren sie erst aus dem übernächsten Brief, vom 12. Mai
1939. Im Zusammenhang mit einer Bemerkung über den Manuskript-
abschluß schreibt NORDEN:

> Aber da muß ich Ihnen doch etwas erzählen. In einem Ihrer Briefe schrieben
> Sie: ‹Was macht Ihr Priesterbuch?› Das war mir eine Erleuchtung. Ich hatte
> vergeblich über einen vernünftigen Titel gegrübelt; ‹Altlateinische Studien›
> erschien mir zu fade. Aber dank Ihrer Mystagogie kam mir das φέγγος: ‹Aus
> altrömischen Priesterbüchern.› Wie schade, daß ich dies ganz Persönliche nicht
> im Vorwort sagen kann, an dem ich herumbastle.

Mit Hilfe dieser Information, läßt sich der Zeitpunkt der Änderung recht
genau eingrenzen. Der Brief JAEGERS, auf den hier angespielt wird, muß
Mitte Juli 1938 geschrieben worden sein. NORDEN reagiert wenige Tage
nach Erhalt mit einer Information über den Fortgang des Drucks am
12. August 1938:

> Mein ‹Priesterbuch›, wie Sie es hübsch nennen, ruht, nachdem die ersten 8
> Bogen gesetzt waren, in scrinis officinae Lundensis infolge eines schwe-
> d(ischen) Setzerstreiks, dessen Ende auch nach fast 1/4jähriger Dauer nicht
> absehbar ist.

Am folgenden Tag schreibt NORDEN an FRAENKEL, er «kokettiere mit
dem Gedanken, sie umzutaufen: Aus altrömischen Priesterbüchern». Aus
der spöttischen Titulierung wird eine Selbstbezeichnung. Das Buch hat –
trotz nicht abreißender Nachträge – seine endgültige Gestalt gewonnen.

Eduard NORDEN steht die härteste Zeit noch bevor. Diese letzte Phase
der Buchentstehung, die die «Reichskristallnacht wie die Emigration
überspannt, ist nicht mehr Gegenstand dieser Darstellung, sie soll aber
wenigstens tabellarisch zusammmgefaßt werden. Allgemeine Maßnahmen
der Judenverfolgung sind dabei nur in Auswahl aufgeführt und nur, wenn
die Anwendung auf den Berliner Emeritus wahrscheinlich ist.[80]

Januar 1938	NORDEN sendet erste Manuskriptteile nach Lund.
26. 04.	«Verordnung über die Anmeldung des Vermögens von Ju-den» *(RGBl.* 1938,I, 414–6).[81]

---

80 Vgl. das ähnliche Schicksal von FRIEDRICH MÜNZER von der Universität Münster, der
    nicht emigrierte und im Herbst 1942 unter miserablen hygienischen Verhältnissen in
    Theresienstadt starb: ALFRED KNEPPE, JOSEF WIESEHÖFER, *Friedrich Münzer: Ein
    Althistoriker zwischen Kaiserreich und Nationalsozialismus* ... Bonn: Habelt, 1983.
    Allgemein sei neben ADAM (Anm. 67) auf HERMANN GRAML, *Reichskristallnacht:
    Antisemitismus und Judenverfolgung im Dritten Reich*, München: dtv, 1988, hingewie-
    sen.
81 Die Untergrenze lag bei 5.000 Reichsmark.

Ende Mai	Ausbruch eines Setzerstreiks in Schweden (s. den Brief an JAEGER vom 12. 8.)
12. 07.	Korrekturlesen, Arbeitsunfähigkeit. NORDEN erwartet eine Publikation bis Ende des Jahres, doch NILSSON teilt ihm den Ausbruch des möglicherweise langwierigen Setzerstreikes mit (an JAEGER).
12. 08.	Noch kein Ende des Setzerstreiks. Nach der Geschichte des Manuskriptes wäre der Tod des Verfassers vor dem Erscheinen nur folgerichtig (NORDEN an JAEGER).
17. 08.	«2. Verordnung zur Durchführung des Gesetzes über die Änderung von Familiennamen und Vornamen» *(RGBl. 1938,I, Nr. 130 vom 18. 8.).* Nach § 2–3 müssen Männer mit nichtjüdischen Vornamen ab 1. 1. 39 zusätzlich den Namen «Israel» führen und im Rechts- und Geschäftsverkehr immer benutzen.[82]
21. 09.	Siebzigster Geburtstag. NORDEN läßt Danksagungen drucken (s. 2. 2. 39).
24. 09.	14tägige Reise nach Süddeutschland und Tirol (15. 9. an NILSSON; s. a. 2. 2. 39).
05. 10.	«Verordnung über Reisepässe von Juden» *(RGBl.* 1938,I, Nr. 159, 7. 10.).* Auslandsgültigkeit nur nach Einstempelung eines «J».[83]
12. 10.	Erzwungener Austritt aus der Preußischen Akademie der Wissenschaften.
28. 10.	Erscheinen für Frühjahr 1939 erwartet (an REHM).[84]
09. 11.	«Reichskristallnacht». Danach «Lethargie des Schreibens»? (s. 2. 2. 39).
12. 11.	«Verordnung über eine Sühneleistung der Juden deutscher Staatsangehörigkeit» *(RGBl.* 1938,I, Nr. 189, 14. 11. mit der Durchführungsverordnung vom 21. 11.):* Vermögensabgabe von zwanzig Prozent in vier Teilbeträgen (15. 12., 15. 2., 15. 5. und 15. 8.). Zur Finanzierung wird NORDEN einen Teil seiner Bibliothek verkaufen.[85]
26. 11.	Die restlichen 25 Manuskriptblätter werden für Dezember angekündigt; schlechter Gesundheitszustand (an NILSSON).

---

82 Für und von NORDEN ist das zu Lebzeiten anscheinend nicht praktiziert worden. In seiner Personalakte der Berliner Universität findet sich diese Namensform erst im September 1941 in einer «Nachweisung zur Anweisung der Versorgungsbezüge» (Bestand UK, N 93, Bl. 91).

83 Dahinter stand der Druck der Schweiz, die Immigration von Juden zu stoppen, siehe ADAM (Anm. 67), 199f.

84 MENSCHING 1987 (Anm. 66), 72.

85 FRITZ WEHRLI, ebd., 87.

30. 11.	Ausreiseantrag für die Schweiz (Personalakte, Bl. 61).
08. 12.	Erlaß des Reichsministers für Wissenschaft, Erziehung und Volksbildung: Emeritierte und entlassene jüdische Wissenschaftler dürfen Universitätseinrichtungen nicht mehr benutzen.[86]
Januar 1939	Das Haus in Berlin wird nach dreiunddreißig Jahren zum Verkauf angeboten (s. 2. 2. 39); Käufer ist der Ministerialrat E. Feldbausch *(Amtliches Berliner Adressbuch 1940)*.
02. 02.	Das Manuskript ist fertig; NORDEN kann wieder arbeiten. Erscheinen für Jahresmitte oder kurz zuvor erwartet (an JAEGER).
04. 05.	Endgültige Ausreisegenehmigung (Personalakte, Bl. 68).
12. 05.	Übersiedlung für Sommer erwartet; Haushaltsauflösung. Erscheinen der «Priesterbücher» für Juli oder August erwartet. Arbeit am Vorwort (an JAEGER).
05./06. 07.	Übersiedlung nach Zürich.
29. 07.	Terminus post quem der letzten datierbaren Korrektur in den «Priesterbüchern» *(AP 288)*.
01. 09.	Deutscher Überfall auf Polen.
25. 09.	Der Druck ist abgeschlossen, aber der Kriegsbeginn verzögert die Auslieferung/den Transport ins Ausland (an RAND).
12. 10.	Keine produktive Arbeit mehr; die Auslieferung müßte begonnen haben (an JAEGER).
30. 10.	NORDEN geht davon aus, daß JAEGER ein Exemplar erhalten hat (an JAEGER).
13. 07. 1941	EDUARD NORDEN stirbt in Zürich. Die letzten Pläne, Demosthenes zum Beispiel, bleiben unausgeführt.

---

86 *Deutsche Wissenschaft, Erziehung und Volksbildung: Amtsblatt ... 4* (1938), Heft 24 vom 20. 12., 550 (Az. W A 3270 Z II a). In der Folgezeit hat der ehemalige Schüler FRITZ GOTTFRIED SCHWARZ die Bücher beschafft (RÜPKE [Anm. 7], 53 f.; EMN 68).

Eduard Norden storico delle religioni e l'antichistica italiana

von Giovanni Casadio

Perché a cinquant'anni dalla sua morte nell'amaro esilio svizzero si torna a parlare di EDUARD NORDEN e della sua funzione intellettuale al crocevia tra filologia classica e orientalistica, tra storia culturale antica e teologia? E, in particolare, che significato ha indagare il ruolo di NORDEN – in quanto filologo e storico delle forme religiose – nella storiografia italiana? Riguardo al primo quesito, resta memorabile il ruolo prestigioso che l'opera di questo studioso ha svolto all'interno di quel *Kreis* straordinariamente erudito e brillantemente dogmatico che ha impresso un'impronta decisiva sugli studi di storia delle religioni antiche nella Germania della prima metà di questo secolo. Intendiamo naturalmente riferirci a quel particolare stile interpretativo (definibile anche con una singola parola: «religionsgeschichtlich») nato dall'incontro e dalla mutua fecondazione tra i biblisti adepti della *Religionsgeschichtliche Schule* (da GUNKEL a BOUSSET a GRESSMAN) di Gottinga, il filologo gottinghese R. REITZENSTEIN (isolato tra i colleghi classicisti, ma sodale e ispiratore di orientalisti) e il *Bonner Kreis* di H. USENER «filologo della religione» (la definizione è di A. MOMIGLIANO), *in primis* lo stesso NORDEN (che come storico religioso ha avuto forse un solo erede: H. HOMMEL) e il genero ed erede spirituale di USENER, A. DIETERICH (educatore di uno stuolo di ricercatori attivissimi, tra cui il tubinghese O. WEINREICH). E' noto che questo stile interpretativo si è applicato in particolare a definire i rapporti tra l'ellenismo e il sincretismo orientale (un sincretismo in cui il fattore dominante è di volta in volta caldeo, egiziano o iranico), con l'obbiettivo dichiarato di risolvere il problema dei problemi: le origini del cristianesimo (e dello gnosticismo, concepito come una *Weltreligion* precristiana), nel suo fulcro (il Salvatore) e nei suoi motivi più caratteristici. L'influsso che questo stile di approccio testuale ha avuto in particolare su R. BULTMANN, maestro di una generazione di teologi neotestamentari, dovrebbe bastare a tenere desta l'attenzione dei cultori di storia del cristianesimo. Tra i filologi e storici che studiano le religioni antiche (classiche e orientali), in Germania come nel resto del mondo, la musica che conta è ora suonata da ben altre orchestre. Comunque, è da poco cessata l'attività scientifica di un altro tubinghese che lavorava a cavallo tra «an-

B. Kytzler / K. Rudolph / J. Rüpke, Hrsg.: Eduard Norden
(Palingenesia, Bd. 49). - © Franz Steiner Verlag Stuttgart 1994

tike Religionsgeschichte» e «Frühes Christentum», H. HOMMEL (erede di gran parte dei temi e dei dibattiti sollevati dal suo maestro NORDEN), mentre è tuttora saldamente attestato sulla breccia il gottinghese W. FAUTH (allievo del geniale ma prudente orientalista H. H. SCHAEDER ed erede – filologicamente più ferrato – delle tematiche del sincretismo agitate da REITZENSTEIN). Ma, per quanto riguarda le radici e i riflessi in Germania rimando naturalmente ai contributi degli studiosi tedeschi.

Che dire allora dell'influsso di NORDEN in Italia? (Ribadisco: di NORDEN filologo della religione; l'influsso di NORDEN filologo delle forme letterarie è stato certamente cospicuo, ma non compete a me di occuparmene.) Devo subito anticipare che è stato piuttosto esiguo, per quello che riguarda gli storici delle religioni propriamente detti: questi, a partire da R. PETTAZZONI, hanno allargato – o, in certi casi, ristretto – lo spettro tematico e metodologico in una direzione cha va ben oltre – o trascura totalmente – una prospettiva di ricerca strettamente *religionsgeschichtlich*. Tra gli storici del cristianesimo, non mi sembra che le indagini sui problemi delle origini – del resto non particolarmente fiorenti – abbiano seguito le linee indicate da NORDEN in *Agnostos Theos* o in *Die Geburt des Kindes*. Nel settore ben più affollato dei cultori di studi classici, in particolare virgiliani, le soluzioni date da NORDEN a diversi problemi di storia religiosa antica sono un referente d'obbligo quasi per tutti, ma – salvo rare occasioni – si desiderano invano critiche incisive del metodo di NORDEN o indagini personali che proseguano sulla strada da lui indicata. Si badi bene: questa non vuole essere una critica ai filologi italiani, ma una semplice constatazione storica. La filologia classica italiana ha tanti meriti e anche tanti demeriti: tra questi non certo quello di non avere a suo tempo prestato orecchio alle sirene dell'*Altertumswissenschaft* d'oltralpe, particolarmente nella sua versione berlinese (WILAMOWITZ e NORDEN in particolare). Ma per ragioni che sono ben presenti allo scrivente, come a chiunque conosca dal di dentro le nostre accademie o altrimenti abbia scorso i «contributi» di A. MOMIGLIANO, le sue energie si sono consumate in altre direzioni. Questa affermazione non è critica, ma porta forse dentro di sé un rammarico. Per innata disposizione temperamentale e prolungata osservazione dello stato dell'arte lo scrivente non può non condividere la dichiarazione di uno storico italiano, M. MAZZA,[1] pronunciata di recente in una sede quanto mai autorevole (il convegno della Società degli storici italiani, tenutosi ad Arezzo dal 2 al 6 giugno 1986):

---

1   Non a caso un allievo di S. MAZZARINO, tra gli storici italiani di gran lunga il più ricettivo dei lieviti sparsi dal terzo grande berlinese: E. MEYER.

Il ritorno delle scienze umane, da parecchi di noi auspicato in questi ultimi anni per l'antichistica italiana, non significa l'accettazione, più o meno acritica, dei modelli – o delle mode – di altre storiografie, in particolare dell'ormai abusata ‹scuola› delle ‹Annales›, o della sociologia ed antropologia angloamericana; ma significa in primo luogo il recupero, ed in ogni caso il non occultamento, dell'immenso patrimonio scientifico della *Altertumswissenschaft* [io allargherei il concetto: delle *Geisteswissenschaften*] tedesca tra Otto e Novecento.[2]

1. Die Geburt des Kindes

Fra tutti i libri di NORDEN *Die Geburt des Kindes* è certamente quello più ricco di ipotesi storico-religiose basate sull'uso di materiali comparativi e dunque quello dove egli appare più incline a seguire le suggestioni, oltre che del suo maestro USENER, di un BOUSSET e di un REITZENSTEIN, anche se il battistrada più evidente è F. BOLL, uno scienziato attento alla concretezza dei dati e non disposto a dare credito a ipotesi temerarie. Ma ciò che distingue questo libretto dalle innumerevoli altre monografie dedicate alla soluzione del «mistero della IV egloga» non è solo il gusto per la comparazione. Benché la sua fede religiosa (protestante) fosse alquanto tiepida e il suo senso di appartenenza al *Judentum* quasi del tutto spento,[3] NORDEN aveva un profondo senso della serietà di ogni discorso che si presenta come religioso e non era molto disposto a venire a compromessi con i giochetti frigidi di una filologia razionalistica che, dissolvendo nell'analisi le forme del discorso poetico, dissolve anche l'umanità del poeta e la verità del suo messaggio.[4] Nelle prime pagine della sua opera, dedicata alla «storia di un'idea religiosa» sottesa alla IV egloga virgiliana (l'idea del fanciullo divino promotore di una nuova era per l'uomo e per il cosmo), egli presenta la sua posizione in maniera affatto drastica. La filologia – questo sembra il suo pensiero – è una cosa troppo seria per

2   M. MAZZA, «La storia romana», in L. DE ROSA (cur.), *La storiografia italiana degli ultimi vent'anni: I. Antichità e medioevo*, Roma-Bari 1989, 67–125: 100.

3   Nella testimonianza di una altro ebreo, il suo allievo F. W. LENZ, «Erinnerungen an Eduard Norden», *Antike und Abendland 7* (1958), 159–171 = Id., *Opuscula Selecta*, Amsterdam 1972, 214–226: 225.

4   Cfr., di nuovo, LENZ, «Eduard Nordens Leistung für die Altertumswissenschaft», *Das Altertum 6* (1960), 245–254 = Id. 1972 (n. 3), 251–260: 252. Se fosse vissuto fino al 1952, come avrebbe reagito il severo, implacabile NORDEN al saggio corrosivo dell'iperanalista G. JACHMANN? (Il filologismo inconcludente dell'analisi di Jachmann è criticato, tra gli altri, da A. LA PENNA, *Orazio e l'ideologia del principato*, Torino 1963, 34, n. 1.)

lasciarla fare ai filologi. Studiosi di formazione teologica (BOUSSET, DIBELIUS, HÖLSCHER, LIETZMANN) hanno infatti compreso l'essenza dell'egloga «richtiger ... als die meisten Philologen».[5] Lo stesso vale per i primi ingenui esegeti cristiani; e il nostro prorompe, rincarando la dose: «Jene kindlichfrommen Exegeten sind ... in den wahren Sinn des Gedichtes tiefer eingedrungen als wir Philologen, die wir unsern Spürsinn am Fahnden nach einem Menschenkinde verschwendeten.»[6]

Come hanno reagito i filologi italiani alla sfida gettata da NORDEN?[7] F. ARNALDI,[8] finissimo lettore di poesia dal gusto impressionista e crepuscolare e dunque lontanissimo dalla temperie culturale delle facoltà teologiche tedesche, risponde con una esplicita *fin de non-recevoir*:

> Si è dimenticato che il bimbo non agisce sul mondo, ma assiste soltanto al meraviglioso dispiegarsi della nuova età, accompagnandone col crescere degli anni lo sviluppo, e che, nonostante tutto, l'Egloga ha un tono di fiaba, il tono dei sogni che *qualunque genitore* [corsivo nostro] può sognare con più o meno determinazione e coscienza ... Si è dimenticato infine che, caso mai, il tono profetico dell'Egloga ... è giustificato *psicologicamente* [corsivo nostro] dall'atmosfera spirituale, così turbata e mossa, che circonda Virgilio.[9]

Più flessibile l'atteggiamento di uno storicista eclettico come A. LA PENNA.[10] Egli accetta in sostanza la chiave di lettura messianica proposta da

5　*GK* 12, n. 2. La simpatia di NORDEN per i teologi era corrisposta. Egli dedica il suo libro alla Facoltà di teologia evangelica di Bonn, come segno di ringraziamento per il dottorato in teologia *h. c.* concessogli il 3 agosto 1919 (per l'*Agnostos Theos*).

6　*GK* 13 (gli scrittori cristiani avevano compreso che il *puer* non è un fanciullo umano, bensì un Salvatore divino).

7　Un riconoscimento acuto, benché tardivo, è venuto da uno storico della scuola di G. DE SANCTIS, ebreo come NORDEN, P. TREVES (nella voce «Eduard Norden», in *Enciclopedia Virgiliana [EV]* 3,763): nella *Geburt* troviamo «il NORDEN al suo meglio, cioè nell'ambito che più propriamente era suo»; suo è infatti il merito di aver sottolineato che «la storia di un'idea religiosa trascende ... l'interpretazione meramente politico-letteraria».

8　Scuola padovana di V. USSANI. Su Arnaldi studioso di Virgilio, v. A. SALVATORE, s. v. «Franceso Arnaldi», *EV* 1,326 f.; e, più in generale, il simpatetico ritratto di M. GIGANTE, «Francesco Arnaldi (1897–1980)», *Atene & Roma 36* (1991), 47–52, nonché il numero speciale di *Vichiana* (1991), rivista fondata dallo stesso ARNALDI, con i contributi in particolare di L. TORRACA e di A. LA PENNA.

9　ARNALDI, 30. Netta la contrapposizione a *GK* 14: «Die bevorstehende Geburt des neuen Weltzeitalters steht in Beziehung zu der des Kindes: *saeclorum nascitur ordo* (5) – *nascenti puero* (8). Diese Beziehung wird im ganzen weiteren Verlauf des Gedicths festgehalten, es wird von ihr geradezu beherrscht.»

10　Scuola pisana di G. PASQUALI. Su LA PENNA interprete di Virgilio si veda M. COCCIA, s. v. «Antonio La Penna», *EV* 2,119–121.

NORDEN,[11] anche se non è affatto disposto a seguirlo nella sua svalutazione degli aspetti umani del *puer*: «tutta l'ecloga, e specialmente la fine, pare riferirsi a un bambino in carne e ossa, figlio di un padre che pacifica, combattendo, il mondo, di una madre che gli sorride e che egli riconosce».[12] Un filologo ipersensibile ai valori della parola e refrattario a ogni ricostruzione metafisica come A. TRAINA[13] si dimostra straordinariamente sensibile anche ai valori del linguaggio sacro e accoglie, almeno in parte, l'invito di NORDEN:

> È difficile escludere che concezioni e immagini di origine messianica siano penetrate, per qualunque tramite, nella quarta egloga. *E se anche i rapporti non fossero validi sul piano storico, lo sono pur sempre sul piano tipologico, come espressione dei medesimi archetipi* [corsivo nostro] ... [si adducono luoghi da un salmo biblico e da una vita di Buddha che presentano una fenomenologia analoga]. Il *puer* della quarta non è un dio – almeno io non lo credo – [lo credeva invece NORDEN] ma la sua nascita ha un significato religioso che coinvolge ... i rapporti fra l'umano e il divino e inaugura una nuova era cosmica.[14]

Anche G. PASCUCCI,[15] pur riconoscendo che «non sembra possibile escludere che concezioni o immagini di matrice orientale, messianica, siano penetrate per qualche tramite nella Quarta Ecloga», si dimostra restio ad attribuire al *puer* i caratteri di un *Götterkind*.[16] Tutto teso a smontare la tesi di un Virgilio mistico «occidentale» (tesi della quale i portabandiera più significativi sono stati S. REINACH e J. CARCOPINO[17]), A. GRILLI[18] è ancora meno propenso ad ascoltare sirene «orientali». Egli invita perentoriamente a non «scomodare la letteratura profetica dell'Oriente, che poi – guarda caso – comparirebbe in Virgilio solo qui».[19]

---

11 «L'interpretazione cristiana che leggeva nell'ecloga l'annuncio della nascita di Cristo era, naturalmente, arbitraria in senso stretto, ma una parentela della quarta ecloga col messianismo orientale e, quindi, anche con quello giudaico-cristiano, sussiste realmente» (LA PENNA, 30).

12 Ibid., 32.

13 Scuola padovana di P. FERRARINO. Su TRAINA interprete di Virgilio, v. M. COCCIA, s. v. «Alfonso Traina», *EV* 5,251–252.

14 TRAINA, 211–212.

15 Scuola fiorentina di G. PASQUALI.

16 PASCUCCI, 176–177.

17 Ma le tesi dei due studiosi non sono affatto equipollenti, come non sono equipollenti l'orfismo e il pitagorismo (CARCOPINO dichiara il suo debito verso REINACH, ma critica sovente la spiegazione orfica data da questo studioso in un articolo della *Revue de l'histoire des religions*, che GRILLI, 298, n. 5, cita in maniera approssimativa).

18 Scuola milanese di L. CASTIGLIONI.

19 GRILLI, 295. Ma questo non sembra un argomento di rilievo. Benché suffragata dall'au-

A nostra conoscenza, l'unico filologo italiano che abbia recepito *toto corde* il messaggio del libro di NORDEN e, pur accogliendone solo in parte le ipotesi ermeneutiche, abbia proseguito con originalità e fervore accanito sulla strada aperta dal filologo sassone è stato L. NICASTRI.[20]

Tra i meriti fondamentali del NORDEN – questo è il giudizio del nostro – è aver intuito la profondità dei contenuti di cui l'ecloga è portatrice, sganciandola dal rapporto riduttivo con la «cronaca» per inserirla nel cuore della storia; particolarmente significativa al riguardo è la sua interpretazione del *puer*, figlio di Giove e rappresentante di Aion dal punto di vista della storia dell'idea, ma misterioso, indeterminato, *Fantasiegeschöpf* nella concezione del poeta, e quindi, per il critico, non identificabile mediante una vana caccia al nome.[21]

torità di P. BOYANCÉ, insostenibile ci pare la tesi della «ripresa-replica agli identici spunti oraziani» dell'epodo XVI. Che Virgilio sia il modello di Orazio e non viceversa fu sostenuto con molta ingegnosità da H. JEANMAIRE, *Le messianisme de Virgile*, Paris 1930, 62–93, e ribadito con altri argomenti da LA PENNA, *Orazio* (n. 4), 29–30. Ma l'argomento essenziale è un altro. Se, come sembra dimostrato (cfr. J. BEAUJEAU, «L'enfant sans nom da la IVe Bucolique», *Revue des Études Latines 60* (1982), 185–215: 205–209), Virgilio, oltre all'*Herakliskos* di Teocrito, ha soprattutto presente il modello esiodeo, sembra impossibile che egli possa derivare gli stessi motivi da un poeta agli esordi come Orazio. E immaginare la trafila Esiodo/Orazio/Virgilio pare veramente assurdo, conoscendo le consuetudini di lettura dei due poeti augustei. Merito grande dell'affilatissimo saggio di Grilli (soprattutto dal punto di vista di uno storico delle religioni) è quello di avere sottolineato il carattere «orfico» del tema dei *sceleris vestigia nostri* (v. 13) e dei *priscae vestigia fraudis* (v. 31) – sul quale già avevano richiamato l'attenzione DELLA CORTE, a 98; JEANMAIRE (supra), 7–11 –: «il marchio del male che incombe sull'uomo e che l'uomo deve scontare» (GRILLI, 286); e di averne puntualmente indicato le fonti nell'*Hortensius* di Cicerone (fr. 112 Grilli = fr. 8 negli *Orphicorum fragmenta* di KERN) e nell'*Eudemo* di Aristotele. Sullo stesso tema si è soffermato, da storico delle religioni – non da filologo – U. BIANCHI, «Il ‹prima› e l'‹altrove›. Variazioni sul tema del rapporto tra dei e uomini nella religione greca antica», *Kernos 1* (1988), 9–17: 9–13.

20 Scuola napoletana di F. ARNALDI. Ma le sue esperienze più vive si sono evidentemente consumate su altri banchi e con altre frequentazioni, forse extranapoletane. In realtà, come osserva G. JOSSA, «La storia della chiesa antica», in: *La storiografia italiana* (n. 2), 127–165: 132, Napoli brilla per l'assenza di una «vera e propria tradizione di studi storico-religiosi dell'antichità, fornita di una sua fisionomia culturale precisa e continua».

21 NICASTRI, 226, n. 8. Cfr. *GK* 145: «Aber das Phantasiegeschöpf des Dichters schwebt, eben weil es unwirklich war, glanzvoll über sie dahin mit der Glorie der Unsterblichkeit». L'ossessione per il nome del *puer* – che ha toccato l'acme nel *Virgile et le mystère de la IVe églogue*, Paris 1930, ²1943, 169–191. 236–238, e nelle opere dei contraddittori di J. CARCOPINO, puntualmente confutate ibid., 155–169 e 231–236, ma che è ben presente anche tra i critici italiani (A. MANCINI, ARNALDI, DELLA CORTE a, LA PENNA, DELLA CORTE b, 21 e 28) – si è venuta negli ultimi tempi smorzando, e i critici più autorevoli (W. KRAUS, «Vergils vierte Ekloge: Ein kritisches Hypomnema»,

Nel lungo saggio del filologo salernitano si respira effettivamente un'aria diversa, abbastanza inconsueta nel panorama della filologia italiana:[22] è evidente, nel suo caso, una lunga, tenace e sofferta consuetudine con l'opera di NORDEN e con quella di altri maestri della *Religionsgeschichtliche Schule* (nonché una frequentazione non superficiale di testi capitali della teologia e dell'orientalistica, soprattutto di origine tedesca).

Die Geburt des Kindes non rappresenta solo un capitolo fondamentale della filologia virgiliana. Lo studio condotto su quello che è uno dei motivi più complessi e ricchi di sviluppi dell'intera storia delle religioni, «die Prophetie eines Weltheilandes und des von ihm abhängigen Anbruches eines goldenen Zeitalters»,[23] induce l'autore ad imbarcarsi nella discussione di una serie di questioni di storia e filologia religiosa. Di primaria importanza è la questione dell'origine delle feste cristiane del Natale e dell'Epifania, che l'autore dibatte in rapporto col tema cruciale

in *Aufstieg und Niedergang der römischen Welt II.31,1* [1980], 604–645: 637; BEAUJEAU [n. 19], 203–205 e 212; tra gli italiani PASCUCCI, 177) hanno riconosciuto, con motivazioni in parte convergenti, che si tratta in fondo di un *Phantasiekind*, che incarna forse le speranze di un'intera generazione. Una cauta palinodia rispetto a precedenti assunzioni è espressa anche da F. DELLA CORTE (scuola torinese di A. ROSTAGNI: cfr. M. COCCIA, s. v. «Francesco della Corte» *EV* 2,18–19), che ha redatto la voce *puer* per l'*EV* 4,342–344 (ivi una parte cospicua della sterminata bibliografia).

22 Nell'ambito della storiografia naturalmente il discorso è diverso. Nella monumentale *EV*, in cui è presente il gotha dell'antichistica italiana e che di questa rispecchia esemplarmente pregi e difetti, i riconoscimenti più espliciti e incondizionati all'ermeneutica nordeniana vengono da storici o storici delle religioni. V., oltre al citato TREVES, M. PAVAN, s. v. «aurea», *EV* 1,414; S. PRICOCO, s. v. «messianismo», *EV* 3,498; M. T. ANGELI BERTINELLI, s. v. «saeculum», *EV* 4,639; I. CHIRASSI, s. v. «oraculum», *EV* 3,868 («il richiamo all'ambiente siro-palestinese della letteratura apocalittica giudaica, all'Egitto ellenistico ... è oggi scontato»). Invece l'appello a NORDEN nell'articolo di D. LANTERNARI, 216, è puramente casuale. L'autrice non ha mai preso in mano il libro di NORDEN, e la sua compilazione, infarcita di un sociologismo puerile e di illazioni assolutamente inattendibili, non fa onore ai suoi maestri, A. BRELICH e E. PARATORE. Il decano dei latinisti italiani (scuola palermitana di G. FUNAIOLI), in pagine dedicate all'interpretazione della IV egloga (*Virgilio*, Firenze [3]1961, 158–175), scritte con lo stile prorompente che gli è consueto, dimostra invece di avere percepito, a modo suo (cioè da letterato sensibilissimo, non da storico delle religioni), lo spirito del libro di NORDEN: particolarmente nella vibrante, passionale confutazione della dottrina di Jachmann, il castigatore degli «ierofanti».

23 O. WEINREICH, «Norden und Boll zu Virgils Vierter Ekloge», *Berliner Philologische Wochenschrift 44* (1924), 893–908: 893 = Id., *Ausgewählte Schriften 2*, Amsterdam 1973, 106–123. WEINREICH, che era uno dei principali compagni di strada di NORDEN nelle sue indagini sul sincretismo greco-orientale, accoglie senza riserve i risultati dei lavori di BOLL e NORDEN e giudica *Die Geburt des Kindes* il capolavoro di quest'ultimo.

del nesso tra il natale di Helios-Apollo (collocato dai pagani al 25 dicembre: dopo il solstizio d'inverno) e il natale di Aion, che in Egitto coincide col natale di Osiride (6 gennaio: nel pieno dell'inverno, quando la durata dell'illuminazione solare comincia a prolungarsi).[24] Seguendo l'indirizzo aperto dal suo maestro USENER,[25] NORDEN giunge a conclusioni ancora più radicali:

> Die christliche Kirche hat beide Daten mit Beschlag belegt, zunächst das zweite, den Aiontag, indem sie auf den 6. Januar die Gedächtnistage der leiblichen und geistlichen Geburt Christi, Geburtsfeste und Taufe, vereinigte, dann das frühere, indem sie das Geburtsfest auf den Heliostag, den 25. Dezember, verlegte, so dass nun auch sie, wie heidnische Kultgemeinschaften, zwei Feste in kurzem Abstande voneinander begehen konnte, Weihnachten and Epiphanien.[26]

La cultura storico-religiosa italiana ha in qualche modo discusso o ratificato queste conclusioni? Lo escluderei decisamente per quello che riguarda il livello alto del dibattito scientifico;[27] invece il complesso dei risultati è divenuto accessibile attraverso opere di seria divulgazione, basate per lo più su materiali di seconda mano.[28] Un'eccezione è forse il saggio divulgativo ma originale[29] di I. CHIRASSI COLOMBO,[30] che, movendo dai capisaldi fissati da USENER e NORDEN, offre spunti interpretativi interessanti in chiave di socio-psicologia religiosa, particolarmente in rapporto con la fenomenologia solare e verginale.

Se la tesi della qualità profetica dell'egloga e dei suoi rapporti col messianismo è ormai pacificamente accolta dalla maggior parte degli studiosi (e incontra semmai maggiori resistenze la tesi tipicamente «ro-

24 *GK* 14–40.
25 *Das Weihnachtsfest*, Bonn 1889.
26 *GK* 40. «I presupposti concettuali e metodologici di Usener trovano qui la loro più sistematica applicazione», afferma opportunamente F. PARENTE, «Das Weihnachtsfest», in Aa.Vv., *Aspetti di Hermann Usener filologo della religione*, Pisa 1982, 181–211: 205.
27 Nella lunga lista bibliografica elaborata da PARENTE, *ibid.*, 210, n. 120, non compare nessun titolo italiano o d'autore italiano.
28 Allusioni generiche ad antiche costumanze pagane in A. LANCELLOTTI, *Feste tradizionali 2*, Milano 1952, 239 (ma la fonte è l'immancabile p. DUCHESNE); dotte variazioni sul «Cristo-sole» in F. CARDINI, *I giorni del sacro. Il libro delle feste*, Milano 1983, 119–131 (ma né USENER né NORDEN compaiono nella pur ricca bibliografia); in: *La cultura folklorica* (cur. F. CARDINI), Busto Arsizio 1988, il capitolo «Il tempo: il solstizio d'inverno» (86–90), affidato ad A. BENVENUTI PAPI, presenta gli stessi pregi di vivace dottrina e le stesse distorsioni nell'informazione bibliografica (oltre al mentore CARDINI, spuntano gli onnipresenti, ma non sempre pertinenti, FRAZER ed ELIADE).
29 «Come nasce una festa: il Natale tra culti solari e parti verginali».
30 Scuola triestina di L. A. STELLA e romana di A. BRELICH.

manista», o «occidentalista», di CARCOPINO che presuppone l'interme-
diazione della coeva letteratura neopitagorica), maggiori resistenze ha
incontrato quella parte della ricostruzione nordeniana che insiste sul ruolo
prevalente degli elementi egiziani nella formazione del *background* spirituale dell'egloga.[31] Dall'Egitto deriverebbero infatti (non senza apporti
iranici) i motivi del Salvatore fanciullo (Horo), del Sole bambino che ride,
del divino fanciullo leggente ed intronizzato come signore del cosmo, e
soprattutto il teologumeno, adombrato da Filone e da Plutarco, del *pneu-*
ma divino che ingravida una vergine (in Egitto la madre del faraone, nel
cristianesimo la madre del Salvatore).[32] Queste ardite speculazioni di te-
nore tipicamente *religionsgeschichtlich*, che a suo tempo fecero molto
parlare gli studiosi (naturalmente tedeschi) che si occupavano delle origini
del cristianesimo e dello gnosticismo, non potevano che lasciare molto
freddi gli interpreti virgiliani, particolarmente quelli italiani, che non erano e non sono allenati a occuparsi di queste questioni, volentieri de-
mandate ai rari rappresentanti della cultura storico-religiosa.

ARNALDI[33] prende di mira il tema dell'intronizzazione e giudica (non a
torto) «una forzatura» il rapporto col rito egizio in *Ecl.* IV, 15–17.
LA PENNA riprende le note obbiezioni di CARCOPINO contro l'identificazione del *puer* con i figli di Antonio e Cleopatra (in quegli anni erano
nati i gemelli Alessandro Helios e Cleopatra Selene) e si dichiara non
convinto della «riduzione del *puer* a un simbolo dell'Aiòn o della nuova
età».[34] TRAINA accetta di buon grado il parallelo con un passo di un libro
magico egiziano, che fa buon gioco alla sua interpretazione di *Ecl.* IV,
50,[35] ma poi afferma giudiziosamente di non voler «entrare nel dibattito
tra orientalisti e romanisti». DELLA CORTE sulla questione egiziana è
drastico: «le influenze egiziane non appaiono superare il livello dell'eso-
tismo botanico»;[36] ed è invece assai meglio disposto ad ammettere «ele-

---

31   Nella stessa direzione, prima e dopo NORDEN: F. BOLL, «Sulla IV ecloga di Virgilio»,
     Memorie della Reale Accademia delle scienze dell'Istituto di Bologna, Classe di scien-
     ze morali, s. 2, 5–7 (1920–1923), 1–22 (rapporti con l'astrologia egiziana di Ne-
     chepso-Petosiris: paralleli con la profezia del *kosmokrator* in Efestione di Tebe e nel
     Romanzo di Alessandro dello ps. Callistene); JEANMAIRE (n. 19: la Vergine è Iside,
     ruolo dominante del dionisismo in versione alessandrina, il *puer* identificato nei figli di
     Antonio e Cleopatra); id., *La Sybille et le retour de l'âge d'or*, Paris 1939 (ruolo
     principe della Sibilla alessandrina tra le fonti dell'egloga, senza implicare che Virgilio
     sia stato un iniziato isiaco o un agente della politica antoniana).
32   *GK* 51–145.
33   ARNALDI, 31–32.
34   LA PENNA, 32.
35   TRAINA, 211. Cfr. *GK* 58, n. 4.
36   DELLA CORTE, 27–28. E' sintomatico che il maggior egittologo italiano, S. DONA-

menti giudaici», giunti forse a Virgilio attraverso Pollione, amico del re Erode. Nel caso di NICASTRI, che è perfettamente al corrente dei problemi sollevati dalle tesi egiziane di NORDEN e che si muove del tutto a suo agio fra le tematiche della *Religionsgeschichtliche Schule*, il rifiuto del panegittismo di NORDEN è motivato con specifiche argomentazioni storico-filologiche. Egli allega, condividendole, le critiche acute di BOLL, nella recensione alla *Geburt* nordeniana;[37] distingue, con teologica sottigliezza, il *Sitz im Leben* dello *incrementum Iovis* virgiliano da quello del *Gottkönig* egiziano, figlio di Zeus-Ammon-Iuppiter;[38] nega fermamente, con argomenti stilistici, che la discussa terzina di *Ecl*.IV, 15–17, possa spiegarsi adducendo il cerimoniale egiziano dell'intronizzazione del faraone *kosmokrator*, alter ego di Horo;[39] taccia di schematismo la *Formgeschichte* che NORDEN esercita nel parallelo tra i vv. 15–17 e 49 dell'egloga e il passo tratto dal manuale dell'astrologo Efestione;[40] confuta infine una distinzione eccessivamente cavillosa di NORDEN,[41] che per escludere la fonte del profetismo israelitico puntava sulla «presunta contrapposizione tra ‹pace› in Isaia e ‹mancanza› degli animali feroci in Virgilio».[42]

Rare ma vive luci in un'ombra diffusa: questo, in compendio, il bilancio della fortuna in Italia del libro più religiosamente sentito di EDUARD NORDEN, filologo della religione ebreo, battezzato evangelico.

DONI, s.v. «Egitto», *EV* 2,182, constatando la scarsa presenza di tratti culturali egiziani nell'opera di Virgilio (come in genere nei poeti augustei), conclude: nei riguardi dell'Egitto c'è stata «quasi una rimozione di un concetto storico-geografico» (per ragioni di politica culturale che erano giustificate semmai immediatamente prima e immediatamente dopo la battaglia di Azio). Per DONADONI, evidentemente, NORDEN «n'habite plus ici». V. FONTANELLA, s.v. «Virgo», *EV* 5,561, menziona la tesi nordeniana sull'origine egiziana del tema della *Virgo*, ma si schiera con CARCOPINO, accogliendo «l'identificazione della *virgo* virgiliana con il segno zodiacale della Vergine» (scartando dunque l'interpretazione in chiave egiziana della *Virgo* come madre del Sole o dell'Aion).

37 NICASTRI, 226, n. 9.
38 Ibid., 238–240; cfr. *GK* 129–134.
39 NICASTRI, 257; cfr. *GK* 116–128.
40 NICASTRI, 261–263.
41 *GK* 51–53.
42 NICASTRI, 268. Mentre la *pars destruens* di NICASTRI è sempre apprezzabile e in buona parte condivisibile, il suo appassionato tentativo di ricondurre la profezia di Virgilio – sulle tracce del francese SABATIER e di vari autori anglosassoni – a una diretta conoscenza (attraverso gli estratti di Alessandro Poliistore?) della più famosa profezia messianica dell'AT (*Isaia* 7, 14–25: l'Emmanuele) è destinato a scontrarsi contro una molteplicità di ostacoli (a parte il nostro personale convincimento della fondamentale vanità di buona parte degli studi miranti a dimostrare «influssi» o «derivazioni» con argomenti storico-filologici).

2. Aus altrömischen Priesterbüchern

La lettura dell'ultimo libro di NORDEN – tenuto in incubazione per decenni dagli anni di tirocinio renano sotto F. BÜCHELER agli stimolanti contatti con la «philology of religion» d'oltreoceano (A.D. NOCK e A. ST. PEASE[43]), ma portato a termine nell'esilio elvetico – può destare in chi ne abbia la vocazione entusiasmi e piaceri dell'intelligenza pari a quelli offerti dalla lettura di un *mystery* nello stile del POE più raziocinante. I testi esaminati e decifrati dal nostro («formula augurale» e *Carmen Arvale*) hanno infatti l'aspetto di veri e propri crittogrammi, del genere di quelli che il creatore di Monsieur Auguste Dupin si compiaceva di decifrare. Il prodigioso trattamento filologico messo in opera da NORDEN raggiunge costantemente l'obbiettivo di restituire alla forma probabilmente più vicina all'originale due documenti fondamentali della vita religiosa di Roma arcaica. Il nostro compito è ora quello di stabilire se e come i risultati della ricerca di NORDEN hanno costituito una base di partenza per il lavoro degli studiosi italiani.

La formula che gli auguri usavano per delimitare il *templum (augurii et auspicii causa)* in cima all'arce, riportata da Varrone, *ling.* 7,8, in una versione disperatamente corrotta, è restituita[44] e interpretata[45] dal nostro in una forma non meno brillante che persuasiva. A VITTOR PISANI,[46] linguista e filologo tra i più eclettici del nostro secolo e personalità estremamente incline a fidarsi solo del proprio spesso assai personale giudizio, apparve che NORDEN avesse chiarito tale formula «in ogni suo lato e in modo definitivo».[47] GIOVANNI BATTISTA PIGHI,[48] filologo venuto dalla

---

43 Cfr. *AP* X.

44 Ibid., 97.

45 Ibid., 1–106.

46 Roma 1899–Como 1990. Scuola romana di C. FORMICHI (sanscrito) e L. CECI (storia comparata delle lingue classiche). Sulla rivista *Paideia*, fondata dallo stesso Pisani, erano annunciati, per il secondo numero del 1991, due profili a firma dell'indologo G.R. FRANCI e del glottologo G.C. BOLOGNESI. Sono apparsi invece, un po' in ritardo, R. LAZZERONI, «Ricordo di Vittore Pisani», *Paideia 47* (1992), 3–12; e G.R. FRANCI, «Vittore Pisani indologo», *ib.*, 13–37.

47 PISANI b, 146.

48 Verona 1898–1978. Scuola padovana di A. BALLINI (sanscrito). Sulla figura di PIGHI v. i profili dei suoi allievi E. PASOLI, «Giovanni Battista Pighi», *Gnomon 50* (1978), 621–623, e V. CREMONA, «Ricordo di Giovanni Battista Pighi», *Aevum 63* (1989), 139–144; e si ricordi il giudizio pungente di un filologo proveniente da tutt'altra scuola: «personalità complessa e contraddittoria, in cui residui di formazione ‹umanistica› deteriore si mescolavano a capacità di acute, seppure episodiche, intuizioni filologiche» (TIMPANARO 1981, 12).

linguistica che nei suoi studi non ha certo difettato di opinioni assai radicate, plaudì incondizionatamente (in un'ampia e articolata recensione) alle letture del professore di Berlino[49] e in una successiva edizione dell'*effatum auguri in arce* riprodusse tale e quale il testo di NORDEN, adottandone anche l'interpretazione. Nell'edizione italiana corrente dell'opera di Varrone, ANTONIO TRAGLIA,[50] latinista dalla riputazione filologica non impeccabile, fornisce un testo e una traduzione poco persuasivi sotto vari punti di vista, con note giustificative che dimostrano come egli ignori o voglia ignorare obbiezioni e controproposte di NORDEN.[51] Io non conosco studi specifici sulla formula augurale[52] che ne approfondiscano gli aspetti storico-religiosi nel senso auspicato dal filologo di Emden: la comparazione della *oionoskopia* romana con la tecnica augurale di altri popoli, particolarmente quella delle tribù finitime (Umbri ed Etruschi),[53] ma anche un raffronto di strutture tra il discorso formulare latino e formule di rilievo sacrale appartenenti alla tradizione di altri popoli.[54]

La maggior parte del libro in oggetto (107–280) è dedicata alla *restitutio* del *Carmen Fratrum Arvalium*, che è giunto a noi in una tavola degli atti dei Fratres Arvales descrivente le cerimonie compiute il 29 maggio dell'anno 218 d.C.: chiusi nel segreto del tempio di Dea Dia i sacerdoti intonavano il carme *succincti libellis acceptis*. La lettura nordeniana di questo delicato testo, di cui ogni singola parola o gruppo di parole ha dato esca a un'orgia di congetture e confutazioni fin dalla pubblicazione nel 1795, è la più completa e soddisfacente che esista a tutt'oggi[55] e anche se non è stata affatto accolta all'unanimità – special-

---

49 PIGHI b, 150–155.
50 Scuola romana di N. FESTA (greco).
51 TRAGLIA, 248–249. TIMPANARO 1988, che pur riconosce altrove (263, n. 2) i meriti di NORDEN rispetto alla «lettura frettolosa di Varrone» da parte di PASQUALI, non sembra affatto disposto (266, n. 2) ad accettare la congettura più ardita di NORDEN (già adombrata del resto da K. O. MÜLLER e TH. BERGK): me = *meae fines* (ma non direi che egli abbia soppesato sufficientemente gli argomenti addotti da NORDEN a favore di tale lettura).
52 K. LATTE, *Römische Religionsgeschichte*, München 1960, 42 e n. 3, afferma (velleitariamente) di avere rinnovato contro NORDEN la «textkritische Herstellung» della formula augurale, fornendone una nuova interpretazione che G. DUMÉZIL, *La religion romaine archaïque*, Paris 1974 (trad. ital. Milano 1977), 510, n. 7, definisce lapidariamente «inutile». Gli autori di manuali italiani non hanno nulla da dire al riguardo.
53 *AP* 10–11.
54 Ibid., 95, non rinuncia alla comparazione tra i *concepta verba* degli Italici e una formula di pace dell'Islanda medievale.
55 «Solide et raisonnable» anche per il difficile J. SCHEID, *Romulus et ses Frères*, Rome 1990, 620.

mente in Italia – resta l'unica che abbia guadagnato per così dire lo statuto della classicità, venendo adottata in edizioni canoniche[56] e in studi autorevoli.

Tra i primi recensori, PISANI non accettò quasi nessuna delle nuove letture di NORDEN, rimproverandogli la «indifferenza per il lato linguistico dell'interpretazione»[57] e proponendo da par suo altre letture estremamente acute e forse più rigorose sul piano linguistico,[58] ma non meno ardite di quelle del suo predecessore e che comunque non sono state riprese da alcuno. PIGHI, nell'insieme assai più accogliente, obbiettò all'ADVOCAPIT inteso come 2ª plurale,[59] e infatti nella sua edizione[60] tornò a intendere advocapit nella maniera tradizionale (che non dà molto senso): «li chiamerà».[61] Una quindicina d'anni dopo un archeologo-filologo particolarmente sensibile alle realtà religiose, SILVIO FERRI,[62] proponeva un'interpretazione rivoluzionaria che scardinava completamente la testualità del carmen quale era stata pazientemente ricostruita da NORDEN e dai suoi predecessori. Nel carme, sabino e risalente nella forma originaria all'età del bronzo (prima del 1000 a.C.), tutti i secondi emistichi dei versi lunghi – e non solo l'advocapit conctos -[63] e anche il ritornello del triumpe devono essere intesi come «didascalie», istruzioni verbali per l'actio, entrate nel testo del carmen in seguito alla trasmissione «di pietra in pietra e di libello in libello».[64] Inoltre quasi tutte le parole, sia del carmen sia delle didascalie, sono lette e interpretate in maniera diversa da quella di NORDEN o dei suoi predecessori e restano praticamente invariati solo i nomi delle divinità, dei Lasis e dei Semunis. Per quanto i saggi di FERRI e della sua allieva LIDA BERNARDINI[65] siano

56 Per es. nei Fragmenta Poetarum Latinorum, post W. MOREL ed. C. BUECHNER.

57 PISANI b, 146.

58 PISANI a, 2–5. In Parola del Passato 36 (1981), 243–244, il nostro individua un grecismo in sins (= σύνος).

59 PIGHI b. 158.

60 PIGHI a, 48–51.

61 Interpretazione che resta la più diffusa: si veda per es. l'edizione divulgativa di GIULIA PICCALUGA (scuola romana di A. BRELICH), in cui peraltro l'interpretazione storico-religiosa è conforme a quella di NORDEN (PICCALUGA, 63–64).

62 Scuola pisana di A. MANCINI. Sulla figura di FERRI, studioso dalla spiccata originalità ermeneutica ma piuttosto isolato nella cultura accademica italiana del suo tempo, illuminante il ritratto del suo allievo S. SETTIS, «Silvio Ferri», 1890–1978», Studi classici e orientali 30 (1980), 13–33 (segue una bibliografia completa a cura di D. MORELLI).

63 Come è ammesso da molti: cfr. SCHEID (n. 55).

64 FERRI 1954, 605. In FERRI 1956, 104–105, la ricostruzione completa del testo nelle sue fasi di formazione.

65 Che sembra avere attentamente meditato sulle letture di NORDEN: cfr. BERNARDINI, 81. 82 e 84.

ricchi di osservazioni interessanti, dal punto di vista sia storico-testuale sia storico-religioso – connessione con le feste dei Robigalia e dei Cerealia, numero dei *Semunes* (12 come per NORDEN), magia della soglia (ma *limen sali* è inteso in maniera opposta a quella di NORDEN)[66] –, le sue proposte di lettura vanno incontro a obbiezioni di vario genere e non avevano alcuna possibilità di prevalere contro l'esegesi del filologo d'oltralpe, così seducente nella solida semplicità dei suoi risultati.

Su un dato, di notevole peso storico-culturale anche se affrontato solo marginalmente nell'indagine di NORDEN, cioè l'asserita derivazione di *triumpe* dal greco θρίαμβος «über das Etruskische»,[67] si sono in particolare soffermati vari studiosi italiani. Mentre PIGHI[68] e il glottologo MARCELLO DURANTE[69] contestano semplicemente la trafila etrusca sulla base di considerazioni di fonetica storica,[70] il guastatore FERRI[71] nega *sic et simpliciter* che il latino *triumpus* sia da collegarsi al greco θρίαμβος, che come appellativo rituale di Dioniso sarebbe oltretutto dubbio e tardo.[72] In tale materia di prestiti linguistici e culturali nessuna definitiva certezza può essere raggiunta. Dopo la basilare analisi di H. VERSNEL[73] (che offre anche un puntuale commento delle conclusioni di NORDEN) si può comunque concludere che l'Etruria rappresenta probabilmente «the link connecting θρίαμβε and *triumpe*, it being possible that a pre-Greek word was taken over by Etruscan and, independently, by Greek».[74]

66 FERRI 1956, 87–90. 94. 96. Riguardo a un problema più generale, io sarei dalla parte di NORDEN (e *a fortiori* contro FERRI 1954, 604: «una preghiera antichissima di carattere magico») nel parlare piuttosto di «sacralità». Seguendo la dottrina di NILSSON (cfr. *Opuscula Selecta 3*, Lund 1960, 370), si deve vedere nel richiesto intervento delle divinità il discrimine che impedisce «das Arvallied ... in die magische Denksphäre zu projizieren«(*AP* 150).

67 *AP* 228. Ma si tratta di un'idea introdotta da P. KRETSCHMER e canonizzata nei lessici.

68 PIGHI b, 159–160.

69 Scuola romana di A. PAGLIARO.

70 PIGHI b, 159–160; DURANTE, 138–139, che ignora apparentemente il suo predecessore. DURANTE, 142, riconosce in pieno il valore dell'interpretazione storico-religiosa di NORDEN, che ha mostrato come il vetusto carme altro non sia «che un piccolo inno corale, con funzione catartica e apotropaica».

71 FERRI 1956, 102–103.

72 FERRI 1956, 102–103. La «dimostrazione» filologica di quest'ultimo fatto è purtroppo farcita di errori e lacune: *thriambos* appare come epiteto di Dioniso già in un celebre *hyporchema* di Pratina di Fliunte, fr. 708 Page = 3 Snell (cfr. H. S. VERSNEL, *Triumphus*, Leiden 1970, 21–22).

73 Ibid., 38–55.

74 Ibid., 55. Da parte di una glottologa della scuola fiorentina di G. DEVOTO, A. GIACALONE RAMAT, si insiste peraltro (sulle tracce di FERRI e A. ERNOUT) sulla presenza nel carme dell'elemento sabino. A p. 12 sono citati con approvazione gli apporti di

Aus altrömischen Priesterbüchern non è solo un libro per filologi, è anche (o soprattutto) un libro per storici della religione romana. La materia su cui costoro possono utilmente meditare non manca: le riflessioni sulle funzioni dei *Lares* (120–121) e dei *Semones* (204–224); l'*excursus* su *Mars*, dio bivalente che manda e allontana i mali, in quanto *ferus* e *propitius* (136–141; 147; 158); la discussione su *Dea Dia* nei suoi rapporti con *Deus Fidius* e *Mars* (163–165). L'impressione generale è comunque (così è risultato anche nelle discussioni di Bad Homburg) che nella sua ultima opera NORDEN abbia rinunciato del tutto a quell'approccio *religionsgeschichtlich* che era ricorrente nelle opere precedenti e che, come si è visto, si manifesta in forma spiccata in *Die Geburt des Kindes*. In realtà, *mutatis mutandis*, lo stile interpretativo di questo studio sulla religione romana arcaica a noi pare lo stesso di quello delle altre indagini sulla *koine* ellenistica.[75] Cambiano i *termini comparationis* (al posto dell'ellenistico-cristiano e orientale abbiamo il romano e il greco), ma non cambiano il metodo (rigorosamente stilistico) e il fine della ricerca (dimostrare la dipendenza di un modello da un altro), secondo una prospettiva storico-critica che può senza esitazioni definirsi *diffusionistica*. Dunque, in poche ma dense pagine (254–280), NORDEN dimostra quasi *more geometrico* che il *Carmen Arvale*, supposto esemplare di vergine poesia popolare di un Lazio *priscum cascum*, è in realtà greco, nelle forme non meno che nei concetti: detto con formula pregnante e inequivocabile, si tratta di un *carmen graecanicum versibus graecanicis conditum* (280).[76]

NORDEN sulle forme del discorso religioso: raddoppiamento del nome del dio Mars, dovuto «all'intensità dell'invocazione». Su un altro aspetto dell'analisi nordeniana del discorso religioso, l'assenza nel carme dell'allitterazione (che è invece un tratto tipico dei *carmina* preletterari diffusi presso gli italici come presso altre stirpi indoeuropee: cfr. G. PASQUALI, *Preistoria della poesia romana*, Firenze 1936, ²1981, 153–160), insiste SEBASTIANO TIMPANARO (Scuola fiorentina e pisana di G. PASQUALI: v. ora l'ampia voce dedicatagli da E. NARDUCCI, in *EV* 5,182–184, con rimando a un più cospicuo articolo monografico), storico-filologo che sa leggere tra le righe dei filologi con la stessa attenzione vigile con cui legge tra le righe degli autori antichi: il *Carmen Arvale* risulta assai meno primitivo di quanto credeva FERRI, in quanto «rinuncia alla serie di sinonimi e di altri termini correlativi e riduce molto l'allitterazione» (TIMPANARO 1988, 269).

75 Intenzioni comparative di raggio anche più ampio di quello tipicamente *religionsgeschichtlich* sono del resto attestate qua e là, anche se non sempre sviluppate: cfr. 110, sulle forme del *Kultlied*; 158–159, n. 3, sui riti della soglia; 185–191, sul tema della danza labirintica, con ricca discussione dei paralleli greci; 193–199, sul tema della *Selbstanrede* nel coro, in cui si fa intervenire anche l'esempio della *Marseillaise*.

76 La strada era stata aperta a NORDEN, sia per quanto riguarda la metrica (greca) del

E' estremamente interessante rilevare in quale forma vari studiosi «italici» espressero la loro *fin de non recevoir* rispetto a questo fondamentale corollario della meticolosa ricerca del professore tedesco. Il ferratissimo PIGHI, rivolgendosi al compatriota PASQUALI non meno che al lontano collega berlinese, mise a segno il primo colpo: «Credo che ... convenga non perdere di vista il fatto che Elleni e Italici svolsero le loro civiltà prendendo da altre culture preesistenti e contemporanee, e che in materia di leggi e di riti e di costume *gli svolgimenti paralleli e indipendenti, conformemente all'unità fondamentale della natura umana, sono del tutto normali*»[sottolineatura nostra].[77] La stessa musica da parte di un altro studioso di formazione glottologica, anch'egli peraltro in generale assai favorevole all'interpretazione di NORDEN: «A una diretta dipendenza da modelli greci non credo, trattandosi *di concetti e di espressioni elementari*»[sottolineatura nostra].[78]

E' sintomatico che SEBASTIANO TIMPANARO, filologo storicista e materialista se altri mai e – da buon discepolo di Pasquali – tutt'altro che incline a speculare sui prodotti della mitica unità ario-europea o dell'ancor più mitico sostrato così caro ai glottologi di formazione idealistica, si sia in tempi recenti espresso in toni analoghi in relazione al tema specifico della presenza tanto nella poesia ionica quanto nella poesia latina di una realtà prosodica (tipica del *Carmen*) come l'equivalenza «lunga = due brevi», ventilando la possibilità di una «poligenesi», cioè dell'eventualità che la suddetta equivalenza sia sorta «indipendentemente in poesia ionica e in poesia latina» (e non ci sia stata invece una trasmissione dalla prima alla seconda, come credevano LEO, PASQUALI e NORDEN).[79] Il problema, decisamente irrisolubile nonostante i prodigi della filologia nordeniana e pasqualiana, consisterà appunto in questo: se le coincidenze, contenutistiche e formali, tra il *Carmen* e l'innologia greca siano in tale quantità e soprattutto di tale qualità o «forma»[80] da determinare l'assoluta impossibilità che esse si siano attuate indipendentemente in ambienti diversi.

saturnio, sia per la dimostrazione dei più ampi influssi culturali greci nella Roma dei Tarquini, da un geniale libretto di PASQUALI, *Preistoria*, cit.

77 PIGHI b, 161 (si adducono altri esempi indoeuropei, al fine di sminuire la portata delle coincidenza greco-latine).

78 DURANTE, 142, n. 2. E' poco probabile un riferimento all'opera e alle tesi di A. BASTIAN.

79 TIMPANARO 1981, 63–65 (lascia aperto il problema, pur constatando che la bilancia delle probabilità pende verso l'ipotesi diffusionistica piuttosto che verso quella «dell'innovazione poligenetica»).

80 Su tali criteri è ancora necessario ricorrere a F. GRÄBNER, *Methode der Ethnologie*, Heidelberg 1911, in particolare 104–125.

Se si deve indicare qualcuno che in Italia abbia proseguito nella direzione aperta da NORDEN (e già da PASQUALI con maggiore latitudine storico-culturale), bisogna fare il nome di ILEANA CHIRASSI. Benché questa studiosa non tenga espressamente presenti le proposte pasqualiane e nordeniane[81] sull'origine grecanica del saturnio e del *Carmen Arvale*, ma muova piuttosto dalla presa di coscienza sempre più viva[82] dei rapporti intercorsi tra il Lazio dell'età del bronzo e la Grecia micenea (tra XIV e XII sec. a. C.), la sua ipotesi che la Dia arvalica possa riecheggiare financo nel nome la «*Diwia* micenea adorata a Pilos e a Cnosso in età contemporanea, portata in Italia, nel Lazio, per ignote vie»,[83] si muove nello stessa clima delle speculazioni nordeniane sulle coincidenze culturali tra la Roma del VI-V secolo e la Grecia coeva.[84] Ammessa la retrodatazione all'età micenea dei primi rapporti tra Greci e Latini e data per scontata la tentazione di immaginare viaggi divini dall'una all'altra sponda del Mediterraneo, resta comunque preferibile intravedere nelle presenze di Diwia e Dia rispettivamente in Grecia e a Roma i relitti «di una primordiale religione celeste patrimonio comune di varie stirpi indoeuropee».[85]

*

Il commento al VI libro dell'Eneide *(VA)* è uno dei monumenti della filologia classica degli ultimi cent'anni, alla pari dell'*Herakles* di WILAMOWITZ e dell'*Agamemnon* di FRAENKEL. Come tale, esso è stato ed è il punto di partenza di ogni ricerca seria sull'argomento. Ma essendo opera storica, esso rispecchia lo stato della ricerca filologica del suo tem-

---

81 Discutendo i problemi connessi alla recitazione del *Carmen Arvale* («il momento misterico nei riti di Dia»), CHIRASSI, 235–244, tiene presente lo studio di NORDEN, ma la sua attenzione si fissa soprattutto sul problema delle valenze primitive del culto di Mars.

82 E ulteriormente confermata dai dati archeologici: cfr., dopo CHIRASSI, 276–277 (con bibl.), E. PERUZZI, *Mycenaeans in Early Latium*, Roma 1980 (con un *dossier* sulla religione: ma gli sfugge il caso di Dia = Diwia); B. GENTILI, «Gli studi di Giorgio Pasquali sulla metrica greca e sul saturnio latino», in: F. BORMANN (cur.), *Giorgio Pasquali e la filologia classica del Novecento*, Firenze 1988, 79–99: 92–95 (con bibl.); D. MUSTI, s. v. «Evandro», *EV* 2,437–445: 443–445 (con ricca bibliografia).

83 CHIRASSI, 278–279 (si richiamano tradizioni risalenti a Dionigi di Alicarnasso e si ventila anche la possibilità di un'origine micenea del nome latino del prodotto della vite, il *vinum*: cfr. miceneo *wo-no*).

84 NORDEN, 254–268.

85 CHIRASSI, 286. I dubbi esternati a varie riprese da PASQUALI (*Preistoria*, cit., 107–108; 137 e *passim*), e non solo da PASQUALI, sulla consistenza del patrimonio indoeuropeo comune a Greci e Italici non dovrebbero intervenire in un caso lampante come quello del rapporto tra il miceneo *diwia* e il latino *Dia*.

po. E dunque si è messa in discussione ogni sua parte, in Italia non meno che altrove. Contestazioni e complementi toccano in particolare l'«Einleitung» (1–48), che tratta le fonti dell'escatologia del VI libro (Posidonio!) con nutriti *excursus* su Pindaro e sul purgatorio cristiano; molto meno il commento vero e proprio e gli 11 «Anhänge» stilistico-metrici (363–458). Ma sulla quasi totalmente rinnovata questione delle fonti e della fortuna dell'escatologia virgiliana non possiamo che rimandare – per carenza di spazio – alle voci rilevanti dell'*Enciclopedia Virgiliana*.[86]

La fortuna di Eduard Norden storico delle religioni: Bibliografia italiana

Die Geburt des Kindes (1924)

a) Commenti virgiliani:

ARNALDI, F. *P. Vergili Maronis. Bucolica*. Milano/Messina ³1939.

DELLA CORTE, F. *Virgilio. Le Bucoliche*. Milano 1939.

LA PENNA, A. *Virgilio. Dalla Bucolica all'Epica: Antologia*. Firenze 1971.

b) Saggistica:

CHIRASSI COLOMBO, I. «Come nasce una festa.» *Storia-Dossier dicembre 1989*, 5–11.

DELLA CORTE, F. «La quarta egloga di Virgilio.» *Cultura e scuola 1981*, 37–49 = Id. *Opuscula IX*. Genova 1985, 17–29.

GRILLI, A. «Pitagoreismo e non nella IV ecloga.» In: *Atti del convegno virgiliano di Brindisi nel bimillenario della morte (Brindisi 15–18 ott. 1981)*. Perugia 1983, 285–302.

LANTERNARI, D. «L'aspetto neo-pitagorico della IV ecloga di Virgilio.» *SMSR 55* (1989), 213–221.

NICASTRI, L. «La quarta ecloga di Virgilio e la profezia dell'Emmanuele.» *Vichiana 18* (1989), 221–271.

PASCUCCI, G. «Lettura della quarta bucolica.» In: *Lecturae Vergilianae I. Le Bucoliche*. A cura di M. GIGANTE. Napoli 1981, 171–197.

---

86 Si segnalano in particolare: P. MELONI, «escatologia», *EV* 2,379–383 (trattazione insufficiente, ma con ricca bibliografia, in cui spicca il libro di A. SETAIOLI, *Alcuni aspetti del VI libro dell'Eneide*, Bologna 1970); A. SETAIOLI, «inferi», *EV* 2,953–963 (NORDEN è onnipresente); id., «ianua», *EV* 2,879–883; id., «Pindaro», *EV* 4,107–111 (articoli eccellenti, sia nella critica sia nell'informazione); P. V. COVA, «stoicismo», *EV* 4,1029–1031; A. GRILLI, «pitagoreismo», *EV* 4,126–127 («il commento fondamentale per i problemi che solleva è sempre quello di NORDEN»); C. MORESCHINI, «platonismo», *EV* 4,134–137; id., «Posidonio», *EV* 4,231–232 (ottime trattazioni del più autorevole dei nostri specialisti: entrambe muovono dalle posizioni di NORDEN).

TRAINA, A. ««Convexo nutantem pondere mundum» (Verg. *Ecl*. 4,50). Cosmologia e poesia/‹Magnum Iovis incrementum› (*Ecl*. 4,49).» In: *Studi in onore di Carlo Diano*. Bologna 1975, 435–453 = Id. *Poeti latini (e neolatini). Note e saggi filologici*. Bologna 1975, 197–226.

c) Repertori enciclopedici:

Aa.Vv., in: *Enciclopedia Virgiliana (= EV) I-V*. Roma 1984–1990, passim.

Aus altrömischen Priesterbüchern (1939)

a) Edizioni di testi:

PICCALUGA, G. *Aspetti e problemi della religione romana*. Firenze 1974.

PIGHI, G. B. *La poesia religiosa romana. Testi e frammenti*. Bologna 1958.

PISANI, V. *Testi latini arcaici e volgari. Con commento glottologico*. Torino 1950, ³1975.

TRAGLIA, A. *Marco Terenzio Varrone. Opere*. Torino 1974.

b) Saggistica

BERNARDINI, L. «Osservazioni ad alcune parti della III e IV strofa del *Carmen Arvalium*.» *Studi classici e orientali 6* (1956), 79–86.

CHIRASSI, I. «Dea Dia e Fratres Arvales.» *SMSR 39* (1968), 191–291.

DURANTE, M. «Triumpe e triumphus: Un capitolo del più antico culto dionisiaco latino.» *Maia 4* (1951), 138–144.

FERRI, S. «Il Carmen Fratrum Arvalium e il metodo archeologico.» *Latomus 13* (1954), 390–393 = Id. *Opuscula*. Firenze 1962, 604–607.

FERRI, S. «Metodo archeologico e Carmen Fratrum Arvalium.» *Studi classici e orientali 6* (1956), 87–106.

GIACALONE RAMAT, A. «Marmar e Mamers.» *Archivio glottologico italiano 50* (1965), 8–19.

PALADINO, I. *Fratres Arvales. Storia di un collegio sacerdotale romano*. Roma 1988.

PIGHI, G. B. «[Rec. di] E. Norden, Aus altrömischen Priesterbüchern.» *Aevum 15* (1941), 150–161.

PISANI, V. «Cronaca.» *Archivio glottologico italiano 32* (1940), 146–147.

TIMPANARO, S. «Pasquali, la metrica, e la cultura di Roma arcaica.» In: G. PASQUALI. *Preistoria della poesia romana*. Firenze 1981, 5–80.

TIMPANARO, S. «Alcuni tipi di sinonimi in asindeto in latino arcaico e le loro sopravvivenze in latino classico.» *Rivista di Filologia e di Istruzione Classica 116* (1988), 257–297; 385–428.

III. Kontexte
Wissenschaft, Politik, Gesellschaft

«Aquila in Nubibus»
Ulrich von Wilamowitz-Moellendorff in his Letters to Eduard Norden (1893–1931)

von William M. Calder III

1 Introduction

A case may be made – whether cogent or not I shall not judge – that the most important man in EDUARD NORDEN's (1868–1941) life was ULRICH VON WILAMOWITZ-MOELLENDORFF (1848–1931). By most important I mean the man who exerted the most influence on his career, that is his *cursus honorum* and his publications. NORDEN's *Doktorvater* FRANZ BÜCHELER (1837–1908) died when NORDEN was just forty. There could be no further help from there. His other Bonn teacher, HERMANN USENER (1834–1905), had died when NORDEN was thirty-seven but in any case was problematical and because neither MOMMSEN nor WILAMOWITZ, the chief classical advisors to ALTHOFF, thought much of him, wielded little *auctoritas* in university appointments in Prussia. Obviously history is determined by what evidence Tyche chooses to preserve. Seneca's *Medea* not Ovid's survived. 251 letters of WILAMOWITZ to NORDEN survive, dated 1 November 1893 – 9 July 1931. The letters of NORDEN to WILAMOWITZ, so far as I am informed, are lost. Very few letters after the letter *N* survive in WILAMOWITZ' *Nachlaß*. The reason is that in the hard Berlin winter of 1945/46 thieves broke into the cellar of WILAMOWITZ' bombed house in Westend and stole the letters to burn them as fuel. They worked from the end of the alphabet. The greatest loss is the correspondence with WELLHAUSEN. GÜNTHER KLAFFEN-BACH intervened and saved the *Nachlaß* just before the NORDEN letters would have been burnt. Presumably NORDEN's letters, if we assume that DOROTHEA FREIFRAU HILLER VON GAERTRINGEN had not returned them to NORDEN, had already been destroyed. But even after loss of one side, the correspondence is the most extensive extant between WILAMO-WITZ and a Latinist and among the ten most extensive extant.

BERNHARD KYTZLER in his valuable life of NORDEN[1] writes of the year 1906: «Nun führte die Tyche Eduard Norden an die Berliner

---

1 BERNHARD KYTZLER, «Eduard Norden», *Berlinische Lebensbilder. Geisteswissen-*

Universität.» If Tyche, she was for the moment in the avatar of a Prussian Junker. JOHANNES VAHLEN must have complicated NORDEN's appointment. In a postcard of 24. IX. 1910 WILAMOWITZ writes: «Bei Vahlen denke ich Sie nicht zu sehen – zu fehlen wird auch das bessere Los sein. Aber – wenn bloß feiern gilt, dazu bin ich gern bereit.» That NORDEN did not attend his senior Latin colleague's 80th birthday is proof that he hated him. Four days later WILAMOWITZ reports what happened: «apud Vahlenum rector ac decanus laudandi gratulandique munere pro spectata facundia functi erant. ipse tantam non expectans gaudio se omnibus muneribus strenue obeundis suffecturum esse fere promisit. imago a Brüttio sculpta male cessit.»

WILAMOWITZ only rarely did not get what he wanted. He wanted FRIEDRICH LEO to succeed VAHLEN at Berlin. But LEO, unlike KAIBEL and SCHWARTZ on other occasions, could be neither convinced nor bullied.[2] He told POHLENZ why he preferred provincial Göttingen:[3] «Als er den ehrenvollen Ruf nach Berlin abgelehnt hatte, sagte er mir einmal: ‹wäre ich nach Berlin gegangen so hätte ich ein bis zwei Jahre für meine wissenschaftliche Arbeit verloren, und die habe ich nicht zu verlieren.›» In his reply to LEO's definitive decline of the Berlin call (undated but *ca.* 1 March 1906) WILAMOWITZ writes:[4]

> Ich habe Montag den einstimmig angenommen Vorschlag in der Facultät durchgebracht, der Sie allein verlangte. Dahinter sind genannt Marx und Wissowa, Heinze Norden. Es wäre sehr gut, wenn Sie Ihr Urteil dem Ministerium oder auch mir zur Kenntnis bringen könnten, denn ich weiß keine sichere Wahl.

The difficult choice would have been between HEINZE and NORDEN. WILAMOWITZ admired HEINZE's work and there was a personal tie. His father had taught him at Pforte. WILAMOWITZ decided on NORDEN. That NORDEN was a friend of WILAMOWITZ would have been reason enough

---

   schaftler, hg. von MICHAEL ERBE (Einzelveröffentlichungen der historischen Kommission zu Berlin 60), Berlin 1989, 330.

2   WILLIAM M. CALDER III, «Fünf Briefe von Ulrich von Wilamowitz-Moellendorff an Friedrich Leo», *Antikerezeption, Antikeverhältnis, Antikebegegnung in Vergangenheit & Gegenwart: Eine Aufsatzsammlung*, Stendal 1983 (publ. 1988), 723–732.

3   MAX POHLENZ, «Friedrich Leo», *Neue Jahrbücher für das klassische Altertum, Geschichte und deutsche Literatur 33* (1914), 312–313. This is confirmed by EDUARD FRAENKEL, in F. LEO, *Ausgewählte Kleine Schriften 1*, Roma 1960, xiv. I think too that LEO preferred to be a big frog in a little pond rather than again play second fiddle to WILAMOWITZ. When LEO and his wife would enter the Göttingen opera house just before the curtain rose, the audience would rise and clap (Schwester HILDEGARD VON WILAMOWITZ-MOELLENDORFF *per coll.*).

4   See CALDER (n. 2), 727–728.

for VAHLEN to oppose him. The hatred between VAHLEN and WILAMO-
WITZ had its roots in the earlier JAHN–RITSCHL *Philologenkrieg* at
Bonn. One further bit of evidence is available to me for the Berlin call.
WILAMOWITZ writes to DIELS (1 October 1905):

> Ich halte Deine Diagnose von Althoff's Tendenzen für sehr probabel, obwohl er
> im Sommer zu mir so geredet hat, als wollte er nur Leo. Wenn Du recht hast, so
> ist Elster der bestimmende; bei dem war neulich offenkundig die Absicht auf
> Norden gerichtet. Persönlich ist mir Norden sehr willkommen; ich fürchte nur,
> daß er uns beiden gegenüber abhängig sein wird, und dann ist das Altersver-
> hältnis zu Wentzel nicht bequem. Aber ich habe ja keinen einleuchtenden Ge-
> genvorschlag.

ALTHOFF would be decisive. ELSTER is the Ministerialrat. Clearly WILA-
MOWITZ is for NORDEN and tactfully makes that clear to DIELS. He
knows already NORDEN's weakness, what SKUTSCH would call his
«diffidence». Surely documents exist in the archive of the university and
at Merseburg that will clarify the details of the appointment. The main
lines are clear. Once LEO declined, WILAMOWITZ wanted NORDEN.

BERNHARD KYTZLER has written[5] that NORDEN's «*cursus honorum*
was completed in 1913 with membership in the Berlin Akademie der
Wissenschaften.» VAHLEN died in 1911. While there is death, there is
hope. The *Wahlvorschlag* for NORDEN to become Ordinary Member is
dated «Berlin, 1 Februar 1912».[6] Its author is ULRICH VON WILAMO-
WITZ-MOELLENDORFF. Five other scholars, all friends of WILAMOWITZ,
signed. They are DIELS, EDUARD MEYER, the Egyptologist ERMAN,
HIRSCHFELD and CONZE.[7]

5   BERNHARD KYTZLER, «Eduard Norden 21 September 1868–13 July 1941», in
    Classical Scholarship: A Biographical Encyclopedia, ed. by WARD W. BRIGGS,
    WILLIAM M. CALDER III, New York 1990, 342.
6   See CHRISTA KIRSTEN, *Die Altertumswissenschaften an der Berliner Akademie:
    Wahlvorschläge zur Aufnahme von Mitgliedern von F.A. Wolf bis zu G. Rodenwaldt
    1799–1932* (Studien zur Geschichte der Akademie der Wissenschaften der DDR 5),
    Berlin 1985, 154. This document rewards attention.
7   Recalling the title of this conference, I note that HIRSCHFELD was a Jew and victim of
    BELOCH's antisemitic poems and ERMAN by his own admission was part Jew: see
    ADOLF ERMAN, *Mein Werden und Mein Wirken: Erinnerungen eines alten Berliner
    Gelehrten*, Leipzig 1929, 42: «Wer das, was ich hier über meine Familie erzählt habe,
    gelesen hat, der hat gesehen, daß mir das eine abgeht, auf das so viele in unserm Volke
    heute den höchsten Wert legen: das reine Blut, die reine Rasse. Unter meinen Vorfahren
    sind drei Franzosen und ein Jude, und so kann ich mich nicht rühmen, ein reiner
    Germane zu sein und ich bin sogar nicht einmal ein ‹reiner Arier›.» ERMAN sent
    WILAMOWITZ a copy of his memoirs and in his reply WILAMOWITZ especially
    complimented ERMAN on this passage: see WILLIAM M. CALDER III, «Wilamowitz

NORDEN owed his Berlin chair and his membership in the Berlin Academy to WILAMOWITZ. I shall show from the letters just how much he owed WILAMOWITZ concerning the choice and content of his publications after 1900.

2 Why did Wilamowitz Encourage Norden?

NORDEN was too young to have been a Studienkamerad of WILAMO-WITZ, as DIELS, KAIBEL and ROBERT were. Nor had he been a student of WILAMOWITZ as ED. FRAENKEL, FRIEDLÄNDER, JACOBY, JAEGER, MAAS, POHLENZ and others were whom WILAMOWITZ loyally helped throughout his life. Why did WILAMOWITZ do so much for him? Let me first give the obvious reasons.

He approved his work. Most obvious is the extraordinary influence that *Antike Kunstprosa* exerted on WILAMOWITZ' famous *Asianismus und Attizismus*. [8] NORDEN wisely sent WILAMOWITZ a copy of the book. This elicited an undated (clearly 1898) immediate enthusiastic response from WILAMOWITZ in the form of a twelve page (!) handwritten letter. He begins: «Ihr Buch ist eine so überreiche Gabe, regt eine solche Menge von Gedanke über verschiedene wichtigste Probleme an, daß es mich (obwol ich gar keine Zeit habe und in allen diesen Dingen überhaupt und vollends jetzt wenig zu Hause bin) ganz occupirt ...»[9] The letter scribbled in haste

---

on Adolf Erman», *QS 18* (1983), 123–150. ARNALDO MOMIGLIANO has suggested that EDUARD MEYER was part Jewish on the basis of his mother's maiden name (DESSAU) but he has convinced no one: see ARNALDO MOMIGLIANO, *Settimo Contributo alla storia degli studi classici e del mondo antico*, Roma 1984, 215. The only contemporary evidence I have found is FRANZ DELITZSCH's letter of 5 April 1881 to GRAF BAUDISSIN: «Ob Eduard Meyer Jude ist, weiß ich nicht, jedoch läßt es sich aus seiner hebräischen Sprachkenntnis schliessen.» See OTTO EISSFELDT and KARL HEINRICH RENGSTORF, *Briefwechsel zwischen Franz Delitzsch und Wolf Wilhelm Graf Baudissin 1866–1890*, Opladen 1973, 469. On such grounds WILAMOWITZ was Greek.

8   ULRICH VON WILAMOWITZ-MOELLENDORFF, «Asianismus und Attizismus», *Hermes 35* (1900), 1–52 = *Kleine Schriften 3: Griechische Prosa*, hg. von FRIEDRICH ZUCKER, Berlin 1969, 223–273. See further his *Hellenistische Dichtung 1*, Berlin 1924, 53–57.

9   Comparable is his enthusiastic response to ALFRED ZIMMERN's *The Greek Commonwealth:* see WILLIAM M. CALDER III, «Ulrich von Wilamowitz-Moellendorff to Sir Alfred Zimmern on the Reality of Classical Athens», *Philologus 133* (1989), 303–309. One cannot overestimate what such letters to young men meant. WERNER JAEGER several times called WILAMOWITZ a god. PETER CORSSEN in 1902 in a letter to WILAMOWITZ called him a lion in comparison to CORSSEN who was a worm «die Zeit ihres Lebens auf dem Bauche kriechen und Erde fressen», see WILLIAM M. CAL-

is a masterpiece of Wilamowitzian kakography. NORDEN worked hours over the text as is clear from his interlinear transcription. Much he could not decipher. This letter was the start for the later article whose importance is clear from the fact that KAIBEL and ROBERT began the first *Hermes* of the twentieth century with it. Indeed WILAMOWITZ ends with a prophetic *protreptikos* for the new century. He published it in the year of NIETZSCHE's death. ABY WARBURG's suggestion that he implies NIETZSCHE's dichotomy, Apollo and Dionysos, is reasonable. WILAMO-WITZ considered NORDEN's book so famous that he did not bother to title it.[10]

In the *annus mirabilis* 1903 Teubner Verlag, Leipzig published two of the most influential modern books ever written on Vergil, RICHARD HEINZE, *Virgils Epische Technik* and EDUARD NORDEN, *P. Vergilius Maro Aeneis Buch VI*. Both men sent copies to WILAMOWITZ. I do not have his response to HEINZE. He read HEINZE first and wrote (16 May 1903) to NORDEN:

> Heinzes Buch ist sehr schön, aber sehr fertig; wenn Sie diese Kunst nicht erreichen, so bewundern Sie sie, wie ich, aber trösten Sie Sich, wenn Sie anders schreiben: gerade das Unfertige reizt zur Fortarbeit, und die fördert die Wissenschaft mehr als die Resultate.

These words recall his famous remark in the *Vorwort* to *Aristoteles und Athen*:

> Ich bin des ganz sicher, daß des falschen und übereilten nur zu viel in diesem buche steht, und hoffe selbst und durch andere über vieles hinauszukommen. aber das buch konnte nicht fertig werden, wenn ich nach der weise des Protogenes hätte malen wollen.[11]

Less then a month later (11 June 1903) he has read *Aeneis VI* and writes to NORDEN. Because of its importance for the reception of NORDEN's work at the highest mortal level and because of what it reveals of the judge, I append the whole text. The metrical details reveal the care with which he read the book.

DER III, ALEXANDER KOŠENINA (eds.), *Berufungspolitik innerhalb der Altertumswissenschaft im wilhelminischen Preußen: Die Briefe Ulrich von Wilamowitz-Moellendorffs an Friedrich Althoff (1883–1908)*, Frankfurt a.M. 1989, 140, n. 581.

10 WILAMOWITZ-MOELLENDORFF 1900 (n. 8), 223, n. 1: «Daß ich gegen Norden vielfach ex- und implicite polemisiere, geschieht natürlich nur, weil sein Buch so schön ist.»

11 Berlin 1893, vi.

Gestern als ich um 11 nach zweistündiger Seminarquäle heimkam, müde wie in dem Falle immer, fand ich Ihren Vergil. Ich schnüffelte erst und dann habe ich den ganzen Tag daran gewand. Ich habe mit Epimetra angefangen, erst Ennius, dann Metrica, ich hatte eben Vahlen gelesen und die Metrik liegt mir nahe. Dann las ich die Einleitung und blätterte im Commentar, sachlichem mehr der sprachlichen Exegese nachgehend. Sie haben mich ganz captiviert. Heinzes Buch hatte das auch getan, das war so fertig, so würdevoll, und packte die Hauptsachen, man mußte, mochte man wollen oder nicht. Aber das war fertig; bei Ihnen ist alles in Fluß, und man mag und darf anders denken, aber auch weiter denken. Ich glaube, daß Sie mit der rhetorischen Gliederung und der Klangmalerei und der Reminiscenz sehr oft als bewußt erscheinen lassen was der ganz unbewußt geübte Stil ist, auch die Reminiscenzen sind ja oft unbewußt. Ich weiß das aus Erfahrung. Da Sie auch die Herrschaft[12] und das Verständnis für die Form durch eigene Übung erworben haben, wirds Ihnen auch so gehn. Das schadet in meinen Augen aber gar nichts, denn es kann das Charakteristische, der Vers und Sprachbildung, nur so zur Darstellung kommen, dass man die Absicht supponiert; es ist in der Kunst nicht anders als in der Natur, wo wir diese bewußte Kunst dem Demiurgen imputiren.

Ueber den griechischen Hexameter sage ich gern, dass er immer zu lateinisch aufgefasst wird. So etwas wie dass die Alexandriner nicht drei Spondeen hinter einander haben ist eine so unsinnige Redeweise wie Drobisch u. Comp. (leider auch Marx),[13] die lateinischen behandeln. Es ist doch einfach so: der Hexameter hat eine Caesur im dritten Fusse, mit Vorliebe die weibliche. Dann sind drei Spondeen hinter einander unmöglich. Die männliche bedarf der Diaerese nach dem vierten Fusse, die dann dort einen Dactylus fordert. Und gewünscht wird, dass mindestens kein zweisilbiges Wort hinter dieser Caesur steht, was ja dann ein zweites zweisilbiges hinter sich verlangt. Also gibts auch da keine drei Spondeen. Wenn man sich dann überlegt, wie nach Festlegung der Füsse 3 und die benachbarten 2 und 4 gebaut werden müssen, so sieht man, dass sie keinen trochaeischen Einschnitt wollen, der in den beiden Nachbarn geliebt wird. Damit ergeben sich wenige Möglichkeiten, und deren Durchprobung ergibt alles was man wirklich über Versbau der guten Dichter sagen kann. Sobald Sie die eigne Erfahrung hinzunehmen, sind Sie alle operose Regelgeberei los. Damit findet man dann durch Gegensatz das lateinische. Ennius ist einfach ein Mensch ohne Ohren und dabei ohne technische Bildung, noch ärger als Klopstock, der

---

12 Dr. WOLFGANG BUCHWALD notes «[sc. über die Form]».
13 MARX surely is the Bonn Latinist. DROBISCH u. Comp. are Leipzig economists and statiticians. FRIEDRICH MARX (1859–1941) long held a grudge against WILAMOWITZ, possibly because of his preference for NORDEN. In 1928 *Rheinisches Museum* of which MARX was editor was the only German classical journal that did not dedicate the 1928 volume to WILAMOWITZ in honor of his 80th birthday: see FRIEDRICH SOLMSEN, *Kleine Schriften 3*, Hildesheim 1982, 462. Typically SOLMSEN suppressses MARX' name.

doch auch zu wenig Ohr hatte. Die guten und gebildeten Dichter danach suchen griechisch zu werden: Vergil wahrt dem lateinischen Hexameter eigne Art und Würde: das ist da sein Vorzug. Freilich wird die Differenz seiner Darstellung für mich zu stark, wenn Sie die Versmasse und den Ton so wechseln lassen. Ich begreife, dass Sie das besonders niedliche Stück der Mistel so haben lassen mögen, und die Trochaeen stören mich auch kaum, (die Tetrameter doch). Die Vierhebungsverse hätten sich vielleicht zum Ganzen geeignet, so haben sie sehr oft etwas wildgermanisches an sich, dem sich der gehaltene Italiener nicht geneigt scheint.

In Sachen Jenseits und Seelenwanderung haben Sie das Land erreicht, man kann sich nun darauf verlassen. Poseidonios ist klar, ich hatte vor Jahren das von Seneca aus behandeln lassen (Badstübner[14] ist ein Nachklang) und hielt das für ausgemacht. Vergil war freilich nicht einbezogen. Dass Poseidonios Protreptikos das bestimmte Buch ist, scheint mir und schien mir von der Seite noch zu zeigen, dass sich bei Cicero seine Spuren im Protreptikos und am Ende von de leg. 1 zeigen lassen.

Helene mit der Fackel muss man bei Simon Magus auf Stesichoros zurückführen, da der mit genannt wird. Das das Fanal trotz dem Mondschein notwendig war, folgt grade mit Notwendigkeit daraus, dass der Mond nach der Kleinen Ilias erst um Mitternacht aufging. Die Mondgöttin Helene oder Hekate gehört zu den Dingen, gegen die ich mich absolut ablehnend verhalte. Die Orphica sind überzeugend; es zeigt sich, dass sich darin doch etwas ermitteln läßt. Die Hadesfahrt des Herakles drängt sich auch auf; die Combinationen, die Sie auch für Bakchylides Sophokles vortragen, sind fast zwingend, aber da geraten wir zu dem Problem der prosaischen Epik, die den Tragikern und Lyrikern vorlag; ich stoße darauf oft, aber es ist Problem.

Ich hätte wol viel, von dem sich reden liesse, und gern spräche ich noch deutlicher aus, wie sehr mich Ihr Buch erfreut, zum Weiterdenken reizt, aber ich muss es ja weglegen und so mache ich rasch mit dem Danke auch ein Ende. Vergil ist nun revindicirt. Einer dem ichs nun gönne ist Hesiod, von den Römern aber muss Lucan und muss Statius Thebais behandelt werden, beide sind nicht verächtlich. Ich ziehe die Thebais den Silven weit vor.

In short contemporary evidence proves WILAMOWITZ' high opinion of NORDEN's two great works before the Berlin call. In a detailed letter of 4 November 1893 WILAMOWITZ greets *Beiträge zur Geschichte der griechischen Philosophie* (Leipzig 1893). Offprints sent WILAMOWITZ by NORDEN are regularly acknowledged in a way that shows WILAMOWITZ read them with respect and learned from them. His letters to Gilbert Murray are merely polite. NORDEN fulfilled WILAMOWITZ' ideal:[15]

14 E. BADSTÜBNER, *Beiträge zur Kritik und Erklärung der philosophischen Schriften Senecas*, Programm Hamburg 1901. The author argues that Poseidonios is the source of the Stoic eschatological ideas in *Ad Marciam*, 25–26.

15 Ulrich von Wilamowitz-Moellendorff, *Aischylos Interpretationen*, Berlin 1914, v.

Der Interpret eines Kunstwerkes hat aber mehr zu tun als die Wörter und Sätze zu erklären: er soll den Wald und die Bäume sehen, soll den Dichter nachfühlen, soll das Werk und den Verfasser als etwas Lebendiges empfinden und die andern es empfinden lehren, ja er soll dazu fortschreiten, das lebendig Empfundene zu beurteilen.

The words are autobiographical but aptly describe the author of *Aeneis VI*. NORDEN combined successfully the *Wortphilologie* of HERMANN and LACHMANN with the *Totalitätsideal* of F. G. WELCKER. I do not know that NORDEN ever emended a text but his *Sprachgefühl* presupposed extraordinary competence in the ancient languages. Another point in NORDEN's favor was that although certainly more a Latinist than a Hellenist, NORDEN always assumed the superiority of the Greek genius. I should be interested to see proof that NORDEN believed Vergil superior to Homer. Rather I think his evaluation was not that different from WILAMOWITZ', that is German and not English.[16] WILAMOWITZ would further have approved that NORDEN saw the need to include a translation in his edition. The model was WILAMOWITZ' *Herakles* of 1889. EDUARD FRAENKEL in *Agamemnon* (1950) followed his teachers. Not only is a translation the ultimate commitment; a translation is metempsychosis and reveals how much a poet the philologist is.[17]

16 See WILLIAM M. CALDER III, «Wilamowitz' Bimillenary Essay on Vergil», *Vergilius 34* (1988), 112–115. I do not believe that PETER LEBRECHT SCHMIDT in his great article on WILAMOWITZ and Latin studies refutes JAEGER's claim that NORDEN always sought to rescue Vergil by providing a Greek source for what he wrote: see P. L. SCHMIDT in: *Wilamowitz nach 50 Jahren*, ed. by WILLIAM M. CALDER III, HELLMUT FLASHAR, THEODOR LINDKEN, Darmstadt 1985, 393, n. 115.

17 ULRICH VON WILAMOWITZ-MOELLENDORFF, «Was ist Übersetzen?» *Euripides, Hippolytos, griechisch und deutsch*, Berlin 1891, 1–22. This famous essay was reprinted with some revisions at *Reden und Vorträge 1*, Berlin ⁴1925, 1–36. NORDEN wrote to WILAMOWITZ seeking his advice on translation. WILAMOWITZ' reply of 9 December 1900 (the date is important for the *Entstehungsgeschichte* of *Aeneis VI*) is in part the following: «Daß Sie eine Übersetzung beifügen ist mir im höchsten Grade erfreulich, nichts anders kann die Poesie besser zeigen, und darum handelt es sich vor allem. Ich meine, die Rhetorik ist viel zu stark für Vergil betont (z. B. Kroll), der Unterschied ist denn doch gewaltig gegenüber Ovid: Vergil macht keine Suasorien: Rhetorik heißt da wol nur bewußte Anwendung stilistischer Mittel und poetische Topik, aber die Topik ist kein Teil der Rhetorik, sonst sind die Minnesänger auch Rhetoren, und der bewußt stilisirte Charakter gilt für Pindar und Bakchylides ebenso. Doch das nur nebenbei. / Dass der Hexameter für jedes längere Gedicht absolut unbrauchbar ist, darüber will ich gar nicht erst reden; dagegen ist mir die Polymetrie allerdings bedenklich, da sie den epischen Charakter aufhebt. Wir bedürfen ein Maß, das so frei ist, das es die verschiedenen Töne verträgt. Ich suche daher meist ein zweigliedriges, das nur eine feste Zahl von Hebungen hat und stumpfe und klingende Endungen wechselnd (Satur-

There was one enormous difference between WILAMOWITZ and NORDEN. OTTO JAHN in order to exegete Juvenal had had to visit Rome. Without autopsy there could be no cogent topographical exegesis. WILA-MOWITZ learned from him and never taught Thucydides VI and VII because he had never visited Sicily.[18] NORDEN edited *Aeneid VI* repeatedly without ever having seen Cumae. WILAMOWITZ chides him in a card dated 1 (?) September 1927:

Ich bin gestern in Cumae gewesen, Apollontempel, Sibyllengrotte. Der Editor von Vergil VI *muß* sie aus dem Augenschein kennen, sie ist ausgebaut, während Vergil in Neapel wohnte; es hängt mit den Anlagen Agrippas, Misenum, Lucrinersee etc. zusammen. Die ganze Lage unvergleichlich schön. Ich habe keinen Vergil hier, aber ich möchte ihn dort oben lesen. Das musste ich Ihnen doch gleich mitteilen.

NORDEN lacked the inestimable advantage of the Italian *Wanderjahre* from which both JAHN and WILAMOWITZ profited. Nor did either KEKULE or CARL ROBERT convince him of their value. Oddly he later sat on the Central Direction of the Deutsches Archäologisches Institut.

The Bonn past was only a bond of sorts. One must not forget that WILAMOWITZ deserted Bonn for Berlin.[19] They shared two teachers. NORDEN's public praise of USENER would count for little. WILAMOWITZ had little respect for USENER and only contempt for his son-in-law and archaeological brother-in-law. The relations with WILHELM DILTHEY were cordial. But they had both been students of KEKULE VON STRADONITZ.[20] NORDEN's *Doktorvater* was FRANZ BÜCHELER. He came to Bonn after WILAMOWITZ had left but WILAMOWITZ had only

nier also (v) -vv-vv-v/(v)-v(v)-v(v)-v). Den fünffüßigen Iambus habe ich schon im Seminar in Bonn angewandt (für Usener), zu Useners Entsetzen, der freilich ja in der Poesie weder für die Form noch für den Inhalt eigentlich ein Gefühl hat. Ich glaube also wohl, daß Sie für die breite Masse mit diesem Verse auskommen, und daß er sie zwingt, strichweise leicht abzuweichen, zum Beispiel zu Trochäen. Es ist zu unerträglich, das ewige Opitzische Geklapper von betont und unbetont. Aber es wird viel Discretion fordern. Meine Übersetzung aus Vergil [Georgika 2.136–176: see *Vergilius 34* (1988), 125] ist faute de mieux hingeworfen: das befriedigt mich nicht.»

18 See ULRICH VON WILAMOWITZ-MOELLENDORFF, *Erinnerungen 1848–1914*, Leipzig [2]1929, 168, and for JAHN walking in Rome to understand Juvenal see ADOLF MICHAELIS, EUGEN PETERSEN, *Otto Jahn in seinen Briefen mit einem Bilde seines Lebens*, Leipzig 1913, 16.

19 See WILLIAM M. CALDER III, «Why did Wilamowitz Leave Bonn? The New Evidence», *Rheinisches Museum 130* (1987), 366–384.

20 For WILAMOWITZ and KEKULÉ see WILLIAM M. CALDER III, «Ulrich von Wilamowitz-Moellendorff to Kekulé von Stradonitz on Friedrich Gottlieb Welcker», *Studi italiani di filologia classica NS 3,2* (1984), 116–23.

the highest regard for «the first living Latinist».[21] He could only approve a student intelligent enough to work with him. NORDEN had also studied at Berlin where he heard DIELS, MOMMSEN, ROBERT and ZELLER, all admired in different ways by WILAMOWITZ.[22] That is as a student he attended the two universities WILAMOWITZ had. There was another figure who had influenced NORDEN. WILAMOWITZ writes:[23]

> Eduard NORDEN, geboren 21. Sept. 1868 zu Emden, hat seine Bildung in Bonn erhalten und zwar überwiegt der Einfluß Büchelers, obwohl er nicht Textkritik, sondern Stilkritik mit Vorliebe treibt. Dafür ist ihm der Anstoss wohl von Kaibel gekommen, dem er als Privatdocent in Strassburg sehr nahe gestanden hat.

GEORG KAIBEL (1849–1901) was WILAMOWITZ' closest friend.[24] «To Kaibel he was always blind», SCHADEWALDT once said to me. BÜCHE-LER had been a decisive influence on KAIBEL, who worked on Greek verse inscriptions as BÜCHELER had on Latin ones. And too like NORDEN he had studied under USENER. I do not know who arranged NORDEN's appointment in Strassburg. One assumes BÜCHELER wrote to KAIBEL. During the years of NORDEN's Docentur at Strassburg KAIBEL and WILAMOWITZ were frequently writing one another. These were the years they worked together on the newly discovered Ἀθηναίων πολιτεία. There is no evidence to contradict the supposition that WILA-MOWITZ early heard of NORDEN from KAIBEL. KAIBEL was the obvious scholar to encourage NORDEN to write WILAMOWITZ and send him his books. I should not be at all surprised if KAIBEL's esteem for young NORDEN were not decisive for WILAMOWITZ' lifelong devotion to his cause. On 1 February 1928 WILAMOWITZ dedicated *Hesiodos Erga* to NORDEN and EDUARD MEYER, «for friends of Hesiod and loyal colleagues of mine this Hesiod, has come, a witness of my friendship».[25]

---

21 See WILAMOWITZ 1929 (n. 18), 264. For BÜCHELER see now RUDOLF BORCHARDT, «Aus der Bonner Schule: Erinnerungen eines Schülers an Franz Bücheler», *Prosa 6*, Stuttgart 1990, 45–56.
22 KYTZLER in his two biographies does not state precisely which semesters NORDEN spent at Berlin. His Berlin teachers were *(Vita)*: «Curtius Diels Hirschfeld Kirchhoff Mommsen Robert Vahlen Wattenbach Zeller Berolinenses.»
23 Cited from *Altertumswissenschaften* (n. 6), 154.
24 For WILAMOWITZ' long friendship with KAIBEL see WILLIAM M. CALDER III, «The Dedication of ‹Aristoteles und Athen›», *Quaderni di storia 9* (1979), 267–269.
25 ULRICH VON WILAMOWITZ-MOELLENDORFF, *ELEGEIA*, hg. von WOLFGANG BUCH-WALD, Berlin 1938, No. 47. I do not understand what the date commemorates. WILAMOWITZ never chose dedicatory dates casually.

3 Some Passages of Interest

I have begun an edition of all the correspondence with commentary. One important letter has already been expertly published.[26] I edit here several texts that are of especial interest for understanding NORDEN and his friendship with WILAMOWITZ. I owe especial thanks to Dr. H. ROHL-FING (Handschriftenabteilung, Niedersächsische Staats- und Universitäts-bibliothek Göttingen) for owner's permission from WILAMOWITZ' letters to NORDEN and I am grateful to the late Dr. WOLFGANG BUCHWALD many of whose expert transcriptions I have used.

WILAMOWITZ and NORDEN played a crucial role in the career of FELIX JACOBY (1876–1959). After his promotion under DIELS at Berlin in 1902 there was need to habilitate but no post for a privatdocent available. There was in Breslau and WILAMOWITZ placed Jacoby there with a letter of 7 May 1903. Letters about people often reveal more than letters to or from them. Here we have WILAMOWITZ' honest opinion of one of his greatest students. He writes:[27]

In den nächsten Tagen wird sich Dr. Jacobi [sic], der Verfasser der Frag-mentsammlung des Apollodor,[28] bei Ihnen vorstellen, in der Hoffnung, dass

---

26 OTTO SKUTSCH, «Wilamowitz an Norden über dessen Ennius und Vergilius», *Antike und Abendland 29* (1983), 90–94. SKUTSCH's opinion of NORDEN at Berlin was tempered. See OTTO SKUTSCH, «Recollections of Scholars I Have Known», ed. by ANTON BIERL, WILLIAM M. CALDER III, *Harvard Studies in Classical Philology 94* (1991), 387–408: «In Berlin I was not very happy with Eduard Norden either. His Plautus lectures were a little bit out of date. I had heard Kroll on Plautus before, and he was much better. As a person Norden was very much the *Geheimrat*, and standing on his dignity. He had been a friend of my father's, and I had visited him before to tell him that I was coming to Berlin. So, in order not to waste the great man's time, I approached him with a deep bow after his first Plautus lecture and asked if he would permit me to sit in on his seminar as a guest member. At that he pulled himself up and said: ‹Jawohl, Herr Skutsch, I shall probably permit you. But it cannot be done this way. You must come to my official consulting hour.› ... I certainly believe that the curious stiffness in Norden's behaviour was caused by a kind of personal diffidence. He was of Jewish origin, but had converted to Christianity as a schoolboy and tried to conceal the fact that, though German, he was not Germanic. In lectures he would speak of the Germans described by Tacitus as ‹our ancestors› ... This human uncertainty was paralleled by diffidence even in matters of scholarship. He is said never to have published anything which he had not first given to a friend to read» (394f.).

27 Part of this letter has been published in English translation: see MORTIMER CHAM-BERS, «Felix Jacoby 19 March 1876–10 November 1959», *Classical Scholarship* (n. 5), 206. CHAMBERS is preparing a booklength biography of JACOBY.

28 FELIX JACOBY, *Apollodors Chronik. Eine Sammlung der Fragmente* (Philologische Untersuchungen 16), Berlin 1902 (repr. New York 1973). For his later edition see

ihm die Habilitation in Breslau gelinge. Ich habe ihm gesagt, dass ich diesen Brief schriebe, aber so, dass Ihnen ganz freisteht, von demselben abzusehen. Es ist nur für den Jungen Mann angenehmer, wenn er sich nicht selbst allein einführt.

Er war schon ziemlich weit in den hiesigen Studien vorgeschritten, als ich herkam; einen stärkeren persönlichen Einfluss habe ich auf ihn erst gehabt, als er die Dissertation einreichte, die ich dann in meine Untersuchungen aufnahm. Ich habe ihn aber wol von den bloss historischen Studien mehr zur Philologie gebracht. Immerhin hat er zwar ordentliche Kenntnisse, aber das sprachlich formale ist ihm minder geläufig; er weiss das nun und denkt daher an eine Textausgabe.[29] Die Gelehrsamkeit, die zuweilen Gefahr läuft Selbstzweck zu werden, ist nach meiner Erfahrung bei Anfängern ein Vorzug.

Die Absicht sich zu habilitiren hat er wol immer gehabt, da er offenbar bemittelt ist. Er hat sich als Student mit seiner schönen liebenswürdigen Frau verlobt, die selbst damals Philologie studirte, wovon sie ganz zurückgekommen ist.[30] Beide haben viel in meinem Hause verkehrt und sind mir und meiner Familie sehr wert.

Als er sich fragte, wo er sich habilitiren sollte, habe ich ihm Breslau genannt, weil bei Ihnen ein Docent fehlt. Ich habe ihm auch gesagt, dass er sich darauf einlassen müsste, wenn ihm die Bedingung gestellt würde, die Vorbereitungs- oder Ergänzungscurse zu übernehmen, die ja kein Genuss sind.

Aber in allen Stücken habe ich ihm erklärt, dass die Zulassung zum Docenten heut zu Tage noch mehr als je in dem Belieben der Professoren liegen müsste (ich bin nämlich anderer Ansicht und lasse am liebsten die freie Concurrenz zu, ohne irgend welche Expectanzen zu erwecken): Sie sind also ganz und gar frei ...

Ich hoffe, Sie erkennen, dass ich zwar gerne dem jungen Collegen, dessen Apollodor doch wenigstens einmal wieder einen Arbeiter zeigt, der hartes Holz bohren mag, helfen, aber weit davon entfernt bin Ihr und Ihrer Herrn Collegen Urteil irgendwie zu beeinflussen.

JACOBY successfully habilitated the next year. He remained at Breslau until 1906 when called to Kiel as Extraordinarius for Latin. NORDEN thanks him for help in the preface to the second edition of *Aeneis VI* (1915). It was the friendship between WILAMOWITZ and NORDEN that at a crucial moment insured the successful career of the editor of *FGrHist*.

FGrHist 244 F 1–87. The book is dedicated to DIELS but in the preface he thanks «meinen zweiten Lehrer, Prof. v. Wilamowitz».

29 FELIX JACOBY, *Das Marmor Parium* [= *IG* 12,5, 444], Berlin 1904. The book is «Ulrich von Wilamowitz-Moellendorff in dankbarer gesinnung gewidmet.» JACOBY later reedited the text as *FGrHist* 239.

30 JACOBY married MARGARETE VON DER LEYEN (1875–1956) in 1901. She became his lifelong assistant in the editing of *FGrHist*.

In a letter of 17 February 1905 WILAMOWITZ secures NORDEN for a contribution to *Die Kultur der Gegenwart*. His connections with PAUL HINNEBERG and ALTHOFF had made him a decisive figure in the undertaking. The result was «Die lateinische Literatur im Übergang vom Altertum zum Mittelalter».[31] The article made NORDEN known to a far wider circle of readers than before.

The young OTTO SKUTSCH would later observe NORDEN's lack of selfconfidence.[32] He was earlier liable to what we should call depression and in a lost letter wrote in despair of it to WILAMOWITZ. This was shortly after the move from Breslau to Berlin. NORDEN presumably was tortured by selfdoubt and thought himself not up to the job. WILAMO-WITZ writes him on 23 April 1908:

> Gegen eine solche psychische Depression, wie Sie sie empfinden, muß der Mensch ein Mittel finden und bloßes sich Zersorgen hilft freilich nicht, da unser einer immer nur eine Heilung durch Arbeit finden kann, die ihn befriedigt, hier also ohne anzugreifen. So was dürfte Textkritik sein. Und daß Ihnen eine solche Aufgabe aus dem Rohen einen Reiz liefern müßte, meine ich zu fühlen. Da Sie nun fervor[33] in dem Gefühl für Prosastil und Rhythmus haben, sollten Sie so etwas machen. Etwa einen *gebildeten* Kirchenvater, Latein oder Griechisch einerlei ...

On 3 May 1908 he informs NORDEN of BÜCHELER's death. Presumably this could only have increased his depression. WILAMOWITZ must have written LEO about NORDEN's troubles for on 2 July 1908 he writes:

> Ihre müde Stimmung muß aber wirklich mal mit einer energischen Cur ange-griffen werden. Es ist ja die Berlinkrankheit, die hier jeder ordentliche Mensch überwinden muß; und nur das Evangelium der Tat hilft. So urteilt auch Leo. Der Mommsen[34] und sonstiger Kleinkram hilft [*sic*] nicht ...

---

31 EDUARD NORDEN, «Die griechische und lateinische Literatur und Sprache», *Die Kultur der Gegenwart 1,8*, Berlin 1905, 374–411. WILAMOWITZ seductively observed: «Zu unterschätzen ist die Aufgabe im Werte nicht: ich bin so schnöde die Litteratur dieser Jahrhunderte für interessanter zu halten als alles was von Tiberius Zeit geschrieben war bis Constantin und weiter, abgesehen von drei Leuten, Petron Tacitus und Seneca, und hier stehn Hieronymus, Augustin, die wiegen viele auf. Aber man muss noch sehr kurz sein: ehe die Theologen nicht aus der Litteraturgeschichte vertrieben sind und die Kirchengeschichte aus der Weltgeschichte, kommen die grossen Männer nicht heraus.» This was a challenge NORDEN could not refuse.

32 See n. 25.

33 *furor* ist not impossible but Dr. BUCHWALD and I prefer *fervor*.

34 THEODOR MOMMSEN, *Gesammelte Schriften 7: Philologische Schriften*, hg. von EDUARD NORDEN, Berlin 1909. This was another task assigned NORDEN by WILA-MOWITZ.

In a letter of 24 November 1923 WILAMOWITZ dissuades NORDEN from going to Munich. That will not cure his ills. «Ganz zutreffend ist, daß Sie ein großes wissenschaftliches Werk in die Hand nehmen müssen.» He suggests «Varro, der ganze Kerl». NORDEN seemed incapable of finding the task that suited him. A further symptom of NORDEN's diffidence was his need to revise books he had earlier written. WILAMOWITZ, who only revised one of the over seventy books he wrote (he presumably was forced to), has revealing views on this. He writes on 25 August 1926 concerning NORDEN's proposed revision of *Aeneis VI*:

> ... Wenn Sie den Vergil neu machen, lassen Sie nur die Einleitung wie sie war. Mit Poseidonios ist es vermutlich nichts, hier und im somn. Scip. Aber erledigt ist es auch nicht, und Ihr Buch ist ein wichtiges Dokument der Forschung, wie sie einmal ging, und so was muß bleiben, selbst wenn man es einmal nur als Etappe ansehen sollte.

WILAMOWITZ twice writes NORDEN concerning FRIEDRICH LEO (1851–1914). In 1913 the first and only volume of his *Geschichte der römischen Literatur*,[35] treating archaic Latin literature, appeared. LEO sent WILAMOWITZ a copy. WILAMOWITZ wrote a critical letter of thanks and LEO was offended. He writes to NORDEN of the incident on 6 September 1913. The letters to and from LEO are lost:

> Über Leo müssen wir reden. Es tut mir leid, er hat meine Restriction nicht sowohl im Lobe seiner Leistung, aber des ganzen literargeschichtlichen γένος das er pflegt, übelgenommen. Und ich kann doch nicht anders. Man kann aus Häcksel kein Brot machen und aus ein Paar Fragmenten und Notizen keine Geschichte.[36] Vielleicht ists Alterserscheinung, aber mir wird so vieles schal was mir sonst mundete. Ich würde da den alten Cato grobdrähtig, bildungslos und daher für Tombakbildung doch empfänglich, einen zähen Hasser, nicht wählerisch in den Mitteln, aber einen Kerl der weiß was er will und es durchsetzt recht im Gegensatz zu dem dünnblütigen Griechentum und dem angefaulten Adelsgesindel Roms hingesetzt haben: das muß Stil der Lutherzeit, der Dürer- und Cranachportraits werden. Selber mußte er dastehn; bei Leo ist ja immer der Professor zu spüren, der mit feinen Fingern an die Dinge herantritt. Doch das schreibt sich schlecht und ich muß zu meinem Collegen Triklinios.[37]

---

35 FRIEDRICH LEO, *Geschichte der Römischen Literatur 1: Die Archaische Literatur*, Berlin 1913 (repr. Darmstadt 1967). See the unexpectedly important review by J. W. D. INGERSOLL, *Classical World 7* (1913/14), 188–190.

36 The sentiment recalls WILAMOWITZ' retort to RITSCHL's Ter. *Haut*. 675: «Quod vides perisse, perditum ducas» (Cat. 8.2). See WILAMOWITZ 1929 (n. 18), 103, and id., *Sappho und Simonides: Untersuchungen über griechische Lyriker*, Berlin 1913 (repr. ²1985), 69: «Verloren ist verloren.»

37 Dr. WOLFGANG BUCHWALD remarks «für die Aischylos-Ausgabe (1914)».

LEO died unexpectedly at his desk during the night of 15 January 1914. He had been a close friend of WILAMOWITZ (never *Du* as with DIELS, KAIBEL and ROBERT) for over forty years and named his son, the Romanist, ULRICH LEO (1890–1964). PAUL WENDLAND, long a correspondent of WILAMOWITZ, wrote one of the two important necrologies.[38] WILAMOWITZ writes to NORDEN about it on 26 May 1914:

> Das ist leider wahr, lieber College, Wendland fällt ganz ab. Ich weiss noch gar nicht, was ich ihm auf seine Rede schreiben soll.[39] Es ist am Ende begreiflich, daß er an den Dingen haftet, die ihm am meisten nach dem eigenen Sinne sind (Monolog, Biographie, die doch für Leo gar nicht bloß nach der positiven Seite charakteristisch sind; den Satyros misverstand er, weil er das Schema eher hatte als den individuellen Autor); aber er hat allerdings die Hauptsachen nur von ferne gesehen. Mir ist freilich noch mehr leid, daß die Person nicht herauskommt, die Werke sind doch bei einem Menschen, der etwas ist, Ausstrahlungen seines Wesens, und man soll das Licht, nicht die Strahlen zeigen. Fränkel hat natürlich nur seinen Reflex des Lichtes gegeben, aber doch damit wirklich etwas.[40]

Regretably WILAMOWITZ himself never wrote an obituary of his friend and colleague. There are only hints in letters to others and in the *Erinnerungen*.

---

38 PAUL WENDLAND, «Rede auf Friedrich Leo», *Geschäftliche Mitteilungen der Kgl. Gesellschaft der Wissenschaften zu Göttingen 1914,1*, Berlin 1914. See further MAX POHLENZ, «Friedrich Leo», *Neue Jahrbücher für das Klassische Altertum, Geschichte, Deutsche Literatur und für Pädagogik 33* (1914), 297–316, and the brief memoir by one of his few American students, EDWARD FITCH, «Friedrich Leo», *Classical World 8* (1914/15), 40.

39 A brief undated acknowledgment to WENDLAND survives, he presumably wrote it shortly after the letter to NORDEN. I am grateful to Dr. DIETRICH EHLERS (Akademie der Wissenschaften zu Berlin) for the transcription. WILAMOWITZ writes: «Schönen Dank für Rede und Brief. Ich sehe, Sie haben doch die Correspondenz Kaibel-Leo nicht gehabt, die wohl das beste Zeugnis über die wichtigste Zeit gibt. Ich vermisse die für Leo, der sich selbst erzogen hat, aber auch erziehen musste, bezeichnendste und ehrenvollste μετάνοια, die ihn aus dem verzogenen und vorlauten Bonner Pflänzling zu einem vorbildlichen Meister der Selbstzucht machte. Ich bin auch geneigt, seine Werke z. T. anders einzuschätzen – zumal wenn ich sie von der Seite betrachte, wie es dem Biographen zusteht, von der Person aus. Da er sich in den Menschen so stark zu täuschen pflegte, glaube ich auch, da er die Individuen minder sicher als das Gattungsmässige erfasste. Die Biographie ist doch schematisch construirt, und der Satyros musste stark misverstanden werden, damit er in das Schema passte.»

40 EDUARD FRAENKEL, «Friedrich Leo», *Internationale Monatsschrift für Wissenschaft Kunst und Technik* (May 1914) 1–14 = *Kleine Beiträge zur Klassischen Philologie 2*, Rome 1964, 545–553.

NORDEN's university career culminated when elected Rector for the year 1927/28.[41] WILAMOWITZ on 1 August 1927 sent him a postcard:[42]

Laetus et intrepidus sellam conscende curulem
quaesitam meritis. nec gravis annus erit.
vota facit cathedra lassus dum cedit amicus:
propensi digno di tibi digna duint.

4 What have we learned?

WILAMOWITZ treated NORDEN rather as he had LEO and even KAIBEL. He was stronger willed than they and more intelligent than they. They accepted this and much to their credit and in contrast to lesser men like KARL DILTHEY, KIRCHHOFF and VAHLEN, they sought to profit from a genius who wished to help them rather than to eliminate a threat. WILA-MOWITZ received the calls to Göttingen and Berlin only because of ALTHOFF and against the will of his colleagues.[43] He completely dominated them. NORDEN called him «aquila in nubibus».[44] He often assigned them their work. But he respected them. They brought out the best in each other and scholarship benefited immeasurably. Of NORDEN's friendships which we can control, WILAMOWITZ seems to have been the most loyal and candid of NORDEN's colleagues.

The evidence for DIELS' opinion of NORDEN has not yet been systematically collected. My surmise after working with the DIELS-WILAMOWITZ correspondence is that DIELS did not bother about him one way or the other. NORDEN is hardly mentioned in the letters. Then there is JAEGER. In his history of classics at Berlin JAEGER wrote:[45]

41   See *Die Rektoren der Humboldt-Universität zu Berlin*, edited by the Universitäts-Bibliothek der Humboldt-Universität, Halle 1966, 200–201.

42   The poem is not found in *ELEGEIA* (n. 25).

43   For the first honest discussion of WILAMOWITZ' calls see WILLIAM M. CALDER III, «Die Rolle Friedrich Althoffs bei den Berufungen von Ulrich von Wilamowitz-Moellendorff», *Wissenschaftsgeschichte und Wissenschaftspolitik im Industriezeitalter: Das ‹System Althoff› in historischer Perspektive*, ed. by BERNHARD VOM BROCKE, Hildesheim 1991, 251–266.

44   «Worte des Gedächtnisses an Ulrich von Wilamowitz-Moellendorff», *KS* 665. In general the memorial is disappointing. One finds no great insight into the deceased. NORDEN repeats clichees and seems unable or unwilling to articulate what made WILAMOWITZ great or even what he owed to WILAMOWITZ. WILAMOWITZ' poem to WILHELM RAABE cited in part by NORDEN (667) is now published in full from the autograph: see ALEXANDER KOŠENINA, *Quaderni di storia 31* (1990), 121–127. NORDEN was citing from memory. In five verses he makes four errors.

Er [d. h. NORDEN] nahm eine Art Mittlerstellung zwischen uns und den halb-göttlichen Dioskuren Diels und Wilamowitz ein. Das war eine glückliche Kon-stellation für uns Jüngere, wenngleich Wilamowitz prinzipiell «für jedes erste Semester» zugänglich war, wenn er nur ernstes Streben bei ihm fand. Auch darin war Norden eine passende Ergänzung, daß er uns Studenten seine Ver-ehrung der alten Meister in jedem Wort fühlen ließ.

What JAEGER has politely said is that the students knew NORDEN was not as good as DIELS and WILAMOWITZ and NORDEN agreed with them. But matters were worse than that. My recent work on the details of JAEGER's call to Berlin from Kiel on 12 March 1921 caused me to read carefully the relevant correspondence of CARL HEINRICH BECKER (the Kultusminister), DIELS, JAEGER, NORDEN and WILAMOWITZ.[46] JAEGER flatters BECKER (he calls him a god), fears WILAMOWITZ, writes candidly to DIELS and telephones him, but treats NORDEN with contempt. Confidential letters sent him by NORDEN JAEGER annotates and mails to DIELS for DIELS to read. He could only betray in this way a man for whom he fundamentally had contempt. I think that JAEGER knew that NORDEN was weak and therefore despised him.[47] The contrast was WILA-MOWITZ who also knew he was weak but admired and encouraged the considerable gifts that NORDEN had. If it had not been for WILAMOWITZ we should not in 1991 be remembering NORDEN.[48]

---

45   WERNER JAEGER, in: *Studium Berolinense. Aufsätze und Beiträge zu Problemen der Wissenschaft und der Geschichte der Friedrich-Wilhelms-Universität zu Berlin*, hg. von HANS LEUSSINK, EDUARD NEUMANN, GEORG KOTOWSKI, Berlin 1960, 474.

46   See WILLIAM M. CALDER III, «12 March 1921: The Berlin Appointment», *Werner Jaeger Reconsidered* (Illinois Classical Studies Suppl. 3), Atlanta 1992, 1–24.

47   NORDEN was expelled on purely rascist grounds from the Academy. The idea never occurred to JAEGER to resign in protest. He remained a member of the Academy throughout the 12 years of National Socialism.

48   I am grateful to Dr. ANTON BIERL (Munich), who beneficially read my penultimate draft.

Eduard Nordens «Heldenehrungen»

von Richard Faber

NORDEN glaubte in seinem Nachruf auf ULRICH VON WILAMOWITZ-MOELLENDORFF vom 25. 9. 1931 dessen «kulturelles Glaubensbekenntnis» in die Worte fassen zu dürfen: «Der deutsche Baum soll, durch das hellenische Propfreis veredelt, in eigener erdgeborener Kraft und Herrlichkeit sich entfalten.»[1] Dieses kultur*politische* Glaubensbekenntnis war auch NORDENS eigenes, unabhängig davon, daß der Latinist selbstverständlich von einer «Dreiheit von Kulturvölkern» ausging: «Hellenen, *Römer(n)* und Germanen» – in seiner Rektorats-Rede «bei der Feier der Erinnerung an den Stifter der Berliner Universität König Friedrich Wilhelm III. in der alten Aula am 3. August 1928».[2]

Diese unter dem Titel «Heldenehrungen» 1929 im Druck erschienene Rede ist in jedem Wortsinn repräsentativ und muß vor allen anderen Äußerungen NORDENS herangezogen werden, wenn man sich die Frage nach seinem politischen Standort stellt. Es handelt sich auf geradezu evidente Weise um einen politisch-*religiösen* beziehungsweise *religiös*-politischen Standort oder eben um ein kulturpolitisches «Glaubensbekenntnis», wie im Falle des von NORDEN als «Großmeister unserer Wissenschaft»[3] gefeierten WILAMOWITZ.

Der Autor des «Glaubens der Hellenen» wird, als «einer unserer großen Führer auf dem Gebiete des Geistigen», in den Umkreis GOETHES gerückt, den WILAMOWITZ verehrt habe als «das übergermanisch-überhellenische Urgenie».[4] Wie WALTER BENJAMIN sehr bald nach dem Ersten Weltkrieg in seiner Kritik am Goethe-Buch des Georgianers FRIEDRICH GUNDOLF gezeigt hat, gehen Genie-, Führer- und *Heroen*-Kult im deutsch-nationalen (bis präfaschistischen) Milieu eine enge Verbindung ein.[5] NORDENS Rektorats-Rede ist ausdrücklich «Heldenehrungen» über-

1 EDUARD NORDEN, *KS* 667.
2 NORDEN, *Heldenehrungen. Rede bei der Feier der Erinnerung an den Stifter der Berliner Universität König Friedrich Wilhelm III. in der alten Aula am 3. August 1928*, Berlin 1929, 6, 1.
3 *KS* 665.
4 Ebd., 665, 667.
5 WALTER BENJAMIN, «Goethes Wahlverwandtschaften», in: ders., *Illuminationen. Ausgewählte Schriften*, Frankfurt a. M. 1969, 70–147.

B. Kytzler / K. Rudolph / J. Rüpke, Hrsg.: Eduard Norden
(Palingenesia, Bd. 49). - © Franz Steiner Verlag Stuttgart 1994

schrieben und zeugt von selbstverständlicher Devotion für den «großen Führer auf dem Gebiete» des *Militärisch*-Politischen: HINDENBURG. STEFAN GEORGE ist in seinem Huldigungsgedicht anonym geblieben und hat 1917 von HINDENBURG nur als «einem schmucklosen greis» gesprochen, der «das reich» gerettet habe.[6] NORDEN folgt «unserem Walter Flex» und nennt den (gängigen) Familiennamen HINDENBURG,[7] jedoch unter Wegfall der Titel eines Reichspräsidenten oder auch ‹nur› Generalfeldmarschalls. Die Person HINDENBURGS allein ist für ihn entscheidend oder eben ihr «Genie». Dennoch steht im Mittelpunkt von NORDENS «Heldenehrungen», keineswegs inkonsequent, der einfach (–schmucklos)e Mann schlechthin – und jetzt im *ausdrücklichen* Gefolge «unseres Walter Flex» oder des «Arbeiterdichters» KARL BRÖGER.[8]

Dieser hat bereits 1915 ein «kleines Kriegsbuch» geschrieben, mit dem Titel «Der unbekannte Soldat». Das auflagenstarke Reclam-Bändchen kann NORDEN genauso begeistern wie Poesie und Prosa des «heimlichen König[s] der *unbenannten* deutschen Soldaten» WALTER FLEX.[9] Diese Tatsache belegt von vornherein, wie wenig originell NORDENS zeitgenössischer Geschmack war. Seine ästhetischen Auffassungen unterschieden sich von denen vieler Millionen nationalistischer Deutscher in nichts, genausowenig wie seine politisch-religiösen.

FLEX, einer der einflußreichsten Mythenschöpfer des Ersten Weltkriegs, widmete seine Aufmerksamkeit insbesondere der «Kriegsweihnacht»: «Das Fest war eine Erinnerung an die Familie und die Heimat, ein Augenblick der Normalität ragte in die Schützengräben hinein, wenn die Pakete geöffnet wurden und man versuchte, einen Gabentisch zu errichten. Doch gleichzeitig waren die Gefallenen in den Gedanken und Gesprächen der Soldaten anwesend, und so hatte FLEX' ‹Kriegsweihnacht› den Charakter der Erinnerung an die Heimat wie den des Gedenkens an

---

6 STEFAN GEORGE, *Das neue Reich*, Berlin 1928, 31.

7 Vgl. WALTER FLEX, «Hindenburg», in: ders., *Gesammelte Werke 1*, München 1925, 36.

8 ERNST WIECHERT hat seinen Roman «Das einfache Leben» dem «einfachen Mann» gewidmet. FLEX spricht vom «gemeinen Mann» bzw. «einfachen Soldaten» (ebd., 74, 164). Der Untertitel von BRÖGERS «Unbekanntem Soldaten» lautet «Kriegstaten und Schicksale des kleinen Mannes» (Leipzig 1917). NORDEN wiederum verweist auf den Aufsatz seines Schülers HILDEBRECHT HOMMEL, «Der ‹unbekannte Soldat›. Zu Propertius I. 21, v. 9/10», *Berliner Philologische Wochenschrift 46* (1926), 988–991. Auch hier wird das «sinnig-einfache ... Mysterium ... vom unbekannten Soldaten» beschworen (990).

9 Man könnte auch «heimlicher König» betonen; denn NORDEN zitiert hier aus FLEX' ungemein kitschigem «Weihnachtsmärchen des 50. Regiments», auf das noch einzugehen ist.

die Gefallenen.»[10] FLEX schrieb sogar in seinem «Weihnachtsmärchen des 50. Regiments»: «In der Christnacht ist den Toten vergönnt, mit Menschenstimme zu reden.»[11] Ja er verglich dort «die Gefallenen mit den Engeln, die den Schäfern in Bethlehem die Nachricht von der Geburt Christi überbrachten».[12]

Solche Okkultismen sind bei NORDEN nicht zu finden, der Autor der «Geburt des Kindes» nennt die «Kriegsweihnacht» nicht einmal, feiert aber emphatisch die «Deutsche Weihnacht» generell, und in einem Aufsatz über Vergils vierte Ekloge, die für ihn Geburtstagsgedicht des römischen Weltherrschers und Prophetie seines kriegerischen Friedens *ist*, formuliert er:

> Wenn wir in der heiligen Nacht unsere schönen deutschen Weihnachtslieder singen, denen kein Volk gleiche an zarter Innigkeit zur Seite stellen kann, ... mögen wir uns, stolz zugleich und demütig, fühlen als Träger einer Überlieferungskette, in die die Menschheit eines ihrer höchsten Güter als Ewigkeitsglied eingefügt hat: die Sehnsucht nach Erneuerung.[13]

Auf diese Passage aus einer «Geschichtlichen Weihnachtsbetrachtung» ist zurückzukommen, sowohl unter dem Aspekt der (Kultur-)Menschheit: deren indogermanischen Exklusivität, wie unter dem Aspekt einer naturalistisch wie politisch verstandenen Erneuerung: der zeitgenössischdeutschen und der antik-römischen *Restauration*. Zunächst bleiben wir bei «unserem Walter Flex», der noch NORDENS Vergil-Rezeption präjudiziert oder wenigstens aktualisiert hat, indem er «das *große* deutsche Weihnachten» mit dem deutschen «Siegfrieden» identifizierte.[14] So in seinem Gedicht «Sturmriemen herunter» und eben im «Weihnachtsmärchen des 50. Regiments», das den Hauptteil seines 1915 erschienenen Buches «Vom großen Abendmahl» ausmacht[15] – bis dahin, daß das Märchen seinerseits in einer Abendmahls-Episode kulminiert: Der «heimliche (Soldaten-)König», den NORDEN in seinen «Heldenehrungen» mit FLEX selbst identifiziert, reicht «einen goldenen Becher» zum Trinken und «eine perlfarbene Muschel» mit «Altarbrot» zum «Speisen».[16] Im Titelgedicht

10 GEORGE L. MOSSE, «Soldatenfriedhöfe und nationale Wiedergeburt. Der Gefallenenkult in Deutschland», in: *Kriegserlebnis*, hg. von K. VONDUNG, Göttingen 1980, 245; vgl. FLEX (Anm. 7), 58f.
11 Ebd., 157.
12 MOSSE (Anm. 10).
13 *KS* 456f.
14 Vgl. FLEX (Anm. 7), 35, 235.
15 Vgl. ebd., XVIII.
16 Ebd., 166f.

«Das große Abendmahl» lautet die vierte Strophe, ganz *kriegstheologisch* beziehungsweise *deutsch*-christlich:

Zum Altar ward das Feld der Völkerschlacht.
Aus deutschem Blut ist Christi Wein bereitet,
und in dem Blut der Reinsten wirkt die Macht
des Herrn, der durch die heil'ge Wandlung schreitet.[17]

Nicht zuletzt mit dieser sakramentalen Überhöhung des Weltkriegsgeschehens steht FLEX in der Tradition der Befreiungskriege und ihrer sprichwörtlichen «Völkerschlacht». Schon sie sind mit dem letzten Abendmahl gleichgesetzt worden. Rektor NORDEN selbst betreibt keine *christliche* Kriegstheologie, rekurriert in seinem Projekt eines «deutschgläubigen» Gefallenenkults aber gleichfalls auf die Befreiungskriege und beginnt seine Rede überhaupt mit deren ausführlicher Erwähnung. Schon der Anlaß des Geburtstags «des Stifters unserer Universität König Friedrich Wilhelms III.» gebietet das: «Nie darf der Faden der Erinnerung an die denkwürdige Begebenheit abreißen, daß unsere Hochschule, geboren in der Zeit tiefster Not Preußens, seines Königs und der edlen Königin [Luise], wenige Jahre darauf ein Unterpfand der *Wiedergeburt* des Vaterlandes wurde.»[18]

Daß NORDEN in jener Zeit, negativ wie positiv, ein Vorbild seiner eigenen zu erkennen glaubt, ist evident: «Die Stimmung der Gegenwart gab mir das Thema für die heutige Rede ein: Heldenehrungen.» Und NORDEN hat sie mit der Erwähnung der «prunklos ernsten Gedächtnistafel» begonnen, für die «42 Söhne unserer Alma Mater, die in den Freiheitskriegen ihr junges Leben für König und Vaterland hingaben. Im Jahre 1819, bei der sechsten Wiederkehr des Jahrestages der Leipziger (Völker-)Schlacht, wurde die Tafel hier aufgestellt; der damalige Rektor hielt die Gedächtnisrede.»[19]

Als «heute vor 53 Jahren» die beiden «marmornen Tafeln» mit der «Liste der gefallenen Dozenten und Studenten aus dem [‹Einigungs›-] Kriege 1870/71 ... aufgestellt wurden, hielt THEODOR MOMMSEN, eine eindrucksvolle Rede» – gleich NORDEN ein Altertumswissenschaftler. Dieser selbst läßt – zum vorläufigen Abschluß – den «Blick auf das Denkmal der im Weltkriege gebliebenen Heldensöhne unserer Alma Mater» schweifen:

---

17 Ebd., 149.
18 NORDEN (Anm. 2), 3.
19 Ebd., 6, 5.

Unvergeßlich die Weihe der Stunde, als in Hindenburgs Gegenwart seine Hüllen fielen. Zwei Jahre sind seitdem vergangen, aber noch sind namenlos die vier das Denkmal flankierenden, von den Bäumen des Gartens umrauschten Pfeiler. Die Hoffnung, mir werde in meinem Amtsjahre beschieden sein die stummen Pfeiler beredt zu machen, hat sich nicht erfüllt; aber ich nahm mir vor auf die Pflicht einer Einlösung dieser Ehrenschuld hinzuweisen.[20]

NORDEN hat sich viel mehr vorgenommen, er weist vor allem hin auf die Pflicht, das seit fünf Jahren geplante «*Reichs*denkmal» zu errichten: «In schlichter und wuchtiger Form ... soll dieses Ehrenzeichen der Trauer um das Vergangene dienen und zugleich die Lebenskraft und den Freiheitswillen des deutschen Volkes verkörpern», wie Reichspräsident HINDENBURG in seiner «Gedenkrede» zum zehnjährigen Jahrestag des Kriegsbeginns am 10. August 1924 erklärt hat.[21] NORDEN schließt sich HINDENBURGS Worten an, wenn er – auch im Gefolge der «großen Frontkämpferverbände» – der Überzeugung Ausdruck gibt, «daß alles ... Prunkhafte, alles der stolzen Trauer widersprechende Pompöse ausgeschlossen sein muß». Seine Begründung ist indessen – keine Privatmeinung, aber doch – spezifisch:

Jedes Menschenwerk, auch das scheinbar für Äonen bestimmte, ist vergänglich, ewig nur die auch im Wandel [ihrer Erneuerung] beständige Natur. In Trümmern liegt der Wunderbau des Parthenon, aber noch rauschen die Eichen von Dodona. Bevor die Völker ihren Göttern Tempel errichteten, haben sie ihnen in heiligen Hainen Verehrung gezollt ... Mit Recht einigt sich daher bei der Fülle der Vorschläge für den Platz des Reichsehrenmals die Volksstimme immer wieder darauf: ein Hain müsse es sein.[22]

Nun, die «einige Volksstimme» war die Stimme nicht weniger Frontkämpferverbände (einschließlich des Jüdischen), doch die gaben «anläßlich einer Besprechung beim Reichspräsidenten im Februar 1926 ... übereinstimmend zu verstehen, daß als Reichsehrenmal ... allein ein Hain» in Betracht käme «mit einem schlichten, aber eindrucksvollem Ehrenmal».[23] Und dabei waren sie, dabei ist vor allem NORDEN – mit seinen sehr ins Detail gehenden Vorstellungen – abhängig von Überlegungen aus der Zeit der Befreiungskriege.

20 Ebd., 5 f.
21 Zitiert nach W. RIBBE, «Flaggenstreit und Heiliger Hain», in: *Aus Theorie und Praxis der Geschichtswissenschaft. Festschrift für H. Herzfeld zum 80. Geburtstag*, hg. von D. KURZE, Berlin 1972, 181.
22 NORDEN (Anm. 2), 23.
23 RIBBE (Anm. 21), 182.

Das Reichsehrenmal ist nie als Heldenhain zustande gekommen, und auch ein in der Nähe von Eisenach geplanter, nach WALTER FLEX zu benennender Hain blieb in der Planung stecken. Aber nicht wenige andere «Heldenhaine» wurden tatsächlich errichtet, so einer in der Nähe des mythischen Langemarck. Und bei fast allen traten die Massengräber der unbekannten Toten als ideelle Zentren in den Mittelpunkt der Anlagen – in den Massengräbern war die Individualität des Einzelnen aufgehoben, was NORDEN schon bei dem antik-griechischen Massengrab in der Nähe von Chaeroneia begeisterte.[24] Auch sonst verzichtete man gern auf individuelle Grabkreuze und pflanzte allenfalls für jeden Gefallenen einen eigenen Baum. Die Bepflanzung der Friedhöfe rückte als bestimmender Eindruck in den Vordergrund. Nach entsprechend langem Wuchs der Bäume sollten sich die Heldenhaine zu Naturdomen entwickeln. «Die auf Tacitus zurückgreifende, angeblich typisch germanische Natursymbolik feierte fröhliche Urständ' und setzte die in den Befreiungskriegen begonnene Tradition fort», wie MEINHOLD LURZ resümiert.[25]

«In der Regel bildeten die Bäume [der Heldenhaine] einen Halbkreis, in dessen Mitte eine ‹Friedenseiche› oder auch eine schlichte Mahnstätte stand. Steinblöcke oder urzeitliche Felsaltäre galten als besonders prädestiniertes Material zur Herstellung von Mahnstätten, denn dieses Gestein war bereits vorher mit den Attributen der germanischen Urkraft symbolisch versehen worden.» Ebenso schlug man als geeigneten Standort für Heldenhaine und das «Reichsehrenmal» speziell «Gegenden vor, die in dunkler Vorzeit Orte germanischer Heldenverehrung waren und massives Felsgestein oder jene (auch) von Hindenburg so geliebten knorrigen Eichen aufwiesen. In all diesen Entwürfen war der Natursymbolismus ebenso ausgeprägt wie ein Symbolismus christlichen und germanischen Ursprungs.»[26]

GEORGE L. MOSSES Ausführungen lassen deutlich erkennen, daß NORDENS Pläne für das Reichsehrenmal repräsentativ waren, auch noch dort, wo er sich ganz konkret von ARNDTS Entwurf für ein Völkerschlacht-Denkmal aus dem Jahre 1814 inspirieren ließ: «Inmitten des Hains ein Symbol des Urtümlichen, etwa nach Art eines Hünengrabes, aufgetürmt aus dem Felsgestein aller deutschen Stämme, dessen Kitt bilde das Flußgeschiebe des Rheinstroms und das Meeresgeröll der Nordsee.

---

24 Vgl. NORDEN (Anm. 2), 10.
25 M. LURZ, «‹Ein Stück Heimat in Fremder Erde›. Die Heldenhaine und Totenburgen des Volksbundes Deutscher Kriegsgräberfürsorge», in: *Arch +: Studienhefte für architekturbezogene Umweltforschung und -planung Nr. 71* (Okt. 1983), 66.
26 MOSSE (Anm. 10), 255 f.

Auf dem riesigen Deckstein ragend das Eiserne Kreuz, auf granitnem Urgestein der Vorderseite in eisernen, runenhaft gestalteten Schriftzeichen ein Weihespruch in deutscher Sprache, die so alt und markig ist wie keine unseres Erdteils.»[27]

ARNDT wollte allerdings ein ‹normales› Kreuz, bekrönt von einer goldenen Kugel, auf sein gleichfalls kolossales beziehungsweise pyramidales Denkmal setzen. Im bewußten Gegensatz zum preußisch-monarchistischen Kreuzberg-Denkmal bei Berlin dachte der frühe und partielle Demokrat gerade nicht an das «Eiserne Kreuz», doch *aus* Eisen sollte auch das seine sein: «dem Elemente der Urnatur».[28] In historicis war ARNDT ebenfalls archaisch gesonnen, nicht anders als über hundert Jahre später NORDEN. Damalige Vorstellungen germanischer Hünengräber waren schon für ARNDTS deutsches Kreuzbergdenkmal mitbestimmend; nur konsequent nannte er es, als «ein ächt germanisches und ein ächt christliches Denkmal», «die teutsche Irminsul des 19. Jahrhunderts».[29] NORDEN phantasiert wiederum:

Im Haine loht auf einer *Irminsul* eine Flamme zum Gedächtnis an den Opfertod der feldgrauen Helden. Schweigend hüten die Flamme Männer und Frauen aller Altersstufen und Volksschichten. Namenlos treten sie aus dem Dunkel zu einander und wachen ihre Zeit; in dieser Spanne spüren sie, gedenkend der unbekannten Toten, einmal in ihrem eignen Leben eine dumpfe Ahnung der Gelöstheit von allen Bindungen, ein Gefühl des Verlorenseins in der Einsamkeiten tiefste, die jene in ihrer Sterbestunde umfing. Eine Stunde lang läuten von Mitternacht an alle Kirchenglocken des Vaterlandes.[30]

Mit diesen Sätzen schließt die Rektoratsrede, deren letzte Seiten, ab dort, wo NORDEN einen Blick auf die «Heldenlieder» wirft, um «uns dem ältesten germanischen Typus der Heldenehrung zuzuführen», ein *einziger* Archaismus[31] sind:

Das Heldenlied war indogermanischer Urbesitz, den die Glieder dieser Völkerfamilie, auch die Inder, Perser, Kelten in ihrem geschichtlichen Sonderleben gemäß ihrer Eigenart gestalteten ... Das Germanische hat wie auf manchen Gebieten so auch auf diesem gegenüber dem Hellenischen Älteres bewahrt. So hat es das Grimme und das Wilde als wesentliche Charakterzüge dauernd

27 NORDEN (Anm. 2), 24.
28 Vgl. K. HOFFMANN-CURTIUS, «Das Kreuz als Nationaldenkmal: Deutschland 1814 und 1931», in: *Zeitschrift für Kunstgeschichte 48* (1985), 80.
29 Zit. nach ebd., 78, 82.
30 NORDEN (Anm. 2), 25.
31 Vgl. RICHARD FABER, «Archaisch – Archaismus», in: *Handbuch religionswissenschaftlicher Grundbegriffe*, Stuttgart 1990, 51–6.

festgehalten. Diese haben freilich auch der Urilias nicht gefehlt; sie sind dann
aber von der Humanität Homers bis zu dem Grade gemildert worden, daß er
den schrecklichen Rächer Achilleus, der die Leiche Hektors den Hunden und
Vögeln preisgab, umschuf zu dem ritterlichen Helden, der sie dem Vater Pria-
mos zur Bestattung übergab ... Im Germanischen dagegen spüren wir noch
vielfach den Widerhall der wilden Geschehnisse der Völkerwanderungszeit.
Wir brauchen bloß zu denken an das Hildebrandlied oder an den zweiten Teil
des Nibelungenlieds mit den schauerlich großartigen Figuren des grimmen
Hagen und der rachedurstigen Kriemhild, in denen das Heldische zum Dä-
monischen gesteigert ist. Weit über die Zeit der Völkerwanderung hinauf führt
eine Spur, die, wenn sie richtig leitet, zu einer hervorragend wichtigen Erkenntnis führt ... Tacitus spricht zu Beginn seiner Germania von Liedern des Volks;
diese Angaben sind das weitaus Älteste, was es über germanische Literatur
gibt. Wie stets auf Genauigkeit bedacht, scheidet der Schriftsteller Götter- und
Heldenlieder; die Heldenlieder streift er in einem einzigen Sätzchen: «Auch
Hercules soll bei ihnen gewesen sein, und als ersten aller tapferen Männer
besingen sie ihn beim Auszug in den Kampf.» – «Hercules» ersetzt einen
germanischen Namen. ... Aber welchen Helden? Läßt sich der pseudogerma-
nische Held «Hercules» mit seinem germanischen Namen benennen? Das erscheint nicht aussichtslos, wenn wir folgenden Spuren nachgehen. Auf römischen Inschriften des dritten Jahrhunderts begegnet mehrfach der Name Hercules als Heldenrepräsentant bei germanischen Söldnern in römischem Dienst,
und zwar nur bei solchen, deren Heimat der Niederrhein war. Um sich die
Gunst dieser germanischen Truppen zu sichern, setzte ein soldatischer Usur-
pator des römischen Caesarenthrons, mit Namen Postumus (258–268), in dessen Adern vielleicht Germanenblut floß, auf seine Münzen den Namen des
«Hercules». – Durch zwei Beischriften niedergermanischer Ortsnamen kenn-
zeichnete er diesen «Hercules» als einen dort gefeierten Helden; die beiden
Orte liegen bei den heutigen niederländischen Städten Arnheim und Utrecht.
Ebendort, in den Niederlanden, saß – sicher schon seit Beginn unserer Zeit-
rechnung – ein wehrhafter germanischer Volksstamm, die Batavi. Sie galten
den Römern als die fortissima gens Germanorum ... Nahe der heutigen niederländischen Grenze – bei einem starken Lagerkastell, das die Römer einst im
Batavengebiete gebaut hatten – liegt das alte Städtchen Xanten am Rhein. Hier
war heimisch die Sage von Sigfrid. Da ist nun der Name gefallen. – Der
exemplarische Held, Bezwinger von Riesen und Drachen, Tod und Hölle, war
in der griechischen Heldensage Herakles, der Sohn des Zeus, in der germanischen Sigfrid, der Abkömmling Odins. In einem alten Liede der Edda wird er
einmal «Heldenfürst» genannt, im Nibelungenliede (Vers 1671) der «sterkest
aller recken». Beide Ausdrücke decken sich mit dem taciteischen *primus vir-
orum fortium*.[32] Die Schlußfolgerung aus allen diesen Tatsachen: «Hercules» =
Sigfrid erscheint mir unabweisbar.[33]

32 Tac. *Germ.* 3,1.
33 NORDEN (Anm. 2), 19–23.

NORDEN mag recht haben oder auch nicht, entscheidend ist neben seinem Bemühen um die griechisch-römisch-germanische «Dreiheit» Herakles-Herkules-Siegfried, daß NORDEN die aktuelle ‹Nutzanwendung› zieht: «Ein dem Heldischen seit Urzeiten derart zugeneigtes Volk verdient es, daß die größte Heldentat seiner Geschichte, das heroische Ringen mit einer Welt von Feinden, den kommenden Generationen würdig versinnbildlicht werde» – in einem «Heldenhain», wie ihn die alten Germanen gekannt haben sollen. «Schon Tacitus berichtet von dem uralten Hain der Semnonen ...; der Hain war, wie der Schriftsteller sich ausdrückt, durch Weihebrauch der Väter und Schauer der Vorzeit geheiligt.»[34] Nicht nur NORDENS Klimax ist eindeutig: «Alt – älter – uralt – ururalt ...» Er wendet sie eben auch im Futur an, dann, wenn er sich unverhohlen im Gestus des «Sehers» ergeht:

> Im Geiste ... sehe ich, wenn wir dereinst wieder als freies Volk auf freiem Grunde stehn, sich erheben einen umfriedeten Ehrenhain, ein τέμενος. Wenn sie ihn betreten, entblößten Hauptes, in andachtvollem Sehweigen, mögen noch die Angehörigen fernster Generationen fühlen: ‹Diesen heiligen Bezirk erkor sich zur Wohnstätte die stolze Trauer Deutschlands. Ein Altar ihr Grab, statt Seufzern Gedenken.›[35]

Schon WALTER FLEX fragte in seinem Gedicht «Dankesschuld» einen Gefallenen: «... Willst einen grünen Heldenhain?» und ließ jenen hymnisch antworten: «... Blüh', Deutschland, überm Grabe mein / jung, stark und schön als Heldenhain.»[36] Offenkundig hat der Vers der dritten Strophe des «Deutschlandlieds» – «... blühe deutsches Vaterland» – (mit) als Vorlage gedient, und ist das «Deutschland ... über alles in der Welt» FLEX' wie NORDENS cantus firmus. Beide schätzen außerordentlich, wenn jemand «fest im Boden der deutschen Erde wurzelt», wie letzterer es seinem Meister WILAMOWITZ nachsagt.[37] Und nicht nur das «Deutschtum» wird fetischisiert, sondern jedes «Volkstum», sofern es «indogermanisch» ist wie vor allem das hellenische und «altrömische».[38]

NORDEN spricht dem Gräzisten WILAMOWITZ «Kongenialität und Gefühlsgemeinschaft mit *dem* Volkstum» zu, «dessen Erforschung seine Lebensarbeit galt.»[39] Ob der Latinist NORDEN für sich das Analoge beanspruchte, zumal er führend daran beteiligt war, dem deutschen Phil-

34 Ebd., 23 f.
35 Ebd., 24.
36 FLEX (Anm. 7), 25.
37 *KS* 667.
38 NORDEN (Anm. 2), 12.
39 *KS* 666.

hellenismus einen Philromanismus an die Seite zu stellen? Übrigens hat
auch WILAMOWITZ in einer seiner wenigen latinistischen Arbeiten, aus
Anlaß von Vergils «2000. Geburtstage», formuliert: «Wir Germanen, zumal wir Deutschen, müssen anerkennen, daß seine Aeneis unserer alten
Dichtung den Weg vom kurzen Heldenliede zum großen Epos gewiesen
hat. Unser schönes lateinisches Gedicht von Walther und Hildegunde ist
ganz nach Vergil gearbeitet und ohne die Aeneis würde es die Nibelungen
nicht geben.»[40]

NORDEN, der in seinen «Heldenehrungen» aus diesem mittelalterlichen
Epos zitiert, kommt im Kontext des «Heldenlieds» zunächst auf den «in-
dogermanischen» Gemein- beziehungsweise «Urbesitz» zu sprechen,[41]
um sich dann aber, wie in seiner Rede überhaupt, auf die «Dreiheit von
*Kultur*völkern, Hellenen, Römern und Germanen» zu konzentrieren.[42]
Für NORDEN sind die drei «Kulturvölker» zugleich die emphatischen
«*Helden*völker». Daß das germanisch-deutsche Volk, «seit Urzeiten» dem
Heldischen außerordentlich «zugeneigt», das ‹heldischste› ist, und zwar
infolge des erst kurz zurückliegenden «Ringen(s) mit einer *Welt* von
Feinden»,[43] versteht sich von selbst, doch geben wir zum Schluß dem
Altphilologen und speziell Latinisten das Wort, wenn auch der, in einem
nicht departmentalen, aber gerade so emphatischen Sinn, Germanist
bleibt: Deutsch-Nationaler.

Wie WILAMOWITZ glaubte NORDEN an «die Ewigkeit des Hellenen-
tums» und nicht zuletzt deshalb, weil er vom griechisch-deutschen Dios-
kurentum überzeugt war, bis dahin, daß zum Beispiel WILHELM RAABE
«hellenisch» geschaffen haben soll, «weil ... deutsch» – wie wiederum
WILAMOWITZ formuliert hatte.[44] In heroicis standen NORDEN, einer Tradition entsprechend, die bis zum «Reichsmarschall» GÖRING reicht, vor
allem die «Thermopylenkämpfer» als bleibende Vorbilder für die «deutsche Jugend» vor Augen.[45] Was «Dr. Konrad Flex» in der Einleitung zu
den «Gesammelten Werken» seines Bruders WALTER über die Verse
«Wanderer, kommst du nach Spa ...» sagte, durfte von vornherein
NORDENS Beifall sicher sein: «Dieser Erzklang ... hat, in deutscher oder
griechischer Sprache, von Kindheit an in ihren [der Frontsoldaten] Ohren

---

40 ULRICH VON WILAMOWITZ-MOELLENDORFF, «Vergilius. Zu seinem 2000. Geburts-
    tag», in: *Deutsche Rundschau 57,1* (1930/31), 12.
41 Vgl. NORDEN (Anm. 2), 20 ff.
42 Ebd., 6.
43 Ebd., 23.
44 *KS* 667.
45 Vgl. NORDEN (Anm. 2), 11 f.

getönt, und deutsche Jugend sollte niemals in anderem Geiste erzogen werden.»[46] Ja, NORDEN scheut – schon im Hellenischen – nicht den Lobpreis des *Imperialistischen*: «Der [athenische] Staatsfriedhof der alten Zeit war eine Stätte patriotischer Andacht: hier wanderte der Betrachter zwischen den Reihen der Kriegergräber, hier las er die Namen der Männer, die durch ihr Heldentum die Stadt zu einem großen Reiche erhoben hatten.»[47] Doch was ist selbst «das attische Reich auf der Höhe seiner Macht unter Perikles»[48] gegen das Imperium Romanum unter Augustus! Dieser, der «Mehrer des Reichs», wie NORDEN Vergil übersetzt, hat in «den Nischen einer Wandelhalle am Forum Statuen von Helden der Vorzeit aufgestellt», die – wie er sich selbst ausdrückte – «das Imperium durch Kriege aus einem sehr kleinen zu einem sehr großen gemacht hatten.» Dies war, wie NORDEN anmerkt,

> eine Art von nationaler Heldengalerie mit ausdrücklicher Beschränkung auf die «Mehrer des Reichs». Etwa ein Jahrzehnt vor ihrer Vollendung, als der Plan noch im Werden begriffen war, hatte Horaz ihm Ausdruck gegeben mit den Worten: «Durch öffentliche Ehreninschriften in Marmor geht nach dem Tode Lebensodem ein den guten Feldherren.» Aber – so hatte er hinzugefügt –: ewiges Leben verleiht dem Helden doch nur die Muse. Das hatte auch sein Freund Virgil gewußt, als er den Römern ihr Nationalepos schuf. In dieses legte er eine Episode ein, die wir als «Heldenschau» zu bezeichnen pflegen. Vater Anchises zeigt in der Unterwelt dem Aeneas die Helden, die jetzt noch ein Schattendasein führen, aber dereinst bestimmt sind empor zum Licht zu wandeln: eine seltsame Erfindung des Dichters, aber sie ermöglichte es ihm aus der Vorzeit heraus ein Prophet der künftigen Größe Roms zu sein. In langer Reihe wallen die Helden vorüber, von den ältesten Zeiten bis auf Augustus selbst.[49]

NORDEN dokumentiert das durch ausführliches Zitieren der «Aeneis» (6,847–853). Er fährt fort:

> Dieses Aufzählen von Taten, dieses Rühmen von Verdiensten, der aufdringliche Pomp einer solchen Heldengalerie stand dem Volke des Mars gar wohl an, griechischem Schicklichkeitsgefühl, das von wahrer Humanität geleitet wurde, griechischem Kunstverständnis, das zwischen Erhabenem und Prunkhaftem zu unterscheiden vermochte, wäre es fremdartig, ja peinlich erschienen. Das mag der Dichter, dessen zarter Seelenstimmung das Martialische im Grunde nicht gemäß war, gefühlt haben. Denn er beschließt den langen Abschnitt mit Versen, in denen die Gegensätzlichkeit des Hellenentums und des Römertums monu-

---

46 FLEX (Anm. 7), XXXIIf.
47 NORDEN (Anm. 2), 9.
48 Ebd., 10.
49 Ebd., 16f.

mentalen Ausdruck findet. Bildende Kunst, Geisteskultur, hohe Wissenschaft
auf der einen Seite – auf der anderen Weltherrschaft durch Waffengewalt, Welt-
bürgerlichkeit durch Staatengründung und Gesetzgebung.[50]

Falls die «Heldenehrungen» irgendeinen Zweifel lassen sollten, NOR-
DENS andere, im engeren Sinn wissenschaftliche Vergil-Publikationen lassen ihn nicht: Für ihn gab es keinen unüberwindbaren Gegensatz zwischen griechischer «Geisteskultur» und römischer «Weltherrschaft», *sollte*
es keinen geben. Für NORDEN triumphierte der «Geist des Römertums» –
durchaus sein Geist –, als sich «der Kosmos, die Oikumene konzentrierten
... im Rom des Augustus».[51] Nur daß NORDEN sich ein griechisch kulti-
viertes, vor allem aber römisch-*nationales* Imperium vorstellte und auch
in Vergils «Aeneis» konzipiert glaubte.[52] Daß Oktavian «nach der Unter-
werfung Ägyptens» tatsächlich «die Gründung eines römisch-*hellenisti-*
schen Universalreiches» vorschwebte, «mit einem Herrscher an der Spitze, in dessen Person die gesamten magistratischen Befugnisse der römischen Republik mit der Königsgewalt der griechisch-*orientalischen* Nachfolger Alexanders des Großen vereinigt waren»,[53] mißfiel NORDEN. Er
stand dem politischen «Orientalismus», vor allem der spatrömischen Jahrhunderte, ablehnend gegenüber – als «Indogermane», der er zu sein beanspruchte. Doch indem er den von ihm favorisierten «Romanismus»
monarchistisch und imperialistisch verstand, ist NORDENS anti-orientali-
scher Affekt auch wieder vernachlässigbar. Klar ist jedenfalls, daß gerade
auch NORDENS Vergil-Rezeption MANFRED FUHRMANNS aktuellem
Verdikt aus dem Jahre 1969 unterliegt: «Der die Realität verschleiernde
Hymnus ... auf die politischen Tendenzen, wie sie in der Literatur der
augusteischen Klassik herrschten, ist durchaus unzeitgemäss. Denn man
darf nicht ausser acht lassen: die römischen Schriftsteller haben ihr Ideal-
bild römischen Wesens einer Weltmacht, einem Kaiserreich auf den Leib
geschneidert. Nicht zufällig erwuchs die Restauration dieses Idealbildes in
der Zeit nach dem Ersten Weltkriege: das historische Exempel konnte als
Medium eigener Wunschvorstellungen dienen»[54] und *sollte* es auch. Nicht
zuletzt NORDENS «Meister» WILAMOWITZ belegt das, wenn er in seinem
schon einmal zitierten Vergil-Aufsatz ausruft: «Glücklich das Volk, das

50 Ebd., 17f.
51 *GK* 156
52 *KS* 408.
53 Ebd.
54 MANFRED FUHRMANN, *Die Antike und ihre Vermittler* (Konstanzer Universitätsreden
    9) Konstanz 1969, 28. Vgl. auch FABER, «‹Présence de Virgile›: Seine (pro-) faschi-
    stische Rezeption», *Quaderni di storia 18* (1983), 233–271.

solche nationalen Dichter besitzt und aus dem Gedächtnis an eine große Vergangenheit Kraft und Hoffnung für die Gegenwart zu schöpfen weiss!»[55]

WILAMOWITZ meinte das italienische Volk seiner Zeit, also der «Epoche des Faschismus» (ERNST NOLTE).

55 WILAMOWITZ-MOELLENDORFF (Anm. 40), 17.

Eduard Norden: Wahrheitsliebe und Judentum

von J. Edgar Bauer

> «Kein Volk ist schwieriger zu be-
> greifen als die Juden.»
> *Elias Canetti: Masse und Macht.*

1. Folgende Überlegungen über EDUARD NORDENS Leben und Werk
beruhen auf der Annahme, daß das Spannungsfeld zwischen der von
NORDEN verlassenen jüdischen Religion und der ihm charakteristischen
Form der Wahrheitssuche einen privilegierten Zugang zum lebendigen
Kern seines Gelehrtendaseins bietet. Die gegenseitige Befruchtung seiner
ausgeprägten religiösen Natur, seines tragischen Ringens um die eigene
Identität sowie seiner souveränen Durchdringung mehrerer Wissensge-
biete machen aus NORDEN eine über die Grenzen der klassischen Philologie hinaus herausragende Gestalt, an der «Leben» im Sinne WILHELM
DILTHEYS spürbar wird. Die Schwierigkeiten, die jede verstehende Begegnung mit diesem außergewöhnlichen Wahrheitsliebenden gefährden,
sind zahlreich. Eine pietätsvolle und darum kritiklose Bejahung der Wege
und Ziele seiner persönlichen Suche wäre genau so unangebracht wie eine
selbstgefällige, moralisierende Beurteilung seiner Lebensentscheidungen
oder gar eine wie immer motivierte religiöse Kryptoapologetik, die am
Beispiel NORDENS unschwer entfaltet werden könnte.

2. Gleich am Anfang unserer Überlegungen und im Hinblick auf die
Frage, die mit dem Ausdruck «Wahrheitsliebe» im Titel angekündigt
wird, scheint es angebracht, auf einen Wesenszug NORDENS hinzuweisen,
der nicht ohne Konsequenz für die Behandlung unseres Themas ist.
NORDEN zitierend schreibt F.W. LENZ von seiner «inneren Weichheit».[1]
Mit Bezug auf sein verletzbares Naturell kommentiert er: «Es ist nicht
übertrieben, wenn ich das fast mimosenhaft nenne, nur daß er es hinter
einer äußeren, schwer zu durchdringenden Herbheit verbarg.»[2] Auto-
biographische Schriften von einer solchen Persönlichkeit sind schwer vor-
stellbar. In der Tat lehnte NORDEN für sich das Schreiben von «Erinnerungen» nachdrücklich ab.[3] An einer Stelle der «Römischen Literatur», wo

---

1 F.W. LENZ, «Erinnerung an Eduard Norden», *Antike und Abendland 7* (1958), 160.
2 Ebd.
3 Cf. WALTHER ABEL, «Studium Berolinense 1924–1931. II. Eduard Norden (21. 9.
   1868–13. 7. 1941)», *Gymnasium 91* (1984), 449.

B. Kytzler / K. Rudolph / J. Rüpke, Hrsg.: Eduard Norden
(Palingenesia, Bd. 49). - © Franz Steiner Verlag Stuttgart 1994

es um eine kritische Beurteilung von Augustinus «Confessiones» geht, schreibt NORDEN: «Wer eine solche Beichte an seinen Gott als Lese- und Erbauungsbuch für das Publikum herausgibt ..., der hat die von den Christen vielgeschmähte antike Selbstgefälligkeit innerlich noch nicht ganz überwunden, und ihm kann der Vorwurf nicht erspart bleiben, daß er «sein Herz zur Schaubühne gemacht hat.»[4] NORDENS verstreute, seine persönliche Einstellung zur Religion oft nur leise andeutende Bemerkungen lassen erahnen, welche Bedeutung er seiner eigenen Religiosität beimaß. Aber dieses Wesentlichste hat er nirgends «zur Schaubühne gemacht». Seine Äußerungen zu Themen wie Judentum, «heiliger Vaterlandsliebe» oder christlicher Frömmigkeit sind aufschlußreich und weisen eine grundlegende Kohärenz aus. Trotzdem gewähren sie uns keine direkte Einsicht in die innere Geschichte des gelehrten Suchenden. Daran zu erinnern ist unerläßlich, um die Grenzen zu zeigen, die jedem Versuch einer Annäherung an NORDEN eigen sind.

3. EDUARD NORDEN ist am 13. Juli 1941 im Zürcher Exil gestorben. Daß die Schweiz Juden und jüdischen Nachkommen während der Schoah nur ungern Zuflucht gewährte, ist bekannt. Die offizielle Ziffer von 10000 polizeilich durchgeführten «Zurückweisungen» zwischen 1942 und 1945 zeigt nur einen Teil der Geschichte.[5] Selbst der Asylantrag JAMES JOYCES, des Schöpfers LEOPOLD BLOOMS, der auch 1941 in Zürich starb, wurde von der Kantonalen Fremdenpolizei zunächst abgelehnt, bis es JOYCE gelang, unter Beweis zu stellen, «que je ne suis pas juif de Judée mais aryen d'Erin».[6] Aus Berichten von deutschen Juden wissen wir, daß die Aufnahme- und Hilfsbereitschaft der schweizerischen Juden von der offiziellen Politik des Landes sich nicht wesentlich unterschied. Dazu hat HANS MEYER geschrieben: «... die schweizerischen Juden empfingen die jüdischen Immigranten, als handle es sich um Aussätzige, die plötzlich in einer gesunden Mitwelt auftauchten. Man wollte uns möglichst bald loswerden, ließ wohl auch, wie inzwischen dokumentarisch belegt wurde, die Polizeibehörde wissen, daß man sich mit jenen Immigranten nicht solidarisch fühle.»[7] Vor diesem Hintergrund wird man eher zu der Ansicht

4   *RL*[5], 124–125.
5   Cf. FREDERIC V. GRUNFELD, *Prophets without Honour. A Background to Freud, Kafka, Einstein and their World*, New York 1980, 142.
6   So JOYCES Formulierung in Briefen an ARMAND PETITJEAN (1940) und an LOUIS GILLET (23. 11. 1940). Dazu siehe: *Letters of James Joyce*, ed. by STUART GILBERT, New York 1957, 424. Für eine ausführliche Darstellung der Vorkommnisse siehe: RICHARD ELLMANN, *James Joyce*, New York 1977, 749–750.
7   «Hans Meyer», in: *Mein Judentum*, hg. von HANS JÜRGEN SCHULTZ, Stuttgart 1979, 257–258.

neigen, daß NORDENS jüdisches Schicksal weniger hart ausfiel als das der meisten Juden in vergleichbarer Lage. Am 5. Juli 1939 konnte NORDEN von Berlin aus Deutschland verlassen. Am darauffolgenden Tag wurde das Ehepaar NORDEN bei der Einwohnerkontrolle der Stadt Zürich gemeldet. «Durch Hinterlegung einer hohen Kaution»[8] konnte der Vetter CHARLEY NORDEN eine relativ schnelle Ab- und Einreise bewirken. Eine Milderung der Härte der Verbannung ist sicherlich darin zu sehen, daß NORDEN das Land seines Exils wählen durfte. Nicht für das englischsprachige Amerika entschied er sich, wo er noch 1936 in Harvard als «the most famous latinist of the world»[9] begrüßt wurde, sondern für die deutsche Kulturlandschaft der Schweiz.[10] Der von NORDEN früher oft gemahnte *sanctus amor patriae* war nun auf das Festhalten an der ideellen Kulturidentität einer Sprachgemeinschaft beschränkt.

4. NORDEN gehörte nicht zu den ««assimilierten», entjudeten Juden»,[11] von denen FRITZ MAUTHNER sprach. Die meisten Jahre seines Lebens verbrachte er als überzeugter protestantischer Christ. Obwohl er als Jude geboren wurde und in einer jüdischen Familie aufwuchs, nahm er als Siebzehnjähriger den christlichen Glauben an. WALTHER ABEL vermutet, daß nicht nur sein Vater, der Geheime Sanitätsrat Dr. med. CARL NORDEN, sondern auch der Altphilologe PH. KOHLMANN, der NORDENS Latein- und Deutschlehrer in der Prima war, in Sachen Übertritt und Berufswahl dem jungen NORDEN beratend beistanden.[12] Der Hinweis darauf, daß «für die Universitätslaufbahn eines Altertumswissenschaftlers zumindest im wilhelminischen Preußen Annahme des Christenglaubens eine conditio sine qua non war»,[13] ändert nichts an der vielfach bezeugten Lauterkeit der religiösen Motivation NORDENS bei seinem Glaubensübertritt. Aber gerade die Lauterkeit seiner religiösen Identifikation mit dem Glauben der deutschen Mehrheit und die dadurch besiegelte Selbstentfremdung von seinem angestammten Judentum macht NORDENS seelische Zerrissenheit um so tragischer. Seine bis ins Religiöse gehende Identifikation mit dem Deutschtum wurde von Nazi-Deutschland mit seiner Zwangsidentifizierung als Jude heimgezahlt. Sein Selbstausschluß aus

---

8   Diese Information geht auf die handschriftlichen Erinnerungen von Frau MARIE NORDEN zurück und wurde mitgeteilt in: ABEL (Anm. 3), 478.
9   Ebd., 477.
10 Cf. ebd., 477, Anm. 79.
11 FRITZ MAUTHNER, *Der Atheismus und seine Geschichte im Abendlande*. Neugesetzt nach der Ausgabe Stuttgart 1920–1923, Frankfurt a.M. 1989, 1,246.
12 Cf. ABEL (Anm. 3), 454, Anm. 14.
13 Ebd.

der synagogalen Gemeinschaft endete mit der Verbannung aus Deutschland. Der deutsche Jude, der christlicher Deutscher wurde, ging im Zürcher Exil zugrunde an den Folgen der durch sein Judentum bedingten,
aber in Wahrheit nie angenommenen Heimatlosigkeit, die das Hebräische
Galut (גלות) nennt.

   5. NORDENS Haltung in seinen reiferen Jahren gegenüber dem Judentum kommt deutlich und prägnant zum Ausdruck im Bericht eines Ge-
sprächs über die Judenfrage, das FRIEDRICH WALTER LENZ nach Ostern
1933 mit NORDEN führte und von dem LENZ schreibt: «Es war das
längste, denkwürdigste und intimste Gespräch von allen, die ich mit ihm
gehabt habe.»[14] Das NORDEN-Bild, das LENZ in seinem bekannten Artikel vermittelt, ist nicht unumstritten geblieben.[15] Aber auch wenn manche
Nuancierung oder Akzentsetzung des Berichtes auf die redaktionelle Arbeit von LENZ zurückgehen, dürfte der Kern der Aussagen getreu wie-
dergegeben werden. Entweder alle Elemente des Berichtes lassen sich
durch andere Äußerungen NORDENS bestätigen oder sie stehen zumindest
nicht in Widerspruch zu dem, was wir sonst von oder über NORDEN
erfahren können. Nachdem LENZ betont hat, daß NORDEN und er «ganz
der gleichen Meinung» in allen wesentlichen Punkten bezüglich der Judenfrage waren, fährt er fort: «Für uns führte kein Weg mehr zum Judentum zurück – daß er für die Behandlung der Deutschen jüdischen
Glaubens und jüdischer Abstammung nur Worte fand, die tiefsten Ab-
scheu und tiefstes Entsetzen ausdrückten, ist so selbstverständlich, daß ich
es nur eben zu erwähnen brauche –: Erziehung, Ausbildung und Wir-
kungskreis hatten uns, die wir von frühester Kindheit an keine lebendige
Berührung mehr mit jüdischen Dingen und jüdischem Leben gehabt hatten, dieser Welt so sehr entfremdet, daß wir uns trotz unserer Abstammung auch jetzt nicht wieder dazugehörig fühlen könnten, selbst wenn wir
durch widersinnige Willkürakte des neuen Staates zu den Verfemten gerechnet würden.»[16] Im weiteren wird deutlich, daß sogar die hebräische
Bibel zu den «jüdischen Dingen» gehört, denen NORDEN sich entfremdet

---

14 LENZ (Anm. 1), 170.
15 Cf. WILLY THEILER, «Nachruf auf F. Jacoby.» Gnomon 32 (1960), 390, wo THEILER
    über den «so gütigen, von F. W. LENZ (...) merkwürdig verzerrt geschilderten ED.
    NORDEN» schreibt; und ECKART MENSCHING, «Eduard Norden: ‹... entrückt den
    Ephemera› (30. 12. 1938)», Latein und Griechisch in Berlin = Mitteilungsblatt des
    Landesverbandes Berlin im Deutschen Altphilologenverband (DAV) 27 (1983), 56, wo
    der Verfasser beide Würdigungen NORDENS von F. W. LENZ (Anm. 1 und «Eduard
    Nordens Leistung für die Altertumswissenschaft», Das Altertum 6 [1960], 245–254) als
    «nicht unproblematisch» bezeichnet.
16 LENZ (Anm. 1), 170.

fühlte, und daß er kein Verständnis für diejenigen Juden hatte, denen das Judentum bisher gleichgültig war und die erst «in diesen Monaten ... in leidenschaftliche und zuweilen fanatische Juden»[17] sich verwandelten. Das ganze Gespräch zwischen NORDEN und LENZ scheint unter dem Zeichen der Unmöglichkeit einer Rückkehr zum Judentum gestanden zu haben. Die Entfremdung von den «jüdischen Dingen» wird nicht als Verlust empfunden, sondern als negative Bestätigung der neuen und gefährdeten Zugehörigkeit. Trotz der sich anbahnenden Tragödie hält NORDEN an der altwürdigen christlichen Prämisse fest, daß das Judentum ein zu Überwindendes darstellt. Dank Religion und Sozialisation fühlt sich NORDEN offensichtlich dazu berechtigt, sich zu den geistigen Siegern der Geschichte zu rechnen. Auf die Zurückgelassenen oder Zurückgefallenen schaut NORDEN im besten Fall mit Unverständnis herab.

6. NORDENS bahnbrechende Leistungen in der Religionsphilologie bekamen entscheidende Impulse aus seiner eigenen Religiosität. Sie prägt die allen Einzelwerken zugrundeliegende Geschichtskonzeption und das transtheoretische Ziel, in dessen Dienst NORDEN sein Œuvre stellte. Entscheidend ist dabei, daß NORDEN den Gehalt seiner Religiosität weitgehend unter Rekurs auf eine christliche Kategorialität artikuliert, die im Kulturprotestantismus des ausgehenden neunzehnten Jahrhunderts wurzelt. Fern von jeglichem Fideismus, enthält seine religiöse Grundhaltung vor allem pantheisierende, humanistische und nationalbezogene Komponenten. Von der frommen Intensität des überzeugten Protestanten legen die zwölf Jahre nach seinem Übertritt und auf der Hochzeitsreise geschriebenen Verse Zeugnis ab, wo es unter anderem heißt: «Gottes Nähe fühl' ich näher, mich durchweht sein Atemzug, und die Seele steiget aufwärts, trennt vom Körper sich im Flug.»[18] NORDENS christlich artikulierte Erlebniswelt ist untrennbar verbunden mit einem tief empfundenen Stolz auf die deutsche Kulturnation. Er sah in ihr das Ergebnis und Kompendium der christlichen Geschichte ganz im Sinne FICHTES, der dem johanneischen Ansatz einer gänzlichen Vergeistigung der religiösen Wahrheit zum endgültigen Durchbruch verhelfen wollte. Diese Religion der geistigen Sieger der Geschichte steht im direktem Gegensatz zum Judentum als Religion κατὰ σάρκα. NORDENS optimistische Option für das Christentum übersah dessen antijüdische Wurzel und konnte allem Anschein nach die Ereignisse nach 1933 nicht in Verbindung bringen mit der wesentlichen Geschichte des «neuen Israels». NORDENS man-

---

17 Ebd.
18 Zitiert von ABEL (Anm. 3), 455, Anm. 15.

gelndes «politisches Sensorium»,[19] das den «Willkürakten des neuen Staates»[20] verständnislos gegenüberstand, führt auf seine Fehleinschätzung des Christentums zurück. Die Bereitschaft zur Annahme des christlichen Geistes ließ NORDEN die auch von SPINOZA beherzigte, alttestamentarische Lehre übersehen, daß eine Offenbarungsreligion nicht nur den Innenraum des Erlebnisses betrifft, sondern zugleich und vor allem ein Theopolitikum darstellt.

7. Ehrlich, aber unkritisch sah sich NORDEN der «überzeitlichen Idee der Volksgemeinschaft»[21] verpflichtet. Der *sanctus amor patriae* galt ihm als das «höchste gemeinsame Gut auf Erden»,[22] als «das heiligste [Band] von allen».[23] In völliger Identifikation mit dem deutschen Nationalgefühl nimmt NORDEN Bezug auf «die Taten unserer Vorfahren»[24] oder auf «unser Volkstum».[25] Mahnend wendet er sich an die Jugend mit den Worten: «... freut euch eures Deutschtums und schafft ihm wieder Ehre in der Welt. Sorgt dafür, daß die Erklärung ‹Ich bin ein Deutscher› wieder ein Freibrief in der ganzen Welt werde, wie es Civis Romanus sum war.»[26] Die Studenten warnt er «vor den Irrwegen abstrakter Mystik», die «ihr Todfeind und im Blute unseres Volkskörpers ein Infektionsstoff» ist.[27] Der Mystik muß «eine Stählung der mit der hellenischen Seele verwandten deutschen»[28] entgegengesetzt werden. NORDEN weiß sich außerdem aufs innigste verbunden mit Schicksal und Aufgabe der deutschen Nation: «... der Haß so vieler Nationen gegen deutsches Wesen hat mich zu einer bewußteren Liebe unserer Stammesart erzogen und in mir die Überzeugung genährt, daß wir mehr als je zuvor darauf bedacht sein müssen, dem Besten und Eigensten, was in unserem Volk wurzelt, zur Entwicklung zu verhelfen.»[29] Es ist anzunehmen, daß die Intensität dieser ethnischen Identifikation mit dem Deutschtum für NORDEN in keinem Widerspruch stand zu der allgemein bekannten Tatsache seiner «nicht-arischen» Abstammung.

---

19 THEILER (Anm. 15), 391.
20 LENZ (Anm. 1), 170.
21 *KS* 550.
22 Ebd.
23 Ebd., 614.
24 *RL* 100.
25 *KS* 553.
26 Ebd., 605.
27 Ebd., 549.
28 Ebd.
29 Ebd., 582.

8. Eng verbunden mit NORDENS religiöser und patriotischer Identifikation ist der «berechtigte Stolz», mit dem «wir uns des Reichtums unserer schönen alten Sprache rühmen ...»[30] Das sprachliche und kulturelle Erbe Deutschlands sieht NORDEN im wesentlichen als die würdigste Fortsetzung antiker Kulturschöpfung, die über jeden nivellierenden Vergleich erhaben ist. So preist er zum Beispiel «unsere schönen deutschen Weihnachtslieder ..., denen kein Volk gleiche an zarter Innigkeit zur Seite stellen kann ...»[31] In diesem und ähnlichen Texten ist keine Spur einer inneren Distanz feststellbar, die auf NORDENS Erinnerung an seine eigene Herkunft hindeuten würde. Im Gegenteil. Aus der Überzeugung seiner deutschen Identität heraus fühlt er sich dazu berufen, über die Reinheit der deutschen Eigenart zu wachen. Nachdem NORDEN an einer Stelle der Ansicht SCHILLERS zugestimmt hat, daß der Versuch der Deutschen, sich des französischen Elans und Esprits zu bemächtigen, vergeblich ist, pointiert er den Gedanken mit dem Aufruf: «Wir wollen doch in unserem Wesen keine Völkersynthese darstellen!»[32] Angesichts dieser offenbar psychologisch motivierten Überbetonung deutscher Kulturidentität darf die Frage nach NORDENS Beziehung zur hebräischen Sprache nicht unerwähnt bleiben. Auskunft darüber gibt uns NORDEN selbst im Kapitel «Judaica» seines «Agnostos Theos», wo er offen zugibt: «... ich kenne von der [hebräischen] Sprache gerade noch so viel, daß ich seiner Analyse [das heißt J. BARTHS stilistischer Analyse eines jüdischen Gebets] mit Verständnis zu folgen vermochte.»[33] Die Disproportion zwischen den Hebräisch-Kenntnissen des jüdischen Nachkommen und dem enzyklopädischen Wissen des klassischen Philologen ist Ausdruck und Folge seiner problematischen Identität. NORDEN schreibt über Judentum und Judaica vornehmlich aus der Perspektive des Christen, der er sein wollte. Der Hauptteil seines Hauptwerkes «Agnostos Theos» führt – nach bewährtem heilsgeschichtlichem Muster – von Hellenica über Judaica zu Christiana.

9. Das rabbinische Judentum, die Religion in die EDUARD NORDEN hineingeboren wurde, ist ein Religionsgebilde *sui generis*, das sich grundlegend vom Christentum unterscheidet. Anders als die universalistischen Ansprüche der christlichen Heilslehre, betont das Judentum die nur für Juden verbindlichen Mizwot (Gebote) der Thora, die ethnische Partikularität des erwählten Volkes und den aktuellen oder messianischen Anspruch auf das Land der Väter. Die Einheit von Thora, Am und HaAretz

---

30 Ebd., 168.
31 Ebd., 456.
32 Ebd., 606.
33 *ATh* 205–206.

bildet so im Judentum eine mit dem Christentum inkommensurable Größe. Wenn ein Jude wie NORDEN durch den Empfang der Taufe auf den
jüdischen Monotheismus und auf die Befolgung der Mizwot verzichtet,
besiegelt er zugleich seinen Ausschluß aus dem Volk und seinen Verlust
des nationalen Erbes. Aber keine religiöse Konversion kann die ha-
lachische Zugehörigkeit eines geborenen Juden zum Judentum endgültig
aufheben, wie ARNOLD SCHÖNBERGS 1933 in Paris vollzogene Rückkehr zum Judentum zeigt. Für NORDEN jedoch «führte kein Weg mehr
zum Judentum zurück», wie LENZ unterstreicht.[34] Dennoch erwies sich
die unaufhebbbare Tatsache der Abstammung, auf der die Möglichkeit
einer Rückkehr zum Judentum nach der Halacha basiert, als Makel und
Verhängnis für den christlichen Proselyten, der nicht in der Lage war zu
begreifen, warum die christliche Vergeistigung angesichts eines Juden
nach dem Fleisch versagte.

10. Das nicht seltene Vorkommen von Wortkomposita, die den Begriff
«Wahrheit» enthalten, ist im NORDENschen Schrifttum nicht zu übersehen. «Wahrheitsliebe», «Wahrheitssuche», «Wahrheitsfindung» gehören
zu NORDENS eigentümlichem Vokabular. Diese Insistenz läßt das Gewicht erkennen, das NORDEN seinem strengen Wissenschaftsethos beimaß, sowie die Ernsthaftigkeit, mit der er an die religiöse Frage heran-
ging. Zu den Leitbildern der Lebenshaltung NORDENS zählen in erster
Linie Sokrates, «der größte Nichtwisser und Wissensucher»,[35] der die
«Freude an den Unfertigen»[36] kannte, und – wie er sagte – «unser Lessing».[37] Unter den Zeitgenossen aber hat vermutlich niemand seine Ethik
der Wahrheitssuche so nachhaltig geprägt wie HERMANN USENER, dessen «unerbittliche Wahrheitsliebe»[38] und «unbestechlichen Wahrheits-
sinn»[39] NORDEN rühmt. USENERS «Götternamen» seien ein Zeugnis vom
Ringen nach Erkenntnis durch unermüdliche, mühsalvolle Arbeit, wo
NORDEN «den Pulsschlag des Göttlichen» zu spüren meint.[40] Angesichts
des hohen Anspruchs solcher Leitbilder und bei aller Anerkennung der
Wahrhaftigkeit, mit der NORDEN das von ihm Erkannte vertrat, muß die
Frage eigens gestellt werden, mit welchen theoretischen oder sonstigen
Mitteln NORDEN die Aufgabe einer Explizierung seines eigenen Selbst-

34 LENZ (Anm. 1), 170.
35 *KS* 550.
36 Ebd., 570.
37 Ebd., 638.
38 Ebd., 662.
39 Ebd.
40 Ebd., 663.

verständnisses und des Sinnes seines Schaffens zu bewältigen versucht hat. Sein – allem Anschein nach – leichten Herzens vollzogener Verzicht auf die weltanschauliche Perspektivität der jüdischen Minderheit darf nicht unhinterfragt hingenommen werden.

11. «Tradition» ist einer der umfassendsten Begriffe von NORDENS theoretischem Instrumentarium. Er bietet den konzeptionellen Rahmen sowohl für die typologische Kontrastierung der Kulturformen als auch für den Aufweis transkultureller Kontinuitäten. Die Aufgabe des historischen Verstehens erfordert bei NORDEN die Eingliederung der zu erforschenden religiösen Idee, liturgischen Formel oder literarischen Gattung in die jeweilige «Überlieferungskette»[41] oder «Traditionsreihe»[42]. Von daher wird verständlich, daß NORDEN des öfteren den Ausdruck «Siegeslauf» verwendet, um das wiederholte Vorkommen eines trotz kulturbedingter Anpassung und Umsetzung mit sich identischen und als solcher erkennbaren Forschungsgegenstandes zu charakterisieren. Die NORDENschen Kontinuitätslinien der Überlieferung fangen häufig in Ägypten und Babylon an und erstrecken sich über das hebräische Schrifttum und die hellenische und römische Antike bis zur Konstitution der christlichen Literatur und ihrer Auseinandersetzung mit der Gnosis. Als letztes Glied der Kulturkreise reiht sich das Germanentum ein. Indem es die Brücke zur Kulturwelt NORDENS schlägt, kündigt sich eine Horizontenverschmelzung von Objekt und Subjekt der Forschung an. So kann NORDEN mit Leichtigkeit vom geschichtlich Erkannten zur praktischen Forderung der Gegenwart überleiten. Das Germanentum betreffend mahnt er seine Studenten: «... wenn ihr euern Sinn ganz mit dem Gedanken an Roms nationale Kraft und Größe gefüllt habt, dann sagt euch: dieses gewaltige Reich, das gewaltigste von dem die Geschichte des Altertums berichtet, ist von den Germanen gestürzt worden ... Ein solches Heldentum trägt aber ... eine Verpflichtung in sich, die Verpflichtung zur Wahrung und dauernden Erneuerung des alten Siegfriedadels aus der Völkerwanderungszeit.»[43] Hüter der Tradition sind nach NORDEN diejenigen, die «sie nicht als ein Starres, sondern ein immer Bewegtes einschalten in den Rhythmus des Werdens.»[44] Mit Nachdruck wendet er sich gegen jede Glorifikation der Antike, aber zugleich warnt er davor, die lebendigen Kräfte der Geschichte zu ignorieren. NORDEN schreibt: «Von der Tradition befreien wir uns nicht, indem wir sie leugnen, sondern sie uns aneignen ...»[45] Auch wenn

41 Ebd., 456.
42 Ebd., 110.
43 Ebd., 606.
44 Ebd., 550.
45 Ebd., 605.

NORDEN sich gegen die Idealisierung der Vergangenheit gefeit glaubt, unterliegt er der Macht der Tradition zumindest in dem Sinne, daß für ihn die Brüche oder Zäsuren der Geschichte vornehmlich dazu da sind, die im wesentlichen organische Entwicklung der Tradition periodenmäßig zu artikulieren. Die Macht der Tradition erweist sich als unbesiegbar in der Wiederholung strukturähnlicher Motive in den aufeinanderfolgenden Kulturen bis hin zu NORDENS Gegenwart. Das überkommene Motiv der μεταβολὴ ἐπὶ τὸ βέλτιον wiederaufnehmend, diagnostiziert NORDEN 1928: «Wir alle sind beherrscht vom Gefühl einer Zeitenwende.»[46] Die heuristische Mächtigkeit der Tradition, die NORDEN bewahren und erneuern will, bestimmt unser Verstehen der anbrechenden Zukunft. Die organologische Einheitlichkeit der Geschichte wird jegliche Diskontinuität einholen. In der Gesamtschau von Ägypten bis zur christlichen Germania des zwanzigsten Jahrhunderts kann Israel darum nur eine längst überholte Episode darstellen. Die Theodizee der Geschichte wird von den angeblichen Siegern diktiert.

12. Als Leitmaxime des NORDENschen Œuvres kann der Satz gelten: «Das Gewordene lernen wir nur in seiner Entwicklung begreifen.»[47] NORDENS methodischer Historismus weiß sich verwurzelt in den konstitutiven Bedingungen seines Gegenstandes: das Entwicklungsgeschichtliche.[48] Darum kann sein Historismus zumindest programmatisch als die zur Reflexion erhobene und so zur vollen Entfaltung gekommene Tradition betrachtet werden. Das geschichtliche Bewußtsein und der Sinn für das unaufhebbar Individuelle stehen bei NORDEN im genetischen Zusammenhang mit dem, was im Christentum die «Verflüchtigung des Individuellen ins Kosmische»[49] verhindert, nämlich die Erinnerung an «die lebendige Kraft der Persönlichkeit» Jesu.[50] Wenn NORDEN behauptet, daß «das Antitraditionelle in [der christlichen Religion] das Traditionsgemäße überwog»,[51] dann indiziert das «Antitraditionelle» gerade den qualitativen Sprung der Tradition in eine Reflexivität, für die es das dank der Erinnerung tradierte Vergangene als ein jeweils individuell Gewordenes zu begreifen gilt. Die Erinnerung an das Geschehene ist der geschichtliche Garant für die Überwindung der Flucht in spekulative Schemata einer sich

---

46 Ebd., 550.
47 *RL* 95; siehe auch *GK* 163, wo es unter anderem heißt: «Gewordenes in seinem Werdegang zu begreifen, ist ein Ziel aller Historie, also auch der Religionsgeschichte.»
48 *GK* 163.
49 Ebd., 111.
50 Ebd.
51 Ebd.

selbst mißverstehenden Tradition. Aber obwohl NORDEN beispielsweise die Spannung zwischen dem Geschichtlichen und dem auf die Horus-Mythologie verweisenden Christusdrama[52] scharf erfaßt, wird die Entfaltung seines Historismus dadurch eingeschränkt, daß er den Versuch einer Retheologisierung der Geschichte unternimmt. Religiöse Kontinuitäten und Regelmäßigkeiten werden voreilig als Bestätigung von NORDENS theologischen Postulaten angesehen, die weit darüber hinausführen, was ein selbstkritischer Historismus in der Lage ist zu leisten. Problematisch dabei ist nicht nur die mangelnde Beweiskraft der in den Dienst des Theologischen gestellten Historie, sondern auch und vor allem die theoretischen Fixierungen, die jegliche theologische Verankerung einer Wissenschaft mit sich bringt. Eindeutig drückt NORDEN seine persönliche Überzeugung aus, wenn er schreibt: «Geschichtliches Denken stört nicht, nein, es stärkt die Ehrfurcht vor dem in der Menschheitsgeschichte wirkenden Göttlichen.»[53] In Anbetracht dieser Aussage ist festzustellen, daß die derart angedeutete Privattheologie NORDENS nur eine Theologie ist, die die Macht der Tradition nicht oder noch nicht sanktioniert hat. Demgegenüber markiert das Programm eines zu Ende gedachten Historismus den Ort der Überwindung der mangels Reflexivität ohnmächtig gewordenen Tradition.

13. Der Historismus bewirkt aus seiner eigenen Dynamik heraus Aufklärung, indem er mit der Selbstauslegung der Tradition bricht und so ihre Wahrheitsansprüche relativiert. In diesem Sinne ist NORDENS Versuch zu verstehen, eine Dekonstruktion der Christologie mit philologischen Mitteln durchzuführen. Der Aufweis der geschichtlichen Konstanz ihrer Hauptmotive soll den Blick freimachen für eine geschichtlich angemessenere Wahrnehmung der Gestalt Jesu. Auch wenn Jesus der «kindlichste und kinderliebendste» Mensch war,[54] bleibt es dabei, daß das Urmotiv von der «Geburt des Kindes» auf ihn nur *übertragen* wurde.[55] Die Auflösung des Dogmas und die Rückführung der Legende auf einen möglichen geschichtlichen Kern steht jedoch bei NORDEN – zumindest tendenziell – im Dienst seiner eigenen theologischen Interessen. In NORDENS religiöser Konzeption steht kein übermenschlicher Christus vor «seinem Vater», sondern der menschliche Geist vor dem Göttlichen. Während die christliche Tradition immer auf Individualität als Träger der Heilswahrheit rekurriert, versucht der zunächst aufklärerische, aber zuletzt retheologi-

---

52 Cf. ebd., 128.
53 *KS* 456.
54 Ebd., 457.
55 Cf. ebd.

sierende Historismus NORDENS die entindividualisierenden geschichtlichen Strukturen mit abstraktem religiösem Gehalt wieder auszufüllen.
NORDEN war sich dessen bewußt, daß «Hellenismus und Christentum ...
zwei Weltanschauungen [sind], die sich im Prinzip ausschließen».[56] Das
Christentum hatte ja nicht als Religion der Aletheia, sondern als Religion
der Agape gesiegt.[57] NORDEN war jedoch nicht daran interessiert, den
OVERBECKschen Gegensatz von Kultur und Christentum zu vertiefen. Er
hat vielmehr eine neue ‹Theokrasie› – NORDENS platonische Äquivalenz
zum modernen Synkretismus[58] – angestrebt. Die verstreuten Spuren dessen, was wir *cum grano salis* NORDENS ‹humanistische Religion› nennen
können, deuten auf einen erneuten Versuch hin, das sogenannte ‹heidni-
sche› Erbe Hellas und Roms und eine historisch geläuterte Christlichkeit
zu einer erlebbaren religiösen Einheitlichkeit zu verhelfen, in der die
Erwartung einer neuen ‹Zeitenwende› artikuliert werden könnte. Dieser
Ansatz ist im wesentlichen ein Rettungsversuch der Religion im Zeitalter
des Historismus. Die Linearität des christlichen Siegeslaufes bleibt dabei
unangetastet, denn diese Nachchristlichkeit ist das krönende Resultat der
christlichen Geschichte. NORDENS religionsphilologische Dekonstruktion
der Christologie führt also zu keiner Dezentrierung der abendländischen
Geschichte, die ermöglichen könnte, die jüdische Eigentümlichkeit als
etwas anderes zu betrachten als einen von den angeblichen Siegern zurückgelassenen Rest.

14. NORDEN konstatiert: «Der Messias hat seinem Volk freilich nicht
beigestanden; der Tempel wurde zerstört. Aber die neue Religion hat sich
die Zukunftshoffnungen der alten angeeignet.»[59] Für NORDENS Analyse
des Christentums ist grundlegend «die», wie er sagt, «gerechtfertigte Antithese ‹Jesus ist geschichtlich, Christus ist mythisch›».[60] Die Christologie
betrachtet NORDEN als «religiös umgeprägte graeco-ägyptische Gnosis».[61]
Die christliche Trinitätsformel versteht er als «das Produkt der Zerlegung
eines orientalisch-hellenischen Unitätsgedankens der zwei schaffenden
und der einen geschaffenen Potenz».[62] Auch wenn NORDEN zuweilen mit
der ambivalenten Formulierung «Herr, dessen Reich nicht von dieser Welt
war»[63] Bezug auf Jesus nimmt, ist er primär an der «schlichten Mensch-

56 *AK* 2,452.
57 *KS* 580.
58 Cf. *ATh* 109.
59 *KS* 268.
60 *GK* 109.
61 Ebd., 98.
62 *ATh* 231.
63 *GK* 157.

lichkeit» des Wanderpredigers des Evangeliums interessiert, der «der Sublimierung in die Heliosreligion» widerstrebte.[64] Jesus «kam nicht von der Sonne her, sondern wandelte über diese Erde, ein Mensch unter Menschen, auch von Seelenkämpfen erschüttert wie sie, erschrocken über seine Mission, als er sich ihrer bewußt wurde».[65] Jesu Gestalt «blieb auch im Rankenwerk der Legende als geschichtliche Tatsache unvergessen und widerstrebte der Auflösung in einen solaren Mythus, dem die anderen ‹Heilande› verfielen».[66] Die lebendige Kraft der Persönlichkeit überwog eine Überlieferung, die sich «ins nebelhaft Phantastische übersinnlichen Spekulierens verlor».[67] NORDEN bekennt sich zu der Ansicht, daß «der Triumph der Theosophie den Untergang der Religion besiegelt [hätte]».[68] In der «Antiken Kunstprosa» führt er aus: «Hätten die häretischen Gnostiker, deren einer ganz im Sinne des exklusiven Hellenismus das Alte Testament verwarf und damit die historische Garantie unserer Religion aufhob, gesiegt, so wäre es um das Christentum als Religion geschehen gewesen, sie hätte sich in αἱρέσεις, in διδασκαλεῖα aufgelöst und sein Stifter wäre als Religionsphilosoph εἷς πολλῶν gewesen ...».[69] Die Gnostiker haben nicht gesiegt, aber das «Rankenwerk» bleibt unübersehbar in den Evangelien. Dieses geht hauptsächlich auf die Gemeinde zurück, die «durch den Konkurrenzkampf mit anderen und älteren Erlösungsreligionen dazu gezwungen war, die schlichte Lehre Jesu in Worte [zu kleiden], deren Gedankeninhalt und Form aus der hochtönenden Phraseologie von ‹Propheten› stammte, die ... von Anfang an mit dem Anspruche, Σωτῆρες zu sein, auftraten».[70] Der innere Widerstreit von Geschichtlichkeit und Spekulation im Christentum wurde zugunsten der ersteren entschieden. Dabei fungiert die hebräische Bibel als Wahrheitsgarant für die Historizität des Christentums, das «sich von Anfang an als eine geschichtlich gewordene Religion mit Stolz angesehen und bezeichnet hat.»[71] NORDENS Demontierung der dogmatischen Grundlehren des Christentums wird indirekt bestätigt, wenn von dem die Rede ist, «der der Menschen reinste[r] war».[72] In diesem Zusammenhang gibt NORDEN das Bekenntnis des Markinischen Hauptmanns (15,39) in einer unüblichen Übersetzung

64 Ebd., 110.
65 Ebd.
66 Ebd.
67 Ebd., 111.
68 Ebd.
69 *AK* 471
70 *ATh* 197.
71 Ebd., 274.
72 *KS* 457.

wieder. NORDEN schreibt nicht: «Wahrlich, dieser Mensch war Gottes Sohn», sondern: «Wahrlich, dieser Mensch war ein Sohn Gottes.» Geschichtlich fundiert ist die Menschlichkeit Jesu, der wie keiner «das Bewußtsein der Gotteskindschaft hatte, für das er in den Tod ging.»[73] Dank seines Historismus liest NORDEN das Evangelium in einer Weise, die dem Monotheismus Israels nicht widerspricht.

15. Im Jahre 1899 erwähnt der dreißigjährige NORDEN zustimmend H. LÜCKENS Buch «Die Traditionen des Menschengeschlechts oder die Uroffenbarung Gottes unter den Heiden», das 1856 erschienen war und in dem nachgewiesen wird, «daß gewisse Vorstellungen, die in den Überlieferungslegenden der Völker unseres Kulturkreises eine große Rolle spielen, Allgemeingut des menschlichen Denkens überhaupt seien, das sich gewissermaßen durch Urzeugung, ohne Übertragung oder Entlehnung, überall in denselben Formen ausprägt, also das, was die modernen Ethnologen ‹Völkergedanken› zu nennen pflegen.»[74] Zu diesen allgemein menschlichen Vorstellungen gehört nach LÜCKEN auch die einer am Ende einer Weltperiode durch einen Göttersohn herbeigeführte Welterneuerung. Dieser theoretische Ansatz wird bei NORDEN – wenn auch modifiziert – eine lange Wirkungsgeschichte haben. Fünfundzwanzig Jahre nach der ersten Erwähnung von LÜCKEN verwendet NORDEN versuchsweise den Ausdruck «Uroffenbarung Gottes» im Zusammenhang mit der soteriologisch geladenen Atmosphäre des Alten Orients, um gleich den Gedankengehalt des Terminus «diesseitig» zu formulieren als «religiöse Disposition, die sich entlud im Ausdruck ewiger Gefühle».[75] Seit dem Erwachen historischer Betrachtungsweise kann das Problem des Zusammenhangs zwischen der vierten Ekloge Vergils und den evangelischen Geburtslegenden nicht mehr durch Rekurs auf den Glauben an eine «Uroffenbarung Gottes an die Heiden»[76] erfaßt werden. Aber auch wenn Vergeschichtlichung im Dienst religiöser Aufklärung durch die überzeitlichen Ansprüche der Religion nicht mehr rückgängig gemacht werden kann, bleibt für NORDEN das Rätsel der «Manifestation des Göttlichen im Irdischen»[77] bestehen. NORDEN folgt Aristoteles, der «das Allgemeine, das Ideelle, das Typische sich im Einzelnen, Realen, Individuellen zur Daseinserscheinung entfalten und es in dieser seiner Manifestationsform dem Entwicklungsprinzip unterliegen [ließ]».[78] So sind die Erscheinungs-

73 Ebd.
74 Ebd., 430.
75 *GK* 56.
76 *KS* 451.
77 Ebd., 609.
78 *GK* 56.

formen der Heilandsidee alle urverwandt, aber national differenziert und religiös besonders geprägt. Die Tradierung und Entwicklung religiöser Ausdrucksformen setzen keine offenbarungspositivistische, sondern eine allgemein menschliche γνῶσις θεοῦ voraus. Denn Völker und Geschlechter haben «in gemeinsamer Arbeit auf dem Grund gleicher, ewig menschlicher Sehnsucht ... der Gottheit lebendiges Kleid gewoben».[79] Das geschichtliche Bewußtsein kann nicht den in den Dienst christlicher Apologetik gestellten Begriff der «Uroffenbarung an die Heiden» unverwandelt lassen. Kein übernatürliches Wesen fungiert fortan als Quelle göttlicher Mitteilungen. Die zugrundegelegte *theologia naturalis historiae* setzt bei NORDEN jedoch ein Göttliches voraus als Gegenstand unerfüllbarer Sehnsüchte und nicht zu verwirklichender Gedanken, die mit der Menschlichkeit des Menschen koextensiv sind.

16. Im letzten Absatz des Buches «Die Geburt des Kindes» bringt NORDEN einiges zur Sprache, was im strengen Sinne nicht zu den mit wissenschaftlichen Mitteln gewonnenen Resultaten der Untersuchung gehört. Darunter befinden sich folgende Sätze:

> Mögen Kritiker, kühleren Sinns als der von seinem Stoff eingenommene Verfasser, hie und da berechtigte Abstriche machen: wenn sich nur die eine große Linie als richtig gezeichnet erweist, so beugen wir ehrfürchtig unser Haupt vor einer durch ihre Dauer und ihre religiöse Schöpferkraft fast überwältigenden Tradition. So unwirklich ihr Gegenstand ist, so traumhaft schön ist er; so unerfüllbar die Sehnsucht ist, ja so ernste Gefahren für den praktischen Tätigkeitswillen sie in sich schließt, wenn sie aus dem Wunschlande des Märchens von Schwärmern in die Erscheinungswelt harter Realitäten hineingestellt wird, so unaustilgbar ist sie, und in diesem Sinne – nur in diesem – mag uns Menschen einer eisernen Zeit der Traum von einer goldnen trösten.[80]

Obwohl NORDEN das Mythische im Christentum als Rankenwerk einer wesentlich geschichtlichen Religion ablehnt, wird im zitierten Text der Gegenstand der «fast überwältigenden Tradition» des kindlichen «Bringers eines neuen Zeitalters» als trostspendend empfunden.[81] Die auf die orientalisch-gnostische Phantasie zurückführbaren, sogenannten «spekulativen» Elemente des Christentums sind jedoch vielfach mit der religiösen Heilandsidee verknüpft, deren «Siegeslauf ... örtlich und zeitlich in der Tat fast unbegrenzt gewesen» ist,[82] und deren Träger «der ägyptische Priester und der israelitische Prophet, der römische Dichter und der christ-

---

79   *ATh* 111; cf. 198.
80   *GK* 170–171.
81   Ebd., 137.
82   Ebd., 46.

liche Evangelist» gewesen sind.[83] Die universelle Sehnsucht nach dem
Friedensbringer, die diese Träger des Geistes gestalten, ist zugleich «un-
erfüllbar» und «unaustilgbar». Denn die Idee des Weltfriedens ist «unwirklich und doch idealisierte Wirklichkeit, als solche wahrhaft poe-
tisch».[84] Für den idealisierenden NORDEN gilt prinzipiell, daß das Phantasiegeschöpf des Dichters, eben weil es unwirklich ist, «mit der Glorie der
Unsterblichkeit»[85] gekennzeichnet ist. Eine im Grundsatz ähnliche Tendenz zeigt sich, wenn NORDEN angesichts der Tatsache, daß die Passage
Matthäus 11,25–30 keine αὐτοφωνία τοῦ κυρίου darstellt, die philologische Argumentationsebene verläßt, um abschließend zu behaupten:
«Aber daß das Ideelle im höheren Sinne wahr und als solches auch un-
vergänglich ist, wissen wir durch Plato.»[86] NORDENS vordergründiger
Realismus erkennt zunächst die Unwirklichkeit des Traumes von der gold-
nen Zeit. Aber gerade diese seine Unwirklichkeit wird dann zur meta-
physischen Bestätigung seiner Trost spendenden Idealität. Die Philologie
der Religion NORDENS ist somit *ancilla theologiae*, denn sie steht im
Dienst einer schließlich unausgeführt gebliebenen Theologie der Menschheitsgeschichte, die von einer ununterbrochenen Offenheit des menschlichen Geistes für das Religiöse ausgeht und eine ständige Manifestation
des Göttlichen bezeugt. In Anbetracht der Tatsache, daß NORDENS theologische Argumentationen wiederholt auf Idealisierungsstrategien rekur-
rieren, kann zunächst befremden, daß NORDENS Christentum sich auf den
historischen Jesus unter Ausschluß der christologischen und trinitarischen
Spekulationen konzentriert, deren Sinn just die Idealisierung der geschichtlichen Gestalt war. Wenn NORDENS «Jesulogie» ausschließlich der
Menschlichkeit des Wanderpredigers aus Nazareth Rechnung tragen will,
dann ist NORDENS christliches Selbstverständnis problematischer als zunächst angenommen. Denn kein Jude braucht Christ zu werden, um die
menschliche Größe des vielleicht größten Sohnes Israels zu bewundern.

17. NORDENS Philologie der Religion, von einem eindeutigen theologischen Interesse getragen, macht nicht nur historisch fundierte Aussagen über ihren Gegenstand. Sie erhebt zugleich Anspruch darauf, aus der
Geschichte allgemeingültige Konsequenzen über das Göttliche zu ziehen.
Der philologische Sprung ins Theologische wird zumeist unter Verzicht
darauf vollzogen, argumentative Strategien und theoretische Instru-
mentarien kritisch-philosophisch zu reflektieren und die erzielten Re-

83 *KS* 456.
84 *GK* 46.
85 Ebd., 145.
86 *ATh* 308.

sultate auf ihre ideologische Unbedenklichkeit hin zu überprüfen. Für
NORDEN sind Philologie und Theologie «Schwestern einer und derselben
Mutter, der Humanität»,[87] und die «Liebe zum Logos», die Philologie, ist
ihrerseits «ihrem Wesen nach ... bei den Hellenen die Mutter der Philosophie gewesen».[88] Aber die Tatsache des bloß genealogischen Primats
der ‹Liebe zum Logos› gegenüber der ‹Liebe zur Weisheit› kann keine
Bürgschaft für NORDENS Verfahren leisten. Vor dem Hintergrund seines
Philologie-Verständnisses schreibt er: «Mit diesem Logos, der kraft einer
in ihm selbst liegenden Notwendigkeit sich immer neu erleben und wandeln will, soll der Anthropos bemüht sein, eins zu werden.»[89] Für
NORDEN ist die Herakleitische Entsprechung zum Logos, in der das An-
spruchsgebiet des Philologen gipfelt, die eigentliche Ermächtigung zum
theologischen Diskurs. NORDENS inflationärer Philologie-Begriff intendiert voreilig das Göttliche und verzichtet darauf, die Wahrheit seines
Logos am kritischen Maßstab der ‹Liebe zur Weisheit› zu messen. Darum
sind NORDENS theologische Aussagen schwer belastet von der angeblichen Autorität einer bezüglich ihrer theologischen Relevanz unkritisch
rezipierten Tradition. Die Erweiterung der Grenzen der Heilsgeschichte
und die regionale Modifizierungen ihrer Hauptprämissen sind noch längst
keine adäquate Antwort auf die philosophische Religionskritik seit der
Aufklärung.

18. Bewundernswert bei NORDEN ist nicht nur die meisterhafte Beherrschung seines wissenschaftlichen Gebietes, sondern auch und vor allem sein Sinn für das intellektuelle «Vagabundieren».[90] Für «Vagabunden
meiner Art», unterstreicht NORDEN, ist «der Rechtstitel unseres Daseins
... die Wißbegier».[91] Wenn der erforschte Gegenstand es verlangt, ist
NORDEN bereit, sich in Gebiete hineinzuwagen, die für ihn ein sprach-
liches oder ein wissenschaftliches Neuland darstellen. So läßt NORDEN
Aegyptiaca und Babyloniaca in «Agnostos Theos» genau so wenig un-
berücksichtigt, wie Ethnographie, Prähistorie oder Psychoanalyse in anderen Werken. Aber NORDENS intellektuelle Risikobereitschaft ist nicht
gepaart mit den Gaben des radikalen Kritikers. Es ist sympomatisch, daß
er sich 1927 beschwert über «die Kritik, die auch bei unserer lieben
Jugend jetzt, wo alles Bestehende in Frage gestellt wird, so üppig ins
Kraut schießt».[92] Im Staunen über «die Wunder des Kosmos» sieht

---

87 *KS* 219.
88 Ebd., 548.
89 Ebd., 549.
90 Cf. *GK* 4.
91 *AG* VII.
92 *KS* 605.

NORDEN ein Gegenmittel gegen «das jetzt unter [der Jugend] verbreitete
Übel blasierter, unfruchtbarer Kritiksucht».[93] Die Kritik, die NORDEN gelten läßt und beispielhaft fördert, ist eng begrenzt von den von ihm ak-
zeptierten Paradigmata und Methoden historisch-philologischer Forschung. So schätzt er bei MOMMSEN den «bis zur Unerbittlichkeit schar-
fe[n] Kritiker»,[94] bei WILAMOWITZ den «strenge[n], fast unnachsichti-
ge[n] Kritiker seiner selbst».[95] RICHARD HEINZE, τὸν κριτικώτατον,
hielt NORDEN für den «am stärksten kritisch veranlagte[n] Kopf unseres
Kreises», eine Naturgabe, die «ihm schon früh eine Art von Führerstel-
lung innerhalb seiner Generation» verschaffte.[96] Es ist aber vor allem
NORDENS Hochschätzung des «nomadisierenden Gelegenheitsfor-
scher[s]»[97] LESSING, die uns Aufschluß darüber gibt, wie NORDEN seine
eigenen Leistungen einordnet. LESSING gilt für NORDEN als derjenige,
der «durch seinen kritischen Geist der Altertumsforschung in Deutschland
das Gewissen geweckt» hat.[98] Aber obwohl *praeceptor philologorum*,
war LESSING kein eigentlicher *philologus* der Praxis.[99] Er hat «die Philologen zur Spannung des Denkens erzogen ... Durch die Ethik seines
unerbittlichen Wahrheitssuchens hat er sie auch erzogen zur Wahrhaftigkeit gegen sich selbst.»[100] LESSINGS eigene Größe erwies sich jedoch als
Hindernis für die Verwirklichung seines philologischen Talents. Er war zu
sehr – kantisch gesprochen – ein ‹Selbstdenker›, um Philologe zu werden.
Im Vergleich zwischen Gelehrsamkeit und Weisheit ist «das kleinste Ca-
pitel von dieser mehr werth als Millionen von jener»,[101] heißt es bei
LESSING in einer von NORDEN zitierten Stelle. NORDENS Option für die
Gelehrsamkeit machte es ihm schwer, die Leistungsfähigkeit der Philologie in Sachen Theologie im Ganzen und kritisch zu beurteilen, und
einzusehen, daß die rhetorische Überhöhung des philologisch Erschlos-
senen von sich aus keine Überleitung ins Theologische bieten kann.
NORDEN erkannte nicht, daß der Segen der Kritik universelle Geltung hat.

19. Das talmudische Judentum denkt Gottes Heiligkeit als eine un-
aufhebbare Differenz zur Welt. Dementsprechend ist das auserwählte
Volk durch ethnische und rituelle Gebote von den Nationen getrennt.

---

93 Ebd., 609.
94 Ebd., 649.
95 Ebd., 665.
96 Ebd., 668.
97 Ebd., 637.
98 Ebd., 623.
99 Cf. ebd., 638.
100 Ebd., 637 f.
101 Ebd., 637.

Diesbezüglich hatte NORDEN eine korrekte und nuancenreiche Wahrnehmung des Judentums. Er unterstreicht die Humanität der prophetischen Religion und die monotheistischen Erfordernisse der jüdischen Theologie. Von einer jüdischen Symbiose mit anderen Kulturkreisen hat er offensichtlich nicht sehr viel gehalten, wie eine Stelle erkennen läßt, wo von Philo gesprochen wird als von einem «Hauptrepräsentanten des hellenisierten, also denaturierten Judentums, eines nicht eben sehr erfreulichen Erscheinungstyps».[102] Aber obwohl NORDEN durchaus fähig war, sich in die jüdische Gedankenwelt zu versetzen, entschied er sich für die Annahme einer Religion, deren orthodoxe Formen durch die Inkarnation die jüdische Differenz zwischen Gott und Welt aufheben und deren Botschaft eine prinzipielle religiöse Vereinheitlichung der Menschheit intendiert. NORDEN wollte theologisch auf die Möglichkeit des Einswerdens mit dem Göttlichen nicht verzichten. Ethnisch suchte er die Identifikation mit einem Volkstum, das sich an der Spitze eines triumphierenden Universalisierungsprozesses befand. Mystisches Einswerden und missionarische Vereinheitlichung der Menschen sind Formen eines grundlegenden Gegensatzes zum Judentum, welches in der unaufhebbaren Differenz zum Anderen, die Voraussetzung dafür sieht, ihm zu begegnen. Wenn man die Wahrhaftigkeit der Wahrheitssuche NORDENS uneingeschränkt anerkennt, muß zugleich festgestellt werden, daß NORDEN weder den prophetischen Mut besaß, um tradierte Idole zu zerschlagen, noch den kritischen Blick hatte, um die Verlockungsstrategien einer religiösen Ideologie zu durchschauen. Diese Feststellung ist nicht als Beanstandung gemeint. Sie ist nur der Versuch zu beschreiben, wie die wesensmäßig unwiderrufliche Endlichkeit der Wahrheitsliebe NORDENS sich gestaltet.

20. Seit 1933 ist NORDENS Leben von einem zunehmenden Zweifel an der eigenen Fähigkeit und am Wert des Geleisteten begleitet. 1940 schreibt er an HANS LIETZMANN: «Die acedia, die von mir Besitz genommen hat, wird mich nicht mehr verlassen.»[103] Alles deutet darauf hin, daß NORDEN seinen eigenen Lebensweg als gescheitert ansah. Anders als geplant oder gewollt, konnte NORDENS Wahrheitssuche sich nicht auf ein intellektuelles Nomadentum beschränken. Als Jude kannte er auch eine für ihn damals unerfüllbare Sehnsucht nach Bodenständigkeit. Der Halt, den er gefunden zu haben meinte, erwies sich als trügerisch. Ein Leben lang wollte er glauben, die Fremde in Heimat verwandeln zu können. Daran mußte er scheitern. Denn das Nomadentum der jüdischen Existenz verträgt sich nicht mit dem Siegeslauf der Mächtigen.

102 Ebd., 307.
103 Zitiert von ABEL (Anm. 3), 480.

Quellen zur Biographie Nordens

zusammengestellt von Jörg Rüpke

Personalakten und ähnliches
* Humboldt-Universität Berlin, Universitätsarchiv, Bestand UK, N 93
(Personalakte)
* Geheimes Staatsarchiv Preussischer Kulturbesitz, Abt. Merseburg, Bestand Rep. 76 Kultusministerium: Akten Anstellung und Besoldung von Proff. Philosoph. Fak. Univ. Breslau (Briefe über Versetzung Greifswald-Breslau; ähnliches im analogen Bestand Greifswald zu vermuten); Universität Berlin (2 Briefe aus 1917–1934)
* Landesarchiv Berlin, Rep. 241, Bd. 3
* Universitätsbibliothek Erlangen-Nürnberg (Hauptbibliothek Erlangen), Sign. 2566, 221

* Stadtarchiv Emden (Dokumente der jüdischen Gemeinde)
* Schulakten (Johannes-Althusius-Gymnasium, ehem. Wilhelms-Gymnasium, Emden) sind verloren.

* Marie Norden, «Erinnerungen aus Eures Vaters Leben, des Professors Dr. Eduard Norden», teilpubliziert von ECKART MENSCHING in: *Latein und Griechisch in Berlin 36* (1992), 122–194.

Briefwechsel (Briefe Nordens an:)[1]
ALTHOFF, FRIEDRICH: Geheimes Staatsarchiv Preußischer Kulturbesitz, Abt. Merseburg, Nachlaß Rep. 92 Althoff (Briefe)

---

1   Die Liste bedarf weiterer Ergänzung. Die Angaben enstammen zum Teil den aufgeführten Bibliotheken, zum Teil sind sie aus der Zentralkartei der Autographen der Handschriftenabteilung der Staatsbibliothek zu Berlin, Preußischer Kulturbesitz, ergänzt. Den Mitarbeiterinnen und Mitarbeitern dieser Institutionen sowie den Herren Proff. WILLIAM M. CALDER III und WILT ADEN SCHRÖDER sei herzlich für ihre Bemühungen und Auskünfte gedankt. Unvollständig ist die Zusammenstellung *Die Deutsche Bibliothek: Inventar zu den Nachlässen emigrierter deutschsprachiger Wissenschaftler in Archiven und Bibliotheken der Bundesrepublik Deutschland*, bearb. im Deutschen Exilarchiv 1933–1945 der Deutschen Bibliothek Frankfurt am Main, München: Saur, 1993, Bd. 2, 867–871. – Die Briefe im DAI sind durch HERTHA SIMON, *Gelehrtenbriefe im Archiv des Deutschen Archäologischen Instituts zu Berlin: Ein Verzeichnis*, Berlin: Wasmuth, 1973, erschlossen.

B. Kytzler / K. Rudolph / J. Rüpke, Hrsg.: Eduard Norden
(Palingenesia, Bd. 49). - © Franz Steiner Verlag Stuttgart 1994

BASSERMANN, ALFRED: Universitätsbibliothek Freiburg, Nachlaß Bassermann IV B 1/2 (1 Karte 25. 10. 1924)

BOLL, FRANZ: Universitätsbibliothek Heidelberg, Heid. Hs. 2108, Cod. Heid. 384[1],22,IV (23 Briefe/Karten 1907–24)

BOUSSET, WILHELM: Niedersächsische Staats- und Universitätsbibliothek Göttingen, Cod. Ms. W.Bousset 89 (1 Brief 1919)

BRAUS, HERMANN: Universitätsbibliothek Heidelberg, Heid. Hs. 3915, C 2.103 (1 Brief 1897)

BRINKMANN, AUGUST: Universitätsbibliothek Bonn (1 Brief 12. 1. 1910)

BÜCHELER, FRANZ: Stadtarchiv Bonn, Nachlaß Bücheler (Bearbeiter: KARL AUGUST NEUHAUSEN, Universität Bonn)

BURDACH, KONRAD: Marbach, Literaturarchiv, Teilnachlaß Josef Nadler (1 Brief 2. 11. 1921); Hessische Landesbibliothek Wiesbaden Hs. 351 (1 Brief 18. 12. 1926)

COTTA-VERLAG: Marbach, Literaturarchiv, Cotta Br. (19 Briefe/Karten 1907–30)

CRUSIUS, OTTO: Bayerische Staatsbibliothek München, Crusiana I (4 Briefe/Karten 1904–18)

DARMSTAEDTER, LUDWIG: Staatsbibliothek zu Berlin, Preußischer Kulturbesitz, Handschriftenabteilung, Haus 2, Sign. 2b 1890 (4 Briefe 1911–26)

DELBRÜCK, HANS: Staatsbibliothek zu Berlin, Preußischer Kulturbesitz, Handschriftenabteilung, Haus 1, Nachlaß Delbrück (8 Briefe/Karten 1914–23)

DYROFF, ADOLF: Universitätsbibliothek Bonn, S 2831 (1 Karte 24. 9. 1921)

ERMAN, ADOLF: Staats- und Universitätsbibliothek Bremen, Nachlaß Erman (2 Briefe/Karten 1928–36)

FRAENKEL, EDUARD: Corpus Christi College Archive, Papers Ed. Fraenkel (Briefe 1921–1942)

FUCHS, KARL JOHANNES: Universitätsbibliothek Tübingen, Sign. Md 875, 252 (11 Briefe/Karten 1895–29)

GÖSSLER, PETER: Württembergische Landesbibliothek Stuttgart, Cod. hist. 4° 595, VIIIa 1221–1232 (10 Briefe 1928–36)

GOMPERZ, THEODOR: Honnold Library, Claremont, California (3 Briefe/Karten)

HARNACK, ADOLF VON: Staatsbibliothek zu Berlin, Preußischer Kulturbesitz, Handschriftenabteilung, Haus 1, Nachlaß Harnack (25 Briefe/Karten 1910–28; 1 Karte an Frau von Harnack 1930)

HEUSLER, ANDREAS: Universitätsbibliothek Basel, Nachlaß Heusler III, 72d, Nr. 22 (1 Brief 29. 8. 1918)

HIRSCHFELD, OTTO: Staatsbibliothek zu Berlin, Preußischer Kulturbesitz, Handschriftenabteilung, Haus 1, Nachlaß Hirschfeld (17 Briefe/Karten 1906–11)

HOFFMANN, ERNST: Universitätsbibliothek Heidelberg, Heidelb. Hs. 3344 (1 Brieffragment)

JACHMANN, GÜNTHER: Bayerische Staatsbibliothek München, Sign. Ana 466 (17 Karten/Briefe)

JACOBS, EMIL: Staatsbibliothek zu Berlin, Preußischer Kulturbesitz, Handschriftenabteilung, Haus 1, Nachlaß Jacobs (3 Briefe/Karten 1921, 1933)

JAEGER, WERNER: Houghton Library Harvard, Nachlaß Jaeger (76 Briefe/Karten 1909–41)

KEKULÉ VON STRADONITZ, REINHARD: Deutsches Archäologisches Institut, Archiv der Zentrale, Berlin (3 Briefe 1907–10)

KEIMER, LUDWIG: Staatsbibliothek zu Berlin, Preußischer Kulturbesitz, Handschriftenabteilung, Haus 2, Sign. 2b 1890 (2 Briefe/Karten 1918–23)

KIRCHNER, JOHANNES: Staatsbibliothek zu Berlin, Preußischer Kulturbesitz, Handschriftenabteilung, Haus 2, Sign. 2b 1890 (1 Karte 6. 1. 1924)

KLINGNER, FRIEDRICH: Bayerische Staatsbibliothek München, Klingneriana II A (1 Brief 19.3.36)

KÖSTER, G. UND HANS: 1 Brief (27.6.1935) publiziert in JOHANNES GÖTTE, «Eduard Norden (1868–1941)», *Eikasmos 4* (1993), 277–281, hier 277–9.

KOESTERMANN, ERICH: Bayerische Staatsbibliothek München, noch keine Sign. (ca. 100 Karten/Briefe)

KRUMBACHER, KARL: Bayerische Staatsbibliothek München, Krumbacheriana I (2 Briefe/Karten 1898)

KÜBLER, BERNHARD (Erlangen): Staatsbibliothek zu Berlin, Preußischer Kulturbesitz, Handschriftenabteilung, Haus 2, Sign. 2b 1890 (1 Brief 11. 3. 1918)

KUHN, ERNST: Universitätsbibliothek München, Nachlaß Kuhn (2 Briefe 1918)

LIETZMANN, HANS: 21 Briefe (1915–40), publiziert in K. Aland, Glanz und Untergang der deutschen Wissenschaft, Münster 1979

LÖFSTEDT, EINAR: Papers Einar Löfstedt, Kungl. Biblioteket Stockholm

LUSCHAN, FELIX V.: Staatsbibliothek zu Berlin, Preußischer Kulturbesitz, Handschriftenabteilung, Haus 2, Nachlaß v. Luschan (Briefe)

MATTHIAS (Berlin): Staatsbibliothek zu Berlin, Preußischer Kulturbesitz, Handschriftenabteilung, Haus 2, Sign. 2b 1890 (1 Brief 3. 7. 1901)

MISCH, G.: Niedersächsische Staats- und Universitätsbibliothek Göttingen, G. Misch 207 (2 Briefe 1922–28)

MOMMSEN, THEODOR: Staatsbibliothek zu Berlin, Preußischer Kulturbesitz, Handschriftenabteilung, Haus 1, Nachlaß Mommsen (1 Brief 8. 1. 1899)

MURRAY, GILBERT: Bodleiana Oxford, Mss. Murray 13, fols. 212, 225; 14, fols. 203, 218 (4 Briefe 1908).

NILSSON, MARTIN P.: Universitetsbiblioteket Lund, Saml. M.P. Nilsson 26 (21 Briefe/Karten 1920–39: publiziert in J. Rüpke, Römische Religion bei Eduard Norden, Marburg 1993)

NOACK, FERDINAND: Deutsches Archäologisches Institut, Archiv der Zentrale, Berlin (2 Briefe 1929, o.J.)

NOCK, ARTHUR DARBY: Privatbesitz Prof. Zeph Stewart, Watertown, MA

NÖLDEKE, THEODOR: Universitätsbibliothek Tübingen, Sign. Md 782, A 180 (1 Brief 1913)

PEASE, ARTHUR STANLEY: Houghton Library, Harvard University, Sign. bMS Am 1804 (605) (9 Briefe 1935–39: publiziert in J. Rüpke, «... in Gedenken for ever», *Philologus* 138 [1994], 129–138)

RAND, EDWARD KENNARD: Harvard University Archives, Papers E.K. Rand, Correspondence box 6, Sign. HUG 4730.5 (6 Briefe/Karten 1936–39, publiziert in: *Philologus* 138 [1994], 129–138)

REHM, ALBERT: Bayerische Staatsbibliothek München, Rehmiana IV A (8 Briefe ab 1925–38)

RODENWALDT, GERHART: Staatsbibliothek zu Berlin, Preußischer Kulturbesitz, Handschriftenabteilung, Haus 2, Depot Rodenwaldt 200 (2 Briefe 1929, 1932)

ROETHE, GUSTAV: Niedersächsische Staats- und Universitätsbibliothek Göttingen, Cod. Ms. G. Roethe 154 (18 Briefe/Karten 1909–23)

ROHDE, GEORG: Privatbesitz Eckart Mensching, Berlin

SALIN, EDGAR: Universitätsbibliothek Basel, Nachlaß Salin, F a 6585 (1 Brief 1926)

SCHROEDER, EDWARD: Niedersächsische Staats- und Universitätsbibliothek Göttingen, E. Schröder 750 (1 Brief 1934)

SCHULZ, HANS: Staatsbibliothek zu Berlin, Preußischer Kulturbesitz, Handschriftenabteilung, Haus 2, Sign. 2b 1890 (1 Brief 18. 7. 1928)

SPRANGER, EDUARD: Bundesarchiv Koblenz, Nachlaß Eduard Spranger (2 Briefe 1925–34)

STAEHELIN, FELIX: Universitätsbibliothek Basel, Nachlaß Staehelin VIII, 405 (1 Karte 20. 10. 1921)

TÄUBLER, EUGEN: Universitätsbibliothek Basel, Nachlaß Täubler Nr. 552/552a (2 Briefe/Karten 1925–1939: publiziert in: Gymnasium 92, 1985, 526–7; E. Mensching, Nugae zur Philologie-Geschichte 1, Berlin 1987, 77)

Urania (Berlin): Staatsbibliothek zu Berlin, Preußischer Kulturbesitz, Handschriftenabteilung, Haus 2, Sign. 2b 1890 (1 Brief 24. 9. 1914)

USENER, HERMANN: Universitätsbibliothek Bonn, S 2106,3 (15 Briefe/Karten 1891–1902; unter dieser Sign. auch 2 Briefe der Eltern Nordens, 1891/93; unter S 2109 ein Entwurf zu einem Gutachten über Norden)

VAHLEN, JOHANNES: Staatsbibliothek zu Berlin, Preußischer Kulturbesitz, Handschriftenabteilung, Haus 1, Nachlaß Vahlen (7 Briefe/Karten 1903–11)

VOLLMER, FRIEDRICH KARL: Bayerische Staatsbibliothek München, Vollmeriana I (4 Briefe/Karten 1902–20)

WACKERNAGEL, JACOB: Universitätsbibliothek Basel, Nachlaß Wackernagel 1,3,2,25, Sign. 01836 (1 Karte 1. 8. 1926)

WENDLAND, PAUL: Niedersächsische Staats- und Universitätsbibliothek Göttingen, Ms. philos. 206, 95–103 (9 Briefe/Karten 1905–14)

WICHELHAUS (Berlin): Staatsbibliothek zu Berlin, Preußischer Kulturbesitz, Handschriftenabteilung, Haus 2, Sign. 2b 1890 (1 Schreiben)

WICKERT, LOTHAR: Staatsbibliothek zu Berlin, Preußischer Kulturbesitz, Handschriftenabteilung, Haus 1, Nachlaß Wickert (28 Briefe/Karten 1934–37)

WIEGAND, THEODOR: Deutsches Archäologisches Institut, Archiv der Zentrale, Berlin (5 Briefe 1912–34)

WILAMOWITZ-MOELLENDORFF, ULRICH VON: Niedersächsische Staats- und Universitätsbibliothek Göttingen, U.Wilamowitz 866 (12 Briefe 1921)

WINTER, FRANZ: Universitätsbibliothek Bonn (1 Brief 20. 4. 1922)

WISSOWA, GEORG: Universitäts- und Landesbibliothek Sachsen-Anhalt, Halle, Abt. Sondersammlungen, Sign. Yi 20, 4211–4234 (24 Briefe/Karten)

WÖLFFLIN, EDUARD: Universitätsbibliothek Basel, Nachlaß Wölfflin 75a. 398 (1 Brief 2. 2. 1898); 83. 646 (1 Brief 20. 10. 1905)

Personenregister

zusammengestellt von Christel Rudolph

Erläuterungen zum Bildanhang

von Jörg Rüpke mit Hilfe von Peter Norden

1 Manuskriptseite aus Nordens Vorlesung «Geschichte der Philologie» (1893–1933; siehe den Beitrag von Kytzler).

2,1 Aufnahme Norderney, Juli 1878. Die drei Söhne des Geh. Sanitätsrats Dr. med. Carl Norden, Kreisarzt in Emden, und Rosa Nordens, geb. Hamburger: Links, sitzend, Eduard (*21.9.1868), in der Mitte Hermann (*25.2.1870), rechts, sitzend, Walter (*2.6.1876). Das Arrangement gleicht die unterschiedlichen Körpergrößen weitgehend aus; die Blicke der drei Knaben treffen sich in einem Punkt ein wenig rechts vom Betrachter.

2,2 Aufnahme Hofphotograph Edmund Risse, Berlin, Sommer 1884. Familie Norden, v.l.n.r. Hermann, Eduard, Walter, Carl (1836–1903) und Rosa (1841–1929). Die Aufnahme betont Vater und ältesten Sohn; die Eltern rahmen die Familie nicht ein, vielmehr sitzt die Mutter links vor dem stehenden Vater, ihr Kopf ist in derselben Höhe wie der Kopf des Jüngsten.

3,1 Studioaufnahme Norderney, 1905. V.l.n.r. Ulrich (1903–1984), Irmgard (1898–1969), Marie Norden, geb. Schultze (1869–1954, verh. seit 1897), Erwin (1900–1981) und Eduard Norden (1868–1941). Das Arrangement erzeugt eine diagonal aufsteigende Linie, die auf den stehenden Vater zuläuft, der von dem Halbkreis der restlichen Familie deutlich abgesetzt ist. – Die Familie verbrachte alljährlich einige Wochen auf Norderney, nach 25 Jahren erhielt Eduard Norden eine «Ehrenkurkarte auf Lebenszeit».

3,2 Aufnahme Berlin, Oktober 1911. V.l.n.r. Marie, Erwin, Gerda (*1909), Irmgard, Eduard und Ulrich Norden. Die älteste Tochter bildet das Zentrum des Bildes; ihr Blick fixiert wie der der Eltern einen Punkt leicht links vom Betrachter. Der der ältere Sohn schaut auf den Vater, nur die beiden jüngsten Kinder blicken gerade aus dem Bild heraus. Die Söhne tragen Matrosenuniformen.

4 Aufnahme Berlin, 15.10.1927. Das Bild zeigt die Rektoratsübergabe. Am Pult im Zentrum leistet Eduard Norden, der neue Rektor der Berliner

Friedrich-Wilhelm-Universität den Diensteid. Das als Universitätsaula genutzte Gebäude ist die sogenannte «Kommode», die alte Königliche Bibliothek Preußens, die Kaiser Wilhelm II. 1910 der Universität schenkte. Das 1944 durch Bomben zerstörte Gemälde des Historienmalers Arthur von Kampf (1864–1950) zeigt Fichtes Reden an die Deutsche Nation (1807). Unter den Zuhörerinnen und Zuhörern befinden sich auch Wilhelm von Humboldt (unten stehend, der vierte von links) und Friedrich Ernst Daniel Schleiermacher (unten stehend, der vierte von rechts, beide dem Betrachter zugewandt) sowie Henriette Hertz, eine der wichtigsten Kristallisationsfiguren der Berliner Salons. Weil letztere Jüdin war, wurde das Gemälde 1933 verhängt. Um die Gruppe mit dem neugewählten (noch nicht im Ornat) und scheidenden Rektor (rechts in der Vierergruppe) versammeln sich links und rechts die Dekane und Professoren der Universität, im Zentrum stehen weibliche und männliche Zuschauer. Unten rechts lassen sich Angehörige studentischer Verbindungen erkennen.

5,1 Aufnahme Berlin, 15.10.1927. Eduard Norden, nun im Amtsornat des Rektors, mit seinem Vorgänger und nunmehrigen Prorektor, dem Juristen Ernst Triepel, der zwei Auszeichnungen trägt. Die Haltung ist, wenigstens bei Norden, sehr förmlich; die Blicke zielen deutlich am Betrachter vorbei.

5,2 Aufnahme Westport Harbor, Mass., 14.9.1936. Das Foto zeigt das Ehepaar Marie (links sitzend) und Eduard Norden (rechts stehend) auf ihrer USA-Reise im September 1936, die auf eine Einladung zur Dreihundertjahrfeier der Harvard University zurückging. Im Zentrum stehend die Kinder Ulrich, seit 1925 in den USA, der seine Eltern in New York empfing, und Irmgard, die kurz zuvor in die USA gegangen war. Die Eheleute Judge Morton, er links stehend (ehemaliger Verwaltungsjurist der Harvard University) und sie rechts sitzend, waren zwischen dem wissenschaftlichen Kongreß und der eigentlichen Feier zweieinhalb Tage lang die Gastgeber (EMN 94f.).

6 Aufnahme Berlin, vor 1933. Das Bild entstand während eines Empfangs des russischen Althistorikers und Korrespondierenden Mitglieds Michail Ivanovič Rostovtzeff (1870–1952) durch die Mitglieder der Berliner Akademie der Wissenschaften samt ihrer Frauen: der Geehrte und seine Frau sitzend, vierter und dritte von links; rechts neben ihm (vierte von rechts) Marie Norden, «eine wirkliche Magnifica» (Max Dessoir, auf das Rektoratsjahr bezogen). Eduard Norden steht ganz versteckt in, genauer hinter der zweiten Reihe als dritter von rechts. In derselben Reihe ganz links sein Bruder Hermann Norden, der zu dieser Zeit Gast der Akademie war,

rechts daneben Albert Einstein. In der für die Kinder bestimmten Beschriftung der Rückseite des Fotos durch Marie Norden heißt es «unter den Herren Hermann Norden, Einstein, Planck u.s.w. und alle die bekannten Ehepaare». Max Planck: obere Reihe, zweiter von links.

7,1 Aufnahme Atelier Heinrich Zobler (wahrscheinlich Greifswald), 1897. Das Brautbild von Eduard und Marie Norden, deren Vater Richard Siegismund-Schultze (1831–1916) Bürgermeister in Greifswald war; die Mutter entstammte der Theologenfamilie Ritschl. Norden war 1895 Ordinarius in Greifswald geworden. Der Verlobung am 25.3.1897 folgte die Hochzeit im August desselben Jahres.
7,2 Aufnahme Berlin, 5.7.1939. Aufgenommen am Tag der Abreise aus Berlin: Marie und ein sichtbar gealterter Eduard Norden auf dem Weg nach Zürich, ins Schweizer Exil. Links die jüngste Tochter, Gerda Norden, die in Berlin zurückblieb, aber Ende August für einige Tage beim Einrichten der neuen Zürcher Wohnung half (EMN 103).

8 Portraitaufnahmen Eduard Nordens. 1 Aufnahme Photograph O. Roloff, Berlin, 1888: im Berliner Studienjahr des Bonner Studenten. – 2 Aufnahme 1898: Greifswalder Ordinarius. – 3 Aufnahme Photograph H. Noack, Berlin, um 1908: Berliner Ordinarius. – 4 Aufnahme Berlin, 1928: Rektor der Berliner Universität. – 5 Aufnahme Zürich, Juli 1939: Berliner Emeritus, Verfolgter und Emigrant. – 6 Aufnahme Zürich, April 1941: kurz vor dem Tod im Schweizer Exil im Alter von 72 Jahren.

Pergamon

Eumenes I 263–241   Attalos I 241–197   Eumenes II 197–159   Attalos II 159–139

Attalos III 138–133

1

2

1

2

2

1

3

2

1